RALF ROESBERGER

Selbstversorgung

Was im eigenen Garten wirklich möglich ist

RALF ROESBERGER

Selbstversorgung

Was im eigenen Garten wirklich möglich ist

INHALT

Vorwort

Schön, dass Sie mein Buch aufschlagen! Falls Sie jetzt aber *den* ultimativen Ratgeber erwarten, der Ihnen erklärt, wie man jedes nur erdenkliche Gemüse im Garten kultiviert, muss ich Sie enttäuschen. Dann greifen Sie lieber zum Titel nebenan. Ich kann Ihnen in den folgenden vierundzwanzig Kapiteln jedenfalls weder mit Geheimwissen noch mit Patentrezepten dienen. Und ich werde Ihnen auch nicht Schritt für Schritt erklären, wie Sie mit maximalem Erfolg Melonen, Tomaten oder Porree anbauen. Stattdessen erzähle ich Ihnen von meinen eigenen, ganz persönlichen Erfahrungen als Selbstversorger. Meine Geschichten, Erlebnisse und Tipps für Sie erheben dabei keinen Anspruch auf Vollständigkeit, und es ist gut möglich, dass andere Autoren genau das Gegenteil behaupten.

Dafür sind meine Worte aber keine graue Theorie, sondern basieren auf echten Erfahrungen, die ich über viele Jahre hinweg in meinem Garten gesammelt habe. Was ich Ihnen berichte, ist sozusagen ein »Best-of« meiner Erfolge als Selbstversorger, vor allem aber auch meiner Misserfolge und gescheiterten Experimente, aus denen ich gelernt habe und die ich Ihnen nicht verheimlichen möchte. Denn ohne mein häufiges Scheitern wäre ich nicht zu dem geworden, was ich heute bin: Auf meine Art und mit meinen Methoden produziere ich jedes Jahr eine Kalorienmenge, mit der ich theoretisch meine vierköpfige Familie ernähren kann. Theoretisch? Damit meine ich, dass ich unsere Selbstversorgung so weit in die Tat umgesetzt habe, wie das im 21. Jahrhundert eben möglich und zudem sinnvoll ist. Denn das moderne Leben hat mehr zu bieten als nur drei warme Mahlzeiten am Tag. Und auf viele Dinge, die es früher nicht gab, will ich auch als Selbstversorger nicht verzichten. Sie etwa? Sehen Sie, dann liegen Sie mit diesem Buch sogar goldrichtig.

A garden
is a thing
of beauty
and a job
for life

KAPITEL 1

VON NULL AUF GARTEN

Welcher Gartentyp sind Sie?

Schwuppdiwupp, schon sprießt das Gemüse im Garten? Wäre ja schön. Doch ganz so einfach ist das leider nicht. Und jeder hat ja auch so seine persönlichen Ansprüche und Vorstellungen. Der eine möchte sich unbedingt vegan ernähren, der andere will nie wieder einen Fuß in einen Supermarkt setzen, arbeitet aber in Vollzeit und leidet zudem unter einer Schneckenphobie. Wir sehen uns mal an, was für ein Gartentyp Sie sind – und was Ihre Träume sonst noch beflügeln oder vielleicht auch eintrüben könnte.

Das muss ich Ihnen noch vorab erzählen

Ob auch ich zum Einkaufen gehe? Aber klar doch, zumindest manchmal. Im Einkaufskorb landet aber nur das, was ich nicht selbst erzeugen kann, also vornehmlich Milch- und Getreideprodukte. Im Winter kaufen wir auch mal eine Gurke oder ein paar Tomaten und manchmal ein wenig Obst aus fernen Ländern. Schweinefleisch besorgen wir uns nur in Maßen, denn auch dafür habe ich eine Alternative gefunden, und natürlich Speck – ein Grundnahrungsmittel hier bei uns in der Gegend. Alles andere kann ich heute problemlos im eigenen Garten anbauen und produzieren.

Ohne Kinder würde ich in Sachen Selbstversorgung übrigens noch viel weitergehen. Ich selbst bin nicht wählerisch mit dem, was ich esse. Ich kann auch wochenlang von Kartoffeln leben. Da die Kinder, so sind sie nun mal, gerne auch Nudeln oder Reis essen, mache ich natürlich Zugeständnisse.

Schnell, schnell geht leider nicht

Wie verwandelt man ein neu angelegtes Grundstück schnell in einen guten und vor allem ertragreichen Garten? Solche Fragen erreichen mich oft. Meine Antwort lautet immer: Kompost, Gründüngung und vor allem Zeit. Das ist wie mit dem englischen Rasen, den ein arabischer Scheich anlegen wollte. Kennen Sie den Witz? Der Scheich hatte alle Ratschläge seines englischen Schlossgärtners berücksichtigt, doch es will ihm nicht gelingen: Sein Rasen ist nicht einmal annähernd so ansehnlich wie der vor Schloss Windsor. In seiner Verzweiflung fragt er nochmals bei seinem Gärtner nach und der antwortet: »Aber sicher funktionieren meine Ratschläge. Sie müssen sie nur für die nächsten hundert Jahre befolgen!«

So verhält es sich auch mit einem Gemüsegarten. Regelmäßige Pflege und Zeit führen zum Erfolg. Ausschließlich. Da helfen auch nicht noch so ausgeklügelte Pülverchen und Mittelchen aus den Laboren der Industrie, und da helfen auch keine Stoßgebete. Sie brauchen vielleicht keine hundert Jahre, aber mit zehn müssen Sie schon rechnen.

WELCHER GÄRTNERTYP SIND SIE?

Menschen, die Hobbygärtner oder sogar Selbstversorger werden wollen, könnten kaum unterschiedlicher sein. Der eine legt Wert auf vegane Ernährung, der andere versinkt in Depressionen, wenn mittags kein Stück Fleisch auf dem Teller liegt. Dem einen reichen die gängigen Gemüsesorten wie Tomaten, Paprika, Kartoffeln, Weißkohl und vielleicht noch ein paar Kräuter. Der andere ist neugierig und versucht sich an Kulturen, die in Vergessenheit geraten sind, etwa Pastinaken, Steckrüben, Linsen oder auch Erdnüsse. Für mich macht gerade diese Neugier, das Unbekannte, den Reiz des Gärtnerns aus. Ein Garten kann jedem das bieten, was ihn glücklich macht.

Während der eine aus seiner Kindheit noch einige Grundkenntnisse mitbringt, vielleicht weil Eltern oder Großeltern selbst noch einen Garten hatten, ist gärtnerisches Grundwissen beim anderen Fehlanzeige. Ich selbst erlebe es immer wieder, dass Menschen mit einer Roten Bete nichts anzufangen wissen, weil sie dieses Gemüse einfach nie kennengelernt haben. Der eine hat die Möglichkeit, bei Nachbarn, Oma, Opa oder Onkel Jürgen nachzufragen, wenn Probleme auftauchen, der andere hat diese Option eben nicht und muss auf andere Quellen zurückgreifen.

Die Natur gibt den Takt vor

Bei der Herangehensweise spielt aber auch eine Rolle, wo man lebt und wie sich die Natur verändert: Ich kann mich an Jahre erinnern, in denen mein Garten kaum abgetrocknet ist, so viel hat es hier im Rheinland geschüttet – nur Matsch, Schlamm und dicke Lehmklumpen an den Stiefeln. An vernünftige Gartenarbeit war nicht zu denken. Dementsprechend bescheiden waren damals meine Erfolge. In den letzten Jahren hingegen hat sich das Klima radikal verändert. Die Sommermonate waren gnadenlos trocken, sodass ich mit dem Gießen kaum hinterherkam.

Aber des einen Freud ist ja oft des anderen Leid. In den niederschlagsreichen Jahren konnte zwar meine Gießkanne im Schuppen bleiben, dafür haben die Schnecken rauschende Feste auf meinen Salatpflanzen gefeiert. Neuerdings bräuchte ich vier Arme (mindestens!), um ein Dutzend Gießkannen zu schleppen, dafür hat sich die Armee der Schnecken zurückgezogen und fast vollständig in Luft aufgelöst. Doch plötzlich fühlen sich die Wühlmäuse bei mir pudelwohl und sind zu einer mindestens ebenso schlimmen Plage geworden. Wer kann schon sagen, ob wir nicht wieder mal einen vollkommen verregneten Sommer bekommen? Selbstversorgung ist eine stete Anpassung an Umwelt und Klima, ein ewiger Wettlauf.

»BLAUE UND ROTE KARTOFFELN GIBT ES WIRKLICH!«

Manche halten sie aber für genmanipulierten Zauber, weil sie diese Sorten nie kennenlernen durften – und Kartoffeln im Supermarkt in der Regel ja auch immer gleich aussehen.

Sie träumen von eigenem Obst? Dann brauchen Sie schon ein wenig Platz im Garten.

Es gilt, auf die Rahmenbedingungen, die die Natur vorgibt, zu reagieren anstatt zu versuchen, ihr mit Gewalt den eigenen Willen aufzuzwingen. Das mag banal und logisch klingen, trotzdem erwähne ich es, weil ich oft genug sehe, wie mit allen nur erdenklichen Methoden versucht wird, den eigenen Garten an persönliche, teilweise kuriose Bedürfnisse anzupassen.

Fulltime oder nur nach Feierabend?

Und trotzdem spielen die persönlichen Lebensumstände natürlich eine wichtige Rolle. Der eine tourt den ganzen Tag im LKW umher oder schiebt an der Supermarktkasse Tetrapaks über den Scanner, um sein Einkommen zu sichern. Andere wiederum haben auch unter der Woche gut Zeit, können sich regelmäßig um ihren Garten kümmern und so jedem Unkraut – vielleicht sollte ich zeitgemäß lieber Beikraut sagen – rechtzeitig den Garaus machen, bevor es mal wieder komplett alle Radieschen und Karotten überwuchert. Wer Wert darauf legt, in den Sommerferien vier Wochen nach Mallorca oder Griechenland zu jetten, wird es schwerer haben als jemand, der erkannt hat, dass eben genau dies die Zeit ist, in der rund um den Garten die allermeiste Arbeit anfällt.

Den perfekten Standort gibt es nicht
Auch Schädlinge sind übrigens nicht in allen Regionen Deutschlands gleichermaßen verbreitet. Ich kenne Gegenden, in denen sich Gärtner vermutlich wie im Paradies fühlen: In den höher gelegenen und damit kühleren Regionen gibt es so gut wie keine Schnecken. In anderen Ecken des Landes sind, welch ein Segen, Wühlmäuse eine Seltenheit. Wieder andere Landstriche werden nicht von Kirschfruchtfliegen heimgesucht, während ich in meinem Garten kaum eine Kirsche ohne Made ernte. Den idealen Standort gibt es einfach nicht. Der eine ekelt sich, wenn er beim Waschen seines Salates einen winzigen Regenwurm findet, der andere hat kein Problem damit, wenn sich auch mal ein paar tierische Proteine auf den Teller verirren. Gestorben ist davon übrigens noch niemand.

Grau ist alle Theorie
Ebenso wichtig ist es, dass angehende Selbstversorger berücksichtigen, wie viele Jahre sie schon auf dem Buckel haben. Arbeiten, die mit Anfang dreißig noch locker-flockig von der Hand gehen, sind mit Mitte fünfzig schon gar nicht mehr so lustig. Glauben Sie mir, das kann ich Ihnen aus eigener leidvoller Erfahrung bestätigen. Noch vor wenigen Jahren war es für mich kein Problem, stundenlang kniend oder in der Hocke Unkraut zu jäten. Mittlerweile melden sich aber nach einiger Zeit allerlei Knochen, Bänder und Muskeln, die wieder an ihren gewohnten Platz zurückwollen. Sie sind noch jung? Ich versichere Ihnen, Sie werden es noch erleben!

Letztendlich spielt auch die Erfahrung beim Gärtnern eine wichtige Rolle, wenn nicht sogar die wichtigste! Das ist also nicht anders als im normalen Leben auch. Ein Autofahrer, der seit 30 Jahren regelmäßig am Steuer sitzt, wird souveräner fahren als ein Anfänger, der gerade seinen Führerschein gemacht hat. Erfahrung ist durch nichts zu ersetzen. Sie können so viele schlaue Bücher lesen, wie Sie möchten. Sie können so viele Gartenratgeber im Netz ansurfen, bis Ihr Router qualmt. Und Sie können sich so viele YouTube-Videos ansehen (auch meine), bis Sie eckige Augen bekommen. Es hilft nichts: Erfahrung ist das A und O im Garten. Und die können Sie sich nicht anlesen, ansehen oder kaufen. Die müssen Sie selbst machen.

ODER NEHMEN WIR DAS **BEISPIEL KINDER:** BEI DER GEBURT DES DRITTEN KINDES FÜHLEN SICH ELTERN IM IDEALFALL AUCH NICHT MEHR KOMPLETT ÜBERFORDERT. ALLES SCHON DAGEWESEN, ALLES SCHON MAL ERLEBT. DA REAGIERT MAN INTUITIV MEIST RICHTIG.

Ein Ratgeber ohne Patentrezepte

Ich habe ja bereits im Vorwort angesprochen, dass Sie in diesem Buch keine echten Anleitungen finden werden. Das hört sich vielleicht merkwürdig an, aber lassen Sie mich kurz erklären, wie ich das meine: Letztendlich bin ich ja zum Garten wie die Jungfrau zum Kind gekommen. Ich habe also weder

Gartenbau studiert noch bin ich gelernter Gärtner. Und vor allem bin ich fest davon überzeugt, dass das Gärtnern keine reine Naturwissenschaft mit glasklaren Regeln und Vorgehensweisen ist. Es gibt zwar allgemeingültige Anhaltspunkte, an denen Sie sich – wie ich es auch tue – orientieren sollten. Aber so klar wie »zwei plus zwei ist vier« geht die Rechnung im eigenen Garten und bei der Selbstversorgung eben nur selten auf. Zu unterschiedlich sind die Voraussetzungen und zu unterschiedlich die Ansprüche. Und all das dann noch in Einklang mit der Natur und ihren Widrigkeiten zu bringen ist eine Herausforderung der ganz besonderen Art.

»OHNE EXPERIMENTE KEIN LERNEFFEKT.«

Und ich liebe Experimente! Was ich so alles anpacke und ausprobiere, klappt natürlich nicht immer, Scheitern gehört einfach dazu.

WEIL JEDER GARTEN ANDERS IST

Der eine lebt in der Norddeutschen Tiefebene und lässt sich jeden Tag die frische Meeresluft um die Ohren wehen, der andere wohnt an der Mosel im milden Weinbauklima mit idealen Bedingungen, um sogar Sorten anzubauen, die aus Süditalien stammen. Der eine muss mit sandigem Boden zurechtkommen, der kein Wasser hält und schnell austrocknet. Andere wiederum gärtnern auf schwerem Lehmboden, der die Feuchtigkeit zwar lange speichert, dafür aber nur mit großer Kraftanstrengung oder Maschinenhilfe zu bearbeiten ist. Der eine Garten liegt eher im Schatten großer Bäume, der andere wird den ganzen Tag mit Sonnenschein verwöhnt.

Wichtig ist auch, wie lange der geplante Garten bereits bewirtschaftet wird. Eine Fläche, die schon jahrzehntelang mit Kompost versorgt wurde, weil hier Generationen zuvor Gemüse angebaut haben, ist anders als ein Garten, der erst auf einem Stück Brachland oder einer Wiese neu angelegt werden muss. Letzteres, diesen Weg bin ja auch ich gegangen, erfordert eine ganz andere Vorgehensweise. Hier heißt es vor allem, sich in Geduld zu üben.

All das macht also einen enormen Unterschied. Für alle angehenden Selbstversorger in den verschiedenen Regionen der Republik die passenden Ratschläge parat zu haben übersteigt einfach meine Möglichkeiten, das kann nicht gut gehen und würde nur zu Enttäuschungen führen.

So mache ich das eben

Also keine Anleitungen, keine Patentrezepte, was denn dann? Keine Sorge, natürlich werde ich Ihnen in den nachfolgenden Kapiteln einige Tipps und Tricks verraten. Aber dabei handelt es sich immer um meine Herangehensweise – so mache ich das, und so mancher Profi würde vielleicht den Kopf schütteln. Bei dieser Gelegenheit muss ich gleich einschieben, dass ich Experimente liebe! Denn wer experimentiert, lernt dazu, kann aber immer auch scheitern. Lassen Sie uns daher lieber von Anregungen, Einblicken und Erfahrungsberichten sprechen, die ich mit Ihnen in diesem Buch, so wie ich das auch auf meinem YouTube-Kanal mache, teilen möchte. Sie können sich ja dann herauspicken, was Ihnen gefällt und für Sie infrage kommt. Und natürlich werde ich Ihnen auch nicht verschweigen, wenn ich mit meinen kleinen und größeren Gartenabenteuern mal keinen Erfolg hatte.

Der Weg ist das Ziel

Habe ich Ihnen jetzt den Spaß verdorben? Ich hoffe nicht. Legen Sie mein Buch also nicht zur Seite. Denn am Ende werden Sie schlauer sein. Viel schlauer. Nicht etwa, weil Sie nun genau wissen, wie viel und welchen Dünger eine Tomatenpflanze benötigt und welchen exakten ph-Wert der Boden Ihres Kartoffelackers aufweisen sollte. Auch nicht, weil Sie erfahren haben, wie man Wühlmäuse davon überzeugt, die eigenen Möhren doch bitte am Leben zu lassen oder wie man Obstbäume nach allen akademischen Regeln der Kunst mit der Baumschere trimmt. Und auch nicht, weil ich Ihnen die besten Sorten mit der üppigsten Ernte oder sonstige gärtnerische Geheimnisse verraten habe, die man sonst in keinem anderen Ratgeber nachlesen kann.

Nein, ganz einfach deswegen, weil Sie erkannt haben, so hoffe ich jedenfalls, dass der Weg das Ziel ist und nicht umgekehrt. Eine abgedroschene Phrase, sicherlich, aber deswegen keinen Deut weniger wahr. Sie werden gelassener an die Sache herangehen, nicht verbissen und erfolgsorientiert, sondern mit Neugier, Experimentierfreude und Genugtuung. Denn genau das möchte ich Ihnen vermitteln: Die Befriedigung, die Sie spüren werden, wenn Sie Ihre erste eigene Möhre aus der Erde gezogen haben, das unglaublich sinnliche Erlebnis, wenn Sie Ihre erste eigene Tomate pflücken, kurz daran schnuppern und dann hineinbeißen.

Am Ende des Buches werden Sie, da bin ich mir sicher, ein glücklicherer Gärtner oder sogar Selbstversorger sein und gelernt haben, nicht gleich bei jedem Misserfolg das Handtuch zu werfen – sondern lieber erneut zum Spaten zu greifen. Wenn ich dieses Ziel erreiche, dann bin ich, und hoffentlich auch Sie, zufrieden.

Schauen Sie mal: Zwiebeln aus eigenem Anbau! Die müssen sich vor Supermarktware nicht verstecken, oder?

KAPITEL 2

SAG DEM SUPERMARKT ADE?

Das ist für mich Selbstversorgung

Wir hätten also geklärt, was mein Buch ist und was nicht. Kommen wir nun zu einer weiteren, ebenso wichtigen wie spannenden Frage: Was bedeutet überhaupt der Begriff »Selbstversorgung«? Sich mit Nahrungsmitteln aus dem eigenen Garten zu versorgen ist ohne Zweifel eine wirklich feine Sache. Aber wie weit kommt man eigentlich damit – und kann das wirklich jeder?

Aus dem Garten auf den Tisch

Ist doch eigentlich ganz simpel. Selbstversorgung bedeutet: keine Chemie, keine Gentechnik, keine Monokulturen, keine Transporte um die halbe Welt, keine industriell hoch verarbeiteten Lebensmittel, keine Verpackungen und kein lästiges Warten an der Supermarktkasse. Auf Tisch und Teller kommt nur einwandfreie Kost, mit Liebe erarbeitet, lecker, gesund und reichlich. Auf dem Speiseplan stehen dabei natürlich auch längst vergessene Gemüsesorten, die man im Handel gar nicht mehr bekommt. Der Gaumen wird wieder für das Wesentliche sensibilisiert, für den puren, unverfälschten Geschmack – ganz ohne Zusatzstoffe.

Reisen wir also zurück in die Zeit, als Sie noch bei Großmutter am Mittagstisch saßen und sich die Finger nach dem Essen leckten. Vielleicht haben Sie sich ja als Dessert einen reifen roten Apfel aus Nachbars Garten stibitzt? Oder sind heimlich auf Omas Kirschbaum geklettert, um ganz oben in der Krone die süßesten Früchte zu pflücken? Ganz nebenbei haben Sie übrigens auch noch etwas für Ihre Gesundheit getan: Obst und Gemüse aus dem eigenen Garten, da weiß man, was drinsteckt.

Hört sich super an, oder?

Selbstversorgung ist zu einem Modewort geworden. Die Bücherregale sind voll davon, das Internet sowieso. Jedenfalls wollen sich immer weniger Menschen in Sachen Ernährung auf die Versprechen der Supermärkte, Landwirte und der Industrie verlassen. Schließlich vergeht kaum ein Monat, in dem nicht ein neuer Lebensmittelskandal ans Licht kommt. Mal sind es Mineralölreste in Futtermitteln aus der Ukraine, mal ist es gestreckter Honig aus China, eklige Listerien in der Wurst oder Glycerin im Wein. Bäh.

Aber auch was legal ist, kann einem ganz schön den Appetit verderben. Die Zutatenliste einer Fertigpizza liest sich wie ein Absatz aus einem Lehrbuch für Chemie. Man braucht fast schon einen Doktortitel, um überhaupt eine Ahnung davon zu haben, was da so alles zusammengeknetet wurde.

Ganze Industriezweige befassen sich ausschließlich damit, Zusatzstoffe herzustellen, die Brot länger haltbar machen, Wurst eine appetitlichere Farbe verleihen, Äpfel zum Glänzen bringen und auch das letzte Fitzelchen Aroma durch Geschmacksverstärker hervorheben. Viele Menschen haben sich mittlerweile so daran gewöhnt, dass ihre Geschmacksnerven Künstliches nicht mehr von Natürlichem unterscheiden können – und manche glauben sogar, das alles sei gesund.

Ohne Zusatzstoffe schmeckt's noch besser

Und die Politik? Hat offenkundig kaum Interesse daran, Verbraucher aufzuklären. Ein generelles Verbot von genmanipulierten oder daraus hergestellten Lebensmitteln ist nicht gewollt und ein Ruck in Richtung Biolandwirtschaft ist auch nicht wirklich zu erwarten. Qualzucht und Massentierhaltung sind immer noch nicht verbannt und über die Produktionsbedingungen der Landwirtschaft im Ausland diskutiert man zwar gerne vollmundig, auf Worte folgen aber bislang keine Taten. So schuften weiterhin Kinder auf Kakaoplantagen, Glyphosat hält Brasiliens Landwirtschaft am Laufen und Reste von Pestiziden, die in Europa längst verboten sind, landen über Umwege aus dem Ausland dann doch immer wieder auf unseren Tellern.

Wie gesagt, all das fördert nicht gerade das Vertrauen in die Lebensmittel, die wir so täglich im Supermarkt kaufen. Ich möchte hier allerdings nicht übertreiben. Ich habe noch nie von jemandem gehört, der nach dem Verzehr einer spanischen Gewächshaus-Paprika oder eines argentinischen Rindersteaks auf der Intensivstation gelandet wäre. Und ich glaube schon gar nicht, dass Lebensmittel aus Deutschland ein Gesundheitsrisiko darstellen. Ich bin mir sogar sicher, dass man das, was uns im Supermarkt anlacht, in der Regel bedenkenlos essen kann. Und doch, ein gewisses Unbehagen bleibt. Hat es doch Zeiten gegeben, als wir all die Trickserein nicht kannten und brauchten. Also einfach alles selbst erzeugen? Was versteht man überhaupt unter Selbstversorgung? Wie weit kommt man damit – und wie unterscheidet sie sich von einem hübschen kleinen Gemüsegarten?

»DAMALS SAHEN OBST UND GEMÜSE VIELLEICHT NICHT PERFEKT AUS.«

Der Dotter im Ei war vielleicht nicht sonnengelb und das Brötchen vom Vortag hart wie Stein. Und trotzdem haben die Menschen überlebt.

ALLES EINE FRAGE DER DEFINITION

Ich will Ihnen zunächst erklären, was Selbstversorgung für mich bedeutet. Schließlich habe ich mich nun schon mehr als 15 Jahre mit diesem Thema befasst. Ich denke also, ich kann mir ein Urteil erlauben. Fest steht, dass der Begriff sehr subjektiv ausgelegt wird. Das verdeutlichen alleine schon die vielen unterschiedlichen Rückmeldungen, die tagtäglich in den Kommentarspalten meines Blogs und meines YouTube-Kanals eintrudeln.

Rund um mein Haus gibt es mehrere Schuppen. Dort bringe ich auch Maschinen und Geräte unter.

Für die einen beginnt Selbstversorgung mit einem Topf Kresse auf der Fensterbank, für andere muss es schon etwas mehr sein. Ein überschaubarer Garten hinterm Haus, das sei Selbstversorgung – genug Frischgemüse im Sommer und für den Winter wird ein Teil der Ernte eingefroren. Wieder andere vermissen in dieser Definition die Tierhaltung. Ein paar Hühner oder Schafe gehören doch auch dazu? Ambitionierte Vertreter wollen oft auch ihre Energieversorgung selbst in die Hand nehmen, etwa mit einem Stück Wald, um dort Brennholz zu schlagen. Und natürlich gibt es auch noch extremere Zeitgenossen. Für sie bedeutet Selbstversorgung, am Abend das Spinnrad anzuwerfen und es mit frisch geschorener Schafwolle zu füttern – im schummerigen Schein ihrer selbst gezogenen Bienenwachskerzen.

Wie weit geht echte Selbstversorgung?

Ein Topf Kresse auf dem Fensterbrett ist natürlich keine Selbstversorgung. Und auch ein paar Quadratmeter Anbaufläche hinterm Haus reichen dafür nicht aus. Um genügend Gemüse anzubauen, muss es schon eine Nummer größer sein. Kommen noch Nutztiere hinzu, ist ein Reihenhausgärtchen schnell überfordert. Für Tiere braucht man schon ein ordentliches Stück

Land, das die wenigsten von uns jemals besitzen werden. Je weiter man die Selbstversorgung also treibt, desto mehr ähnelt sie also dem Leben auf einem Bauernhof. Eben so wie früher. Heute werden sich Ihre Nachbarn aber bedanken, wenn jeden Tag zu nachtschlafender Zeit ein Hahn kräht, als würde man ihm an die Gurgel gehen. Selbst hier in meinem Dorf gibt es immer wieder Zwist zwischen Alteingesessenen und Zugezogenen.

ACH JA, WENN SIE SPÄTER MAL ALT UND BUCKELIG SIND, KÖNNEN AUCH EIN **PAAR EURO RENTE AUF DEM KONTO** SEHR HILFREICH SEIN. DIE MUSS MAN ABER ERSTMAL ERARBEITEN.

ZEIT IST GELD – UND UMGEKEHRT

Sei's drum, das Rad der Zeit lässt sich nicht zurückdrehen. Das moderne Leben ist zwar komfortabler aber eben auch komplizierter, hektischer und teurer geworden. Wer hat schon das nötige Kleingeld, um einen alten Bauernhof zu kaufen und ihn in Schuss zu bringen? Und wer hat dann auch noch das Wissen, das Geschick und vor allem die Zeit, so einen Hof in Stand zu halten und zu bewirtschaften? Ich wage zu behaupten, die wenigsten von uns. Überhaupt spielt der Faktor Zeit eine nicht zu unterschätzende Rolle, denn Zeit ist bekanntlich Geld. Versicherungen, Strom, Kleidung, Reparaturen und vieles mehr müssen bezahlt werden. Es reicht eben nicht mehr, einfach nur seine Nahrungsmittel selbst anzubauen. Denn sogar der hartgesottenste Selbstversorger trinkt seinen Löwenzahnkaffee im Winter lieber in einem beheizten Zimmer. Und wenn er sich mit der Axt versehentlich eine klaffende Wunde ins Bein schlägt, freut auch er sich über einen Termin beim Arzt oder Chirurgen – vorausgesetzt die Beiträge für die Krankenversicherung wurden bezahlt. Um dieses Geld zu beschaffen, muss viel Zeit investiert werden – und die fehlt dann eben bei der Selbstversorgung.

Krumm wie eine Banane, ist aber ein Zucchino. Bei mir darf das Gemüse wachsen, wie es lustig ist.

Darf's auch mal eine Banane sein?

Jetzt kommen Sie mir bloß nicht damit, man könne ja auf die allermeisten Errungenschaften des 21. Jahrhunderts gut und gerne verzichten. Ich bin sicher, kaum jemand von uns wäre bereit, ein Leben zu leben, wie es unsere Vorfahren gelebt haben. Und ich habe auch noch niemanden kennengelernt, der nie das Bedürfnis hatte, mal einen Hering oder eine Banane zu essen. Sie verstehen was ich meine? In der Theorie ist alles denkbar, in der Praxis aber kaum umsetzbar. Mir jedenfalls ist vollkommen klar, dass diese idealisierte Vorstellung von Selbstversorgung in der heutigen Zeit keinen Platz mehr hat.

Wenn ich von Selbstversorgung spreche, dann gehe ich von meinen persönlichen Lebensumständen aus, im Hier und Jetzt: Mama, Papa, zwei Kinder und viel Alltag mit all seinen Verpflichtungen. Mit Beruf und Haushalt, mit Samstagen auf dem Fußballplatz, auf dem der eine Sohn kickt, und Gitarrenkonzerten, auf denen der andere in die Saiten greift. Mit Weihnachtsbasaren und Elternabenden, mit einem Auto, das regelmäßig in die Werkstatt muss, und einer immer mal wieder kaputten Waschmaschine. Mit einem gemeinsamen Urlaub pro Jahr und begrenztem Zeitkontingent. Wir besitzen zwar keinen Bauernhof, aber auch kein winziges Reihenhaus. Wir kaufen unsere Brötchen beim Bäcker und unsere Milch beim Bauern, sind weder reich noch arm, nicht überfordert, aber angespannt. Eben eine ganz normale Familie.

»ICH REITE NICHT AUF EINEM PFERD ZUM ELTERN-ABEND.«

Ich hole mein Wasser auch nicht mit dem Eimer aus dem nächstgelegenen Bach. Auf etliche Annehmlichkeiten der modernen Gesellschaft will und kann ich nicht mehr verzichten.

Ein kleines Gedankenexperiment

Übrigens umfasst mein Verständnis von Selbstversorgung ausschließlich Lebensmittel. Gleichzeitig versuche ich nicht krampfhaft alles, was wir für unser Leben und Überleben brauchen, selbst zu erzeugen. Und doch denke ich, dass wir Selbstversorger sind. Wie das, fragen Sie?

Wir sind nicht mit riesigen Ländereien gesegnet, es reicht aber für einen weitläufigen Garten, der wesentlich mehr Gemüse abwirft, als wir verbrauchen können. Hier größere Tiere zu halten wird aber schon knifflig. Daher haben wir weder Schafe noch Ziegen – und schon gar keine Kuh. Auf unserem Grundstück tummelt sich allerdings eine Menge Kleingetier: eine große Hühnerschar, ein paar Enten und Gänse und vor allem Bienen. Die Hühner legen so viele Eier, die können wir gar nicht alle verarbeiten. Meine Enten und Gänse haben so viel Nachwuchs, dass wir sie längst nicht alle schlachten, braten und verspeisen könnten. Und vor allem die Bienen produzieren so viel leckeren Honig – wir wären Stammgäste beim Diabetologen, würden wir den komplett selbst konsumieren.

NUR GEMÜSE MACHT NICHT SATT

Jetzt bitte ich Sie, einmal zu träumen. Stellen Sie sich eine Gesellschaft vor, in der Sie einen Sack Kartoffeln zum Bäcker oder Metzger tragen, um ihn dort gegen Brot oder Fleisch zu tauschen. Weltfremd, werden Sie sagen. Sehe ich auch so. Aber der Grundgedanke ist richtig! Ich erzeuge in meinem Garten nicht nur einen Überschuss an Gemüse, sondern auch an Eiern, Suppenhühnern und vor allem Honig. Was wir nicht selbst verbrauchen, wird entweder verkauft, verschenkt oder notfalls an die Tiere verfüttert. Würde ich aber meine Gesamtproduktion inklusive Überschüsse in Kalorien umrechnen, wäre das genug, um davon vier Personen zu ernähren.

Fakt ist aber auch, dass unser Wirtschaftssystem schon seit Langem nicht mehr auf Tauschhandel fußt. Warum dann der ganze Aufwand, wenn sich diese Idee nicht in die Tat umsetzen lässt? Ganz einfach: Ein Garten ist eine feine Sache und jede Karotte, jede Gurke und jede Knoblauchknolle, die nicht aus fernen Ländern herbeigeschafft werden muss, ist ein Gewinn für uns alle. Ein Garten ist zudem ein Ruhepol für gestresste Menschen.

Ein Gemüsegarten produziert aber eben nur Gemüse, mit Fleiß und Schweiß sogar in recht ordentlichen Mengen. Wir sprechen hier jedoch von Selbstversorgung und dafür braucht es etwas mehr. Haben Sie schon einmal recherchiert, wie viele Kalorien eine Karotte enthält? Sie werden erstaunt sein, wie viele Sie essen müssten, um nicht zu verhungern. Somit reicht reiner Gemüseanbau im Garten niemals aus, um davon als Selbstversorger leben zu können. Es gibt einfach etliche Nahrungsmittel, die man im Garten nicht selbst kultivieren bzw. nur mit extrem viel Aufwand in einen verzehrfertigen Zustand bringen kann, die aber sehr viele, wenn nicht sogar den Löwenanteil der Kalorien liefern, die Menschen und Selbstversorger so zum Leben brauchen: Getreide, Ölpflanzen wie Raps oder Sonnenblumen – oder auch das Futter, um damit größere Tiere zu versorgen.

KLAR, IN KLEINEN MENGEN KANN MAN GETREIDE ANBAUEN. DAS IST DANN ABER EINE LIEBHABEREI. HABEN SIE SCHON MAL PROBIERT, **MIT EINEM DRESCHFLEGEL WEIZEN AUS DEN ÄHREN** ZU KLOPFEN? AUS EIGENER ERFAHRUNG KANN ICH IHNEN SAGEN: ES IST EINFACHER, SEINE BRÖTCHEN BEIM BÄCKER ZU HOLEN.

Mein mathematischer Kunstgriff

Um nun die Lücke zwischen dem, was nötig wäre, und dem, was ein Garten liefern kann, auszugleichen, rechne ich einfach unsere Überschüsse gegen die Nahrungsmittel auf, die wir leider nicht selbst produzieren können. Das ist ganz simple Algebra. Uns fehlt der Platz für Schafe und damit deren Milch und deren Fleisch? Kein Problem, wir kompensieren die fehlenden Kalorien durch Unmengen an Honig. Unser Brot kaufen wir beim Bäcker? Kein Problem, denn unsere Hühner legen Eier im Akkord. Soll heißen: Betrachtet man den physiologischen Brennwert, erzeuge ich in Summe genügend Lebensmittel, um damit (theoretisch) mich und meine Familie zu versorgen. In der Praxis nur eben leider nicht in der optimalen Zusammenstellung, die für eine ausgewogene Ernährung notwendig wäre.

Das Ergebnis ist aber dennoch eindeutig. Im Gegensatz zu jedem Gemüsegärtner schaffe ich es, mit meiner Hände Arbeit genügend Kalorien für vier Personen zu produzieren. Mag sein, dass Ihnen diese Gleichung wie ein merkwürdiger Kunstgriff vorkommt. Aber hat nicht jeder so seinen Spleen? Der eine lebt für seinen Sportwagen, der andere für sein Rennrad – und wieder andere klettern auf himmelhohe Berge. Ich habe eben diese Marotte mit den Kalorien. Damit müssen Sie leben.

KAPITEL 3

BLUTIGER ANFÄNGER

Wie ich zum Gärtner wurde

Vor einigen Jahren hätte ich eine Futterrübe nicht von einer Zuckerrübe unterscheiden können. Dass Kartoffeln und Tomaten tunlichst nicht nebeneinander im gleichen Beet wachsen sollten, hätte ich genauso ins Reich der Fabeln verwiesen wie die Tatsache, dass in einem Löffel Gartenerde mehr Mikroorganismen herumwuseln, als es Menschen auf unserem Planeten gibt. Wen interessiert das schon? Doch dann änderte sich mein Leben. Wie genau und warum? Bleiben Sie mal dran, dann erzähle ich Ihnen das.

Meine Verwandlung zum Landei

Einen Mispelbaum hätte ich damals nicht erkannt, selbst wenn ich mit der Nase dagegen gelaufen wäre. Und Phytophthora? Hätte ich wohl für eine ausgestorbene Dinosaurierart gehalten. Mein Leben spielte sich auf anderen Schauplätzen ab. Verschiedene Berufe, viele Reisen auf alle Kontinente der Erde, zehn Jahre Selbstständigkeit. Wozu musste ich dafür wissen, was Mulchen bedeutet oder warum es in Deutschland kaum noch wilde Bienenvölker gibt? Die Sommer hatten für mich sonnig und warm zu sein, Regen war eher unwillkommen. Größere Erwartungen an die Natur hatte ich eigentlich nicht.

Die Vorstellung, dass ich irgendwann einmal an lauen Sommerabenden freudig-staunend in meinem Garten sitzen würde, um meinen Pflanzen sprichwörtlich beim Wachsen zuzusehen, wäre so abstrakt gewesen – ich hätte mich vermutlich krummgelacht.

Meine ersten Gehversuche im Garten

Doch dann kam Nachwuchs in unser Leben. Wir wohnten damals in recht beengten Verhältnissen. Eine 35 Quadratmeter große Wohnung, als Selbstständiger war ich im Dauerstress, hatte keine ruhige Minute. Das war kein Umfeld für Kinder. Schließlich hatte meine Frau die zündende Idee, einen Schrebergarten anzumieten und so wenigstens von Zeit zu Zeit ein bisschen Natur zu genießen. Es dauerte nicht lange, da hatte sie auch schon eine schmucke, noch völlig unerschlossene Parzelle in einer Kleingartenkolonie gefunden: keine Beete, keine Laube, einfach nur eine Wiese, auf der zu unserer Überraschung ein einsamer Esel weidete.

Nun gut, der Esel musste weichen. Und da ich damals ziemlich unter Strom stand und zudem kein Mensch bin, der sich gerne faul im Liegestuhl räkelt, krempelte ich sofort die Ärmel hoch und begann zu wuseln und zu wurscheln. Ich benutze ganz bewusst diese Begriffe, denn der Ausdruck »Gartenarbeit« wäre bei meinem damaligen Wissen maßlos übertrieben gewesen.

Doch wo und wie anfangen, noch dazu, wenn man völlig planlos ist? Als Erstes baute ich ein kleines Holzhaus auf die Wiese. Dann begann ich, meine ersten Gemüsebeete anzulegen. Es war schon Anfang Juli und ich hatte wirklich keinen blassen Schimmer vom Gärtnern. Also fuhr ich kurzerhand ins örtliche Gartencenter, schnappte mir einen Verkäufer und fragte, was man denn in diesem Jahr noch so anbauen könnte. Zurück kam ich dann mit jeder Menge Radieschensamen. Ich hatte mir gleich mehrere Tütchen mit unterschiedlichen Sorten herausgepickt. Die wuchsen auch prima, wie es Radieschen eben so tun. Aber es waren einfach unglaublich viele, in Summe bestimmt eine Pflanzenreihe von dreißig Meter Länge! Ein herrlicher Anblick. Dumm nur, dass nach ein paar Wochen alle Radieschen gleichzeitig reif wurden. Die gesamte Ernte zu essen war trotz aller Bemühungen unmöglich. Schon hatte ich also meine erste Lektion in Sachen Gärtnern gelernt: Erst nachdenken, dann säen!

»ERST DENKEN, DANN SÄEN! EIN WENIG PLANEN MUSS MAN SCHON.«

Es dauert ein Weilchen und man muss wohl erst das eine oder andere Mal auf die Nase fallen, bevor man diese Gärtnerweisheit verinnerlicht.

VOM LESEN, LERNEN UND VERZWEIFELN

Im Laufe der Jahre folgten natürlich viele weitere kleine und große Aha-Erlebnisse. Aber jede Lektion, die ich manchmal zähneknirschend ertragen musste, hatte auch ihre positiven Seiten. Denn einen einmal gemachten Fehler wiederholt man so schnell nicht wieder. Ich begann, mir Gartenbücher zu besorgen und sie zu verschlingen. Schon bald stapelten sich Ratgeber und Fachliteratur meterhoch auf meinem Schreibtisch: Bücher, die mir verrieten, wie man im Hochbeet gärtnert, wie man ein Gewächshaus selbst baut oder sein eigenes Saatgut vermehrt. Bücher über Hühner, Bienenhaltung und Gründüngung. Bücher über biologischen Pflanzenschutz, über den Anbau exotischer Kulturen. Und, wie könnte es anders sein, natürlich auch etliche Bücher rund um das Thema Selbstversorgung.

Einfach mal machen!

Das war übrigens auch die Zeit, in der das Internet so richtig in Schwung kam. Parallel durchforstete ich also auch noch das Netz nach Informationen. Mein Wissen wuchs und wuchs, mit ihm aber auch meine Verwirrung. Denn je mehr Tipps und Tricks ich aufschnappte und ausprobierte, desto unschlüssiger wurde ich in dem, was ich da im Garten anstellte. Es musste doch erprobte Methoden geben, einen Garten anzulegen und zu bewirtschaften? Brauchbare, wasserdichte Lösungen, die sich bewährt haben? Irgendwann fasste ich dann den Entschluss, unsere Ernährung – so weit und gut es eben geht – in die eigenen Hände zu nehmen. Weniger lesen, einfach machen! Wäre doch gelacht, wenn das, was meine Großeltern noch weitestgehend geschafft haben, nicht auch mir gelingen sollte.

Oma und Opa hatten nämlich einst auch einen großen Garten. Sie hielten Hühner, Gänse, ein Schaf, eine Ziege und sogar Kaninchen. Letztere nicht zum Schmusen, sondern um sie zu essen. Das waren noch andere Zeiten! Meine Großeltern haben junge Schweine gekauft und sie dann durchgefüttert, bis sie groß und fett waren. Dann kam der Hausschlachter, um Tier und Fleisch zu verarbeiten. Sie haben eingekocht, eingeweckt, getrocknet, geräuchert, Sauerkraut selbst gemacht. Alle Methoden der Konservierung wurden genutzt, denn die Gefriertruhe war damals noch nicht erfunden. Und wirklich nur das, was sie nicht selbst herstellen konnten, wurde zugekauft. Viel war das nicht: Salz, Zucker, Kuhmilch, Öl und Butter. Meine Großeltern lebten regional und saisonal. Auch diese beiden Begriffe sind wieder schwer in Mode gekommen.

MEINE ELTERN SIND SOGAR NOCH MIT DEM BOLLERWAGEN DURCHS DORF GEZOGEN UND HABEN **PFERDEÄPFEL ALS DÜNGER** AUFGESAMMELT. SCHADE, DASS DIE VIELEN DICKEN AUTOS AUF DEN STRASSEN HEUTZUTAGE KEINEN DÜNGER MEHR PRODUZIEREN. DAS IST EIN ANDERER MIST, DER DA RAUSKOMMT. :)

Endlich eine Nummer größer

Aber zurück zu meinen ersten Selbstversorgerplänen und meiner Geschichte. Wo war ich stehen geblieben? Ach ja, der Schrebergarten. Von dem mussten wir nach einigen Jahren Abschied nehmen. Die Kinder waren größer geworden, das Geld reichte für ein bescheidenes Häuschen in einem kleinen, noch vergleichsweise ursprünglichen Dorf im Rheinland. So wunderbar das alles war: Für mich und meine Gartenarbeit bedeutete der Umzug einen kompletten Neustart. Und dabei hatte ich es mir in meinem Kleingarten doch gerade so richtig gemütlich gemacht, kannte jede Ecke und jede Pflanze beim Namen!

Selbstversorgerträume werden wahr

Doch in Wahrheit konnte ich mich natürlich nicht beklagen. Schließlich bot unser neues »Landhaus« wesentlich mehr Möglichkeiten als jeder noch so schöne Schrebergarten: Insgesamt rund 3000 Quadratmeter Fläche, ein altes Haus aus den 1920er-Jahren mit diversen Nebengebäuden, die einst als Ställe für das Vieh genutzt wurden – damals, als Selbstversorgung nicht nur eine fixe Idee, sondern eine Notwendigkeit war. Es gab Schuppen und eine große grüne Wiese, auf der dieses Mal kein Esel, sondern Pferde weideten. Mit anderen Worten: Ein Paradies für jeden Selbstversorger in spe! Platz für eine große Hühnerschar, für Gänse, Enten, Kaninchen und Bienen. Raum für Experimente und für neue Ideen. Ob die Heizung im Haus funktionierte, ob das Dach dicht war? Das war mir alles egal. Mich interessierte nur die Anbaufläche, die mir schon bald zur Verfügung stehen würde. Einziger Nachteil: Mein zweiter, neuer und jetzt um so vieles größerer Garten existierte bislang nur in meinem Kopf, dort aber malte ich ihn mir in den allerschönsten Farben aus.

Bekanntlich ist ja jeder Anfang schwer. Eine Wiese, die seit Jahren als Pferdekoppel genutzt wurde, in einen Gemüsegarten zu verwandeln, ist ein hartes Stück Arbeit. Wie viel Arbeit, hatte ich damals wohl unterschätzt. Kaum war das Frühjahr angebrochen, stand ich jedenfalls mit geschultertem Spaten und voller Tatendrang auf meiner neuen Wiese. Schließlich sollte ja noch im gleichen Jahr die erste Ernte auf meinem Teller landen. Das jedenfalls war der Plan. Angedacht war ein Garten von acht Meter Breite und rund 80 bis 90 Meter Länge. Den Vorgang, den man bei dieser Art der Neuanlage von Beeten anwendet, nennt sich Rigolen oder auch Holländern. Dabei wird zwei Spatentief gearbeitet und der Bewuchs, also das Gras, möglichst tief untergegraben. Kannte ich ja alles schon aus meinem Schrebergarten – wird schon klappen!

IST DIESE WIESE ETWA AUS GRANIT?

DIE GANZE **PLACKEREI** MIT SPATEN UND RIGOLEN… **NIE WIEDER!** WIE SAGT MAN HIER BEI UNS IM RHEINLAND SO SCHÖN: »DAS IST NICHTS FÜR VATERS SOHN.«

Ich kann Ihnen sagen, was habe ich geflucht. Ungefähr fünf der 80 Meter habe ich auf diese Art und Weise mit dem Spaten geschafft. Dann musste ich mir eingestehen, dass ich gescheitert bin. Der Boden, jahrelang von den schweren Hufen der Pferde platt getreten, war hart wie Granit. Schwielen an den Händen, wochenlang Rückenschmerzen, und wofür das alles? Nur um später ein paar Radieschen ernten zu können? Wieder eine Lektion gelernt. Ein kleiner Garten, vielleicht bis zu 100 Quadratmeter, lässt sich mit viel Willenskraft und jugendlichem Esprit noch von Hand anlegen. Bei meinen geplanten 700 bis 800 Quadratmetern würde ich aber wohl noch heute schaufeln. Ich musste den Realitäten ins Auge sehen. Was mir da so vorschwebte, war doch eine Nummer zu groß für meine Knochen.

Unverzichtbare Nachbarschaftshilfe

So würde ich nicht weiterkommen. Immerhin sind das viele Tonnen Erde, die da bewegt werden müssen, das geht ordentlich in die Bandscheiben! Schweren Herzens beschloss ich daraufhin, mal bei einem Landwirt aus der Nachbarschaft anzuklopfen. Ob er mir vielleicht? Mit seinem großen, starken Traktor…? Eine Flasche Doppelkorn als Entschädigung schien mir ein fairer Tausch. Gesagt, getan. Ein paar Tage später stand Herr Nachbar dann mit seinem Schlepper und einem riesigen Vierscharpflug vor unserem Gartentor. Das war eine enge Kiste, sage ich Ihnen. Aber im Rückwärtsgang konnte der Mann sein schweres Gerät gerade noch auf unser Grundstück manövrieren und dann auch den Pflug in Position bringen. Wenige Minuten später sind mir förmlich die Augen aus dem Kopf gefallen. Was war das? In nur wenigen Minuten verrichtete der Pflug die Arbeit, für die ich Monate oder vielleicht sogar Jahre gebraucht hätte! Viermal angesetzt, immer

rückwärts herangefahren – und schon war kein Grashalm mehr zu sehen, die Erde tief gelockert und fast schon aussaatbereit. Müsste ich noch einmal einen Garten anlegen, ich würde es wieder genauso machen.

Bis zu 100 Quadratmeter kann man noch mit dem Spaten umgraben, für größere Flächen empfehle ich: Besorgen Sie sich einen Pflug!

Nur auf den letzten Metern mussten Traktor, Pflug und Landwirt kapitulieren. Der Zaun stand im Weg und die Maschinen waren zu groß und nicht wendig genug, um bis in die hintersten Ecken zu gelangen. Für die verbliebenen Grasstreifen musste also ein Plan B her. Was tun? Es gibt ja allerlei Alternativen zum Spaten, im Internet wird man hier schnell fündig. Man kann natürlich a) zu einer chemischen Keule namens Glyphosat greifen, mit dessen Hilfe sich der komplette Bewuchs innerhalb weniger Tage in Kompost verwandelt. Nein, danke. Einen ganz ähnlichen Effekt erzielt man b) mit Mulchfolien, Pappkartons oder sogar mit alten Teppichen. Der anzulegende Garten wird einfach mit einem dieser Materialien für längere Zeit bedeckt, damit die Pflanzen kein Licht mehr bekommen und schließlich verenden. Eine ziemlich zeitaufwendige Methode. Denn damit Gras und vor allem auch alle Wurzelunkräuter vollständig beseitigt werden, muss die Abdeckung mindestens ein Jahr oder noch länger liegen bleiben.

Ebenso gut klappt das Anlegen des neuen Gartens aber auch mit Lösung c), nämlich mit Stroh und Saatkartoffeln. Die Idee ähnelt der mit Pappkarton oder Teppichen, nur ist Stroh viel leichter zu beschaffen. Und obendrein gibt es noch eine kleine, feine Ernte. Ich habe es sowohl mit Pappkarton und Mulchfolie als auch mit der Strohmethode versucht. Funktioniert alles irgendwie. Aber dazu, wie ich es genau gemacht habe, später mehr.

Ein Gewächshaus ist ein Muss

Es gibt eine Sache, die in keinem Selbstversorgergarten fehlen darf, und das ist ein Gewächshaus. Es bietet nämlich die tolle Möglichkeit, auch solche Kulturen anzubauen, die in unseren Breiten unter freiem Himmel nicht gedeihen, weil die Gartensaison einfach zu kurz und die Temperaturen zu niedrig sind. Wer sich kein Gewächshaus aus Glas oder Doppelstegplatten leisten möchte, ist auch mit einem stabilen Folientunnel gut bedient. Ich entschied mich jedenfalls für diese deutlich preiswertere Alternative. Im Schrebergarten hatte ich auch schon einen kleinen Tunnel aus dem Baumarkt im Einsatz. Der war bereits nach zwei Jahren kaputt.

EIN LANDWIRT KANN ES SICH NICHT ERLAUBEN, ALLE **ZWEI JAHRE EINEN NEUEN FOLIENTUNNEL** AUFZUBAUEN. DIESE WEISHEIT TRIFFT ÜBRIGENS AUCH AUF VIELE ANDERE GERÄTE ZU: WER BILLIG KAUFT, KAUFT ZWEI- ODER SOGAR DREIMAL.

Hier, im neuen Garten wollte ich daher keine halben Sachen machen. Also besorgte ich mir einen Folientunnel von einem Hersteller, der auch echte Profis in der Landwirtschaft beliefert. Diese Premiummodelle sind zwar etwas teurer, halten dafür aber umso länger. Und wie groß? Mein Folientunnel hat heute eine Grundfläche von 55 Quadratmetern. Das ist mehr als ausreichend für eine Familie und es ist immer wieder erstaunlich, wie ertragreich ein Tunnel dieser Größenordnung sein kann.

PLÖTZLICH SUMMT UND GACKERT ES

Als der Gemüsegarten fertig war, standen noch diverse Obstbäume auf meinem Plan. Ich besuchte eine örtliche Baumschule und ließ mich beraten. Im Internet habe ich absichtlich nicht bestellt. Eine ortsansässige Baumschule weiß einfach viel besser, welcher Baum und welche Sorte in der Gegend am besten wächst: Kirschen, Quitten, Birnen, ein Nashibaum, diverse Pflaumen und Zwetschgen, Mirabellen, Pfirsich und natürlich Apfelbäume. Alles, was mein Selbstversorgerherz begehrte, habe ich eingekauft und in zwei langen Reihen neben meinen Gemüsegarten gepflanzt. Wichtig war mir dabei auch, nur veredelte Bäume auf schwach wachsenden Unterlagen zu kaufen. Schließlich sollte die Vielfalt im Garten Vorrang vor dem Ertrag haben. Die meisten dieser Bäume beglücken mich übrigens immer noch. Von den sieben verschiedenen Apfelbäumen hat allerdings nur einer überlebt. Da waren die Wühlmäuse schneller.

Und was fehlt jetzt noch? Na klar, zu guter Letzt habe ich mich natürlich auch an die Tierhaltung herangewagt: Einer der Schuppen, in denen zuvor die Pferde untergebracht waren, wurde zum Hühnerstall umgebaut. Ruck, zuck ein großes Stück Land als Freilauf eingezäunt und die Tiere konnten kommen. Ich erinnere mich noch gut, als ich dann mit ein paar Bäckerkisten im Kofferraum beim örtlichen Geflügelhändler vorfuhr. Ich hatte ja zuvor noch nie ein lebendiges Huhn in Händen gehalten. Man wächst eben mit seinen Aufgaben, das werden Sie erleben!

Das gilt nicht zuletzt auch für die Imkerei. Bienen waren schon immer ein großer Traum von mir. Der leckere Honig auf dem Brötchen oder im Tee, eine Verlockung für jeden Selbstversorger! Ich besuchte also mehrere Lehrgänge, arbeitete mich tief in die Materie ein – und musste im Laufe der Zeit dennoch richtig viel Lehrgeld bezahlen. Denn die Bienenhaltung ist kein einfaches und schon gar kein preiswertes Unterfangen. Wer mit dem nötigen Ernst an die Sache herangeht, wird schon von wenigen Bienenvölkern ordentlich auf Trab gehalten. Da hat man wirklich das ganze Jahr zu tun! Vom Winter, wo Rähmchen gedrahtet und Mittelwände eingelötet werden müssen, über den Sommer, wo es gilt, das Schwärmen zu verhindern. Es folgen die Honigernten, einmal im Frühjahr und einmal im Sommer, und dann natürlich im Herbst der Kampf gegen die Varroamilben sowie all die Vorbereitungen für den Winter, den die Tiere hoffentlich gut überstehen.

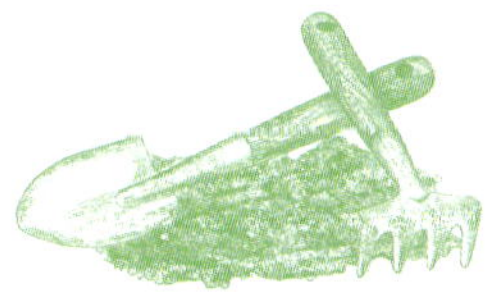

»MEINE BIENEN MACHEN DIE MEISTE ARBEIT.«

Mit der Imkerei könnte man sich auch ein ganzes Jahr in Vollzeit beschäftigen. Da braucht man keinen Garten, kein Geflügel – und auch sonst keine weiteren Hobbys, wie etwa Bücher schreiben.

Ich fasse mich hier eher kurz, denn weiter hinten im Buch habe ich der Imkerei ein eigenes, dickes Kapitel gewidmet. Da können Sie noch etliche andere Bienenabenteuer nachlesen, die ich so erlebt habe.

Sie werden staunen, was Sie so alles erreichen können

Mittlerweile, nach mehr als 15 Jahren, habe ich mich doch in vielen Bereichen zum Fachmann gemausert. Nicht etwa, weil ich den Gemüseanbau, die Imkerei oder die Geflügelhaltung jetzt aus dem Effeff beherrsche, sondern weil ich dank tagtäglicher Praxis meinen ganz persönlichen Erfahrungsschatz sammeln konnte, den kein Buch, keine Internetseite und auch keine Ausbildung je vermitteln könnte. Von dieser Praxis, also wie und warum ich die Dinge in meinem Garten so mache, wie ich sie eben mache, werde ich in den nachfolgenden Kapiteln berichten. Ich empfehle Ihnen aber ausdrücklich, eigene Erfahrungen zu sammeln. Probieren Sie Dinge aus, seien Sie mutig und vor allem neugierig! Dann werden Sie auch ohne Vorwissen – mit Selbstvertrauen, etwas Beharrlichkeit und ein wenig Glück – einen Grad der Selbstversorgung erreichen, den Sie nie für möglich gehalten hätten.

KAPITEL 4

DAS WOLLEN SIE ALSO AUCH?

So geht Selbstversorger

Ich habe Sie immer noch nicht vergrault? Dann gehen wir ans Eingemachte! Aber langsam. Nachdem Sie sich ja nun entschlossen haben, endlich etwas für Ihre gesunde Ernährung, Ihre Frischluftzufuhr und somit für Ihr allgemeines Wohlbefinden zu tun, möchte ich Ihnen erläutern, wie ich die Sache anpacken würde, wenn ich noch einmal ganz von vorne beginnen müsste.

Auf der Suche nach dem grünen Glück

Sie haben Ihr Leben im Griff, verfügen über ein solides Einkommen und können sich immer auch etwas Zeit freischaufeln? Tut mir leid, dass ich diese Punkte so unverblümt gleich hier im Vorspann anspreche. Denn es gibt ein paar Grundvoraussetzungen, die Sie einfach mitbringen müssen. Sonst bleibt das mit der Selbstversorgung eine Träumerei. Schließlich wollen Sie ja nicht zum Aussteiger werden, in den Wald ziehen und als Eremit in einem Holzverschlag leben? Ich hoffe, Sie nicken mit dem Kopf und pflichten mir bei. Dann sollten Sie dranbleiben und weiterlesen!

Dass Sie Ihr Leben auf feste Füße gestellt haben, sollte selbstverständlich sein. Auch und vor allem finanziell. Von nichts kommt nämlich nichts. Denn für Ihr Vorhaben brauchen Sie einiges an Startkapital. Ein sicherer Job ist da schon ganz hilfreich. Idealerweise sollte auch Ihre Familienplanung weitgehend abgeschlossen sein. Denn wer mag schon vorhersehen, ob Ihre Partnerin oder Ihr Partner und auch Ihre Kinder mit Ihnen an einem Strang ziehen?

Nicht zu klein und nicht zu groß

Haben Sie das alles erledigt und haben Sie noch dazu Freiräume und stehen nicht mit dem Rücken zur Wand? Dann erst – das ist meine feste Überzeugung – sollten Sie anfangen, von so etwas wie Selbstversorgung zu träumen. Und dann erst kann der zweite Schritt folgen: Werden Sie sich darüber klar, was genau Sie eigentlich wollen. Das ist enorm wichtig!

Planen Sie von Anfang an zu klein, werden Sie es vielleicht Ihr Leben lang bereuen. Haben Sie allzu große Rosinen im Kopf, wird Sie die Arbeit ganz schnell überfordern. Denn Unkraut wächst erheblich schneller als Brokkoli, Ihre Tiere wollen täglich gehegt, gepflegt und gefüttert werden. Kommt dann die Erntezeit, verbringen Sie Stunden, Tage oder Wochen in der Küche, säubern Obst und Gemüse und sehen zu, wie Sie das alles irgendwie haltbar machen können. An manchen Sommertagen verbringe ich mehr Zeit mit der Verarbeitung meiner Ernte als mit der eigentlichen Gartenarbeit.

Gleichzeitig will man ja auch noch ein bisschen am gesellschaftlichen Leben teilhaben, vor allem zur warmen Jahreszeit. Irgendwann werden Sie vielleicht etwas vermissen, wenn Sie wie am Fließband Erbsen pulen, während der Rest der Familie und die ganze Welt am Baggersee in der Sonne liegt.

MANGOLD ODER MASTSCHWEINE?

Also denken Sie nach und seien Sie dabei ehrlich zu sich selbst: Was wollen Sie? Genügt Ihnen ein kleiner Garten, in dem Sie am Feierabend ein wenig Erholung finden, im Sommer ein paar Tomaten und Erdbeeren ernten und das war's? Dann reichen ein Haus und ein- bis zweihundert Quadratmeter Land für Sie locker aus. Selbstversorgung ist das aber noch nicht. Oder soll es doch etwas mehr sein, vielleicht ein viel größerer Garten, bei dem man der Selbstversorgung erheblich näher kommt – mit Gewächshaus und ein paar Hühnern und Gänsen? Dann planen Sie dementsprechend. Ein guter halber Hektar Grund und Boden können da sicher nicht schaden.

Möchten Sie die Selbstversorgung aber auf die Spitze treiben, Ihr eigenes Getreide anbauen, Milch und Käse produzieren und Schweine halten? Also so autark werden, wie es nur eben geht? Dafür benötigen Sie einen oder sogar mehrere Hektar Land. Sie können dann aber auch gleich Ihren Job an den Nagel hängen, denn für Lohnarbeit werden Sie keine Zeit mehr haben. Oder aber Sie suchen sich einen Partner, der das nötige Geld verdient.

Ihre wichtigste Entscheidung

Wo Sie Ihr neues Zuhause suchen, bleibt Ihnen überlassen. Im ganzen Land gibt es wunderschöne Ecken. Eine Rolle spielt natürlich, wie viel Geld Sie investieren wollen und können: Preiswert bedeutet meist auch extrem viel Arbeit. Ein alter Bauernhof, ein paar Jahre unbewohnt, mit löchrigem Dach, maroden Wasserrohren und nur einem Brikettofen aus Großmutters Zeiten wird deutlich weniger kosten als ein schmuckes Landhaus mit Zentralheizung und einem Garten, den Sie nicht erst mühsam aus dem Boden stampfen müssen. Bei so einer Immobilie können Sie nächste Woche die Umzugskartons auspacken und übernächste Woche Ihre Beete anlegen, müssen dafür aber, je nach Lage, entsprechend tief in die Tasche greifen.

Weil wir gerade beim Thema Lage sind, hier noch ein wichtiger Hinweis, den ich Ihnen nicht vorenthalten möchte: Werfen Sie bei der Suche nach einem geeigneten Objekt unbedingt auch einen Blick auf die angrenzenden Grundstücke. In dieser Hinsicht war ich damals nämlich ein wenig zu nachlässig. Stehen dort hohe Bäume, Tannen, Pappeln oder Buchen? Soll dort

»DIE BESTE ERNTE MEINES LEBENS IST MEINE FRAU«

Sie fährt jeden Tag tapfer ins Büro und sichert unser Familieneinkommen, damit ich mich meinem Garten und der Selbstversorgung widmen kann. Ich bin also ein echter Glückspilz.

LUFTSCHLÖSSER & SEIFENBLASEN

Selbstverwirklichung oder Selbstversorgung? Klar, schön ist im Idealfall beides. Aber es gibt eben auch immer wieder Menschen, die sich das eine wünschen, für das andere aber einfach (noch) nicht die nötigen Voraussetzungen mitbringen.

Was ich damit meine? In den Kommentaren meines Blogs und meines YouTube-Kanals erreichen mich regelmäßig Anfragen, die Seifenblasen gleichen und überspitzt formuliert auf folgende Botschaft hinauslaufen:

»Hallo, Herr Roesberger, ich bin Anfang 20 und weiß noch nicht so recht, was ich mit meinem Leben anfangen soll. Weiter zur Schule gehen behagt mir nicht, Ausbildung habe ich keine und auf echte Arbeit nicht so große Lust. Meine Eltern hinterlassen mir leider kein Vermögen und auch keine Ländereien. Und da bin ich auf Ihren YouTube-Kanal gestoßen. Toll, das will ich auch! Wie geht das denn, so zu leben wie Sie? Ich will ein hübsches Häuschen auf dem Land, fernab der Großstadt, will Autobahnen, Konsumwahnsinn und horrende Mietkosten endlich hinter mir lassen. Ich will bis zum Mittag schlafen, wenn mir danach ist, dann einen Brennnesseltee trinken, ein paar Löwenzahnblätter kauen und (bei schönem Wetter) natürlich auch ein bisschen im Garten arbeiten. Ich mag Tiere und spiele gerne Gitarre, am liebsten im Grünen. Danke!«

Klar, das war jetzt eine erfundene Nachricht, und ich will mich hier wirklich über niemanden lustig machen. Das Beispiel soll Ihnen nur verdeutlichen, wie weit Wunsch und Wirklichkeit auseinanderklaffen können. Ich sagte ja bereits: Selbstversorgung klappt nur, wenn Sie Ihr Leben einigermaßen im Griff haben – und ist harte Arbeit. Neben Fleiß, Geduld und Pragmatismus benötigen Sie aber vor allem auch Geld. Oder Sie gehen die Sache erst mal sachte an und toben sich in einem Gemeinschaftsgarten aus. So oder so: Mit viel Landluft und Liebe kann man zwar Luftschlösser bauen, aber kein einziges Radieschen ernten, geschweige denn Selbstversorger werden.

vielleicht einmal gebaut werden – oder ist eine Umgehungsstraße geplant? Alles Gründe, weiterzusuchen. Denn die Standortwahl ist einfach die wichtigste Entscheidung, die Sie treffen müssen. Punkt. Alles andere lässt sich später noch ändern und korrigieren. Flattert Ihnen aber eines Tages ein Schreiben der Gemeinde ins Haus, in dem Sie nett, aber eindringlich informiert werden, dass man Teile Ihres Grundstückes bedauerlicherweise für den Bau eines neuen Gewerbeparks benötigt, werden Sie verstehen, was ich meine. Vor dem Kauf lohnt es sich also, den Behörden vor Ort einen Besuch abzustatten und sich über die Gegend zu informieren.

DAS HABE ICH DAMALS AUCH GEMACHT! ICH HABE GEFRAGT, OB MAN VORHAT, DAS HAUS UNTER DENKMALSCHUTZ ZU STELLEN, MICH NACH DEM GRUNDWASSER ERKUNDIGT UND GEFRAGT, **OB DIE KÜHLTÜRME DER KRAFTWERKE IN DER UMGEBUNG SCHATTEN** WERFEN. SELBST DARAUF KONNTE MAN MIR EINE ANTWORT GEBEN. :)

So würde ich meinen neuen Garten anlegen

Sie haben Ihr grünes Fleckchen Erde gefunden, auf dem Sie glücklich werden wollen? Dann können Sie jetzt loslegen. Hat Ihr neues Grundstück bereits einen angelegten Garten an einem Ort, der sich beim Vorbesitzer bewährt hat, können Sie den Rest dieses Kapitels überspringen. Wenn nicht, sollten Sie weiterlesen und sich jetzt genügend Zeit für die Planung nehmen. Denn, wie bereits erwähnt: Einmal gefällte Entscheidungen lassen sich später nur mit großem Aufwand oder aber mit viel Geld wieder rückgängig machen. Einen kleinen Apfelbaum, auf einer schwach wachsenden Unterlage veredelt, können Sie vielleicht noch mit der Schaufel ausgraben und verpflanzen. Einen mittelgroßen Kirsch- oder gar Walnussbaum, der nach vielen Jahren endlich Früchte trägt, kann man jedoch ohne professionelle Hilfe nicht mehr versetzen. Und selbst wenn das gelingt: In der Regel dürfte es etliche Jahre dauern, bis sich die Pflanze von diesem Schock erholt hat.

Wäre doch schade, so lange auf die erste Ernte gewartet zu haben, um dann wieder fast von vorne zu beginnen. Sie kennen ja jetzt mein Motto: »Erst denken, dann pflanzen.« Investieren Sie also ein wenig Zeit, um sich genau zu überlegen, wie Ihr Traumgarten in einigen Jahren aussehen soll – und wo Ihre Bäume, Sträucher und Gemüsebeete ein geeignetes Plätzchen finden. Dabei sollten Sie auch die unmittelbare Umgebung berücksichtigen: Noch mag Nachbars Hecke klein und licht erscheinen, noch mag die mickrige Tanne da hinten an der Grundstücksgrenze kaum Schatten werfen. Aber glauben Sie mir, das ändert sich schnell!

KEIN JÄGERZAUN, KEIN WEGENETZ

Mein Garten besteht aus einer einzigen Fläche. Es gibt also weder ein Wegenetz noch einen Jägerzaun und auch keine Hecke, die meine Beete umrandet, so wie man das von alten, klassischen Bauern- oder Klostergärten kennt. Und es gibt auch keine zentrale Wasserversorgung. Ich baue meine

Kulturen nur in Parzellen und Reihen an, die klar abgetrennt sind. So haben es auch schon meine Großeltern gemacht. Warum? Das ist leicht erklärt. Ein Bauerngarten eignet sich bestens für Gemüse, Kräuter und Blumen. Er ist in der Regel nicht sehr groß und deshalb noch gut von Hand zu bewirtschaften. Er liefert aber eben nur Gemüse. Mir war jedoch von Anfang an klar, dass ich weitergehen wollte: Ich war regelrecht vom Selbstversorgervirus infiziert, wollte Getreide anbauen und Futterrüben für die Tiere. Ich wollte einfach alles zum Wachsen bringen, das im Rheinland auch nur den Hauch einer Chance hat, zu gedeihen, zu reifen und dann eine Ernte abzuwerfen. Da reicht ein mittelgroßer Bauerngarten bei Weitem nicht mehr aus.

»ICH WAR VOM SELBST-VERSOR-GERVIRUS INFI-ZIERT!«

Mir war von Anfang an klar, dass ich weiter gehen und vor allem auch viel experimentieren wollte – mit Weizen, Mais, Futterrüben und allem, was man hier in der Gegend so anbauen kann.

Nehmen wir mal das Beispiel Weizen: Der Anbau von Getreide unterscheidet sich grundlegend vom Gemüseanbau. Weizen ist eine Monokultur, die viel freie Fläche benötigt. Denn jede einzelne Ähre wirft eben am Ende nur wenige Körner ab. Wer nur hier und da ein paar Halme anbaut, wird niemals genügend Weizen ernten, um damit auch nur ein einziges Brot zu backen. Will man jedoch weitläufige Flächen bewirtschaften, benötigt man Maschinen, vor allem einen Pflug und eine Fräse. Ihr Rücken wird es Ihnen danken! Maschinen setzen allerdings voraus, dass man diese auch sinnvoll einsetzen kann. Hecken, Wege, Gartenzwerge und dergleichen sind da nicht so ideal. Je kleiner die einzelnen Parzellen, je verwinkelter ein Garten konzipiert ist, desto schwieriger wird die Aufbereitung des Bodens mit Traktor, Pflug und anderem schweren Gerät. Diesen Kompromiss musste ich eingehen.

Bunt gemischt macht trotzdem Spaß

Ansonsten unterscheidet sich mein Garten allerdings kaum von einem Bauerngarten. Auch ich mische mein Gemüse bunt durcheinander, auch ich wechsele in jedem Jahr die Kultur. Ich pflanze auf abgeernteten Reihen Nachfolgekulturen an, Blumen wachsen neben Kohlrabi und mein Fenchel neben dem Salat. Der Vorteil meiner Methode ist aber, dass ich im Frühjahr meine komplette Anbaufläche in einem Aufwasch pflügen und anschließend fräsen kann. Ich starte jedes Jahr von neuem und habe meine Entscheidung aus rein praktischen Gründen gefällt. Denn ich wollte von Anfang an mehr als einen größeren Gemüsegarten – ich wollte einen Gemüseacker!

Aber zurück zu Ihnen und Ihren Plänen: Sie stehen also eines Tages in Ihrem neuen Garten und müssen entscheiden, was wo wachsen soll. Ich würde mir viel Zeit und einen bequemen Gartensessel zu Hilfe nehmen. Lehnen Sie sich zurück, genießen Sie eine Tasse Tee und lassen Sie Ihren Blick schweifen. Finden Sie heraus, welche Ecken Ihres Gartens zu welcher Tageszeit das meiste Sonnenlicht abbekommen und ob das auch in Zukunft so bleiben wird. Akzeptieren Sie gleichzeitig, dass leider nicht alles machbar ist, was Sie sich vielleicht wünschen: Stehen Ihnen nur 300 Quadratmeter Fläche zur Verfügung, dann verwerfen Sie alle Gedanken an eigene Obstbäume – zumindest an die größeren Exemplare.

EIN UNVEREDELTER APFELBAUM WIRD ZIEMLICH GROSS UND LÄSST SICH AUCH NUR SCHWER MIT EINER BAUMSCHERE DAVON ÜBERZEUGEN, NICHT NOCH GRÖSSER ZU WERDEN. DA **SIND SCHNELL MAL 100 ODER MEHR QUADRATMETER** IHRES GARTENS VERBRAUCHT.

Bei einigen Obstarten kann man zum Glück auf schwach wachsende, veredelte Sorten zurückgreifen. Die werden nicht viel größer als ein erwachsener Mensch, haben aber auch gravierende Nachteile. Sie erfordern wesentlich mehr Schnittmaßnahmen und sind oft sehr anfällig für Wühlmäuse. Die lästigen Nager haben nämlich die Wurzeln junger Obstbäume zum Fressen gerne – insbesondere die von frisch gepflanzten Apfelbäumchen. Ich selbst habe schon unzählige Bäume und Beerensträucher an diese Plagegeister verloren: Apfel, Feige, aber auch Brombeeren und Aronia, um nur einige zu nennen. Stark wachsende Bäume hingegen entwickeln sich oft schneller, als die Wühlmäuse die Wurzeln abfressen können, und benötigen daher nur in den ersten Jahren besonderen Schutz. Haben sie sich dann etabliert, kann denen so schnell kein Nagetier mehr etwas anhaben.

Beerenobst – manchmal ganz schön ungezügelt!

Auch Beerensträucher würde ich nicht mehr ohne reifliche Überlegung pflanzen. Die Früchte einer Johannisbeere, die täglich viele Stunden im Schatten steht, werden nie so süß und lecker schmecken wie die Beeren sonnenverwöhnter Pflanzen. Gleiches gilt für Stachelbeeren, Himbeeren und alle anderen Arten. Beim Beerenobst gibt es zudem noch eine weitere Besonderheit: Brombeeren, aber auch Himbeeren oder meine geliebte Japanische Weinbeere können sich, je nach Sorte, stark unterirdisch ausbreiten. Es ist sehr mühsam, gegen unerwünschte Austriebe anzukämpfen, die plötzlich überall wie Pilze aus dem Boden ploppen. Und wenn Sie Pech haben, verwandelt sich Ihr Garten recht schnell in einen Brombeerdschungel. Auf lange Sicht empfiehlt es sich daher, solche Pflanzen weit weg vom Gemüse einzusetzen und rundherum viel Platz zu lassen. Mein Tipp: Lassen Sie sich beraten. Ihre Baumschule weiß am besten, wie viel Platz und Freiraum jede Pflanze benötigt. Hören Sie auf diesen Rat!

Japanische Weinbeeren sind sehr lecker. Wenn man nicht aufpasst, machen sich ihre Wurzelausläufer aber im ganzen Garten breit.

KAPITEL 5

ABER BITTE MIT SONNE!

Der neue Gemüseacker

Gut geplant ist halb gewonnen. Das gilt im Leben – und im Garten sowieso. Sehen wir uns jetzt mal an, wie Sie Ihrem Traum von der Selbstversorgung wieder ein paar Schritte näherkommen. Sie haben Brachland oder eine Wiese gekauft und wollen dort jetzt Gemüse anbauen? Dann wartet nach der Planung ein hartes Stück Arbeit auf Sie. Aber keine Panik: Ich habe da einige Tricks ausprobiert, die Ihnen allzu große Strapazen ersparen.

Immer schön der Reihe nach

Jetzt wissen Sie also, was Sie wollen und haben sich einen hübschen Landkreis irgendwo zwischen Flensburg und Berchtesgaden ausgesucht – Ihren neuen Lebensmittelpunkt. Im letzten Kapitel haben wir sogar schon ausführlicher über Bäume und Sträucher gesprochen! Kommen wir nun zum eigentlichen Gemüsegarten. Wo soll der noch mal hin? Dass Sie bei der Standortwahl auf gute Lichtverhältnisse achten müssen, auch mit Blick auf die nachfolgenden Jahre, habe ich bereits erwähnt. Aber nicht nur die Zahl der Sonnenstunden, auch die Richtung, aus der das Sonnenlicht in Ihrem Garten landet, ist von Bedeutung.

Der Spaten ist gewetzt und Sie scharren schon mit den Hufen? Hilft nichts, wir gehen noch einmal einen Schritt zurück und halten inne: Sie sitzen immer noch in Ihrem Gartensessel, knabbern Kekse und trinken Tee. Dann kneifen Sie die Augen zusammen, werfen erneut einen Blick nach oben und prüfen, in welcher Bahn die Sonne im Tagesverlauf über den Himmel zieht. Denn auch das müssen Sie bei der Planung berücksichtigen.

Schatten auf den billigen Plätzen

Nehmen wir einmal an, Sie entscheiden sich für den Anbau in Reihen, so wie ich das hier bei mir im Garten mit meinem Gemüseacker praktiziere. Wenn Sie den Platz haben, kann ich das nur empfehlen! Und nehmen wir weiter an, die Sonne geht rechts vom Garten auf und taucht links wieder ab. Je nach Einfallswinkel kann es also passieren, dass Ihre Gemüsereihen über den Tag hinweg großteils von vorne beschienen werden. Klingt gut, aber aufgepasst: Denn frontales Sonnenlicht bedeutet auch – besonders wenn es sich um höhere Pflanzen wie Tomaten oder Mais handelt –, dass das Gemüse in den hinteren Rängen von den Kollegen weiter vorne beschattet wird. Besser ist es, wenn die Sonne ihr Licht überwiegend seitlich in die Reihen wirft. So bekommen alle Pflanzen über den Tag hinweg ein Maximum an UV-Strahlung. Das mag eine Kleinigkeit sein, ist aber nicht irrelevant. Denn Sie wollen doch das Beste aus Ihrem Garten machen, oder etwa nicht?

Ich habe mir sogar die Mühe gemacht, einen maßstabsgetreuen Gartenplan auf meinem Computer anzulegen. Darin habe ich alle Bäume und Sträucher verzeichnet und auch die Sortennamen eingetragen. Denn in einigen Jahren kann ich mich sicher nicht mehr daran erinnern, was ich im Laufe der Zeit so alles eingegraben und ausprobiert habe.

Die Sache mit der Fruchtfolge

Überhaupt denke ich, es kann kein Fehler sein, sich genau zu notieren, wann und wo welche Pflanzen in die Erde kommen. Das gilt nicht nur für die grobe Aufteilung Ihres Grundstück, sondern insbesondere auch für die Parzellen, Reihen oder Beete Ihres Gemüsegartens. Denn nur so gelingt Ihnen die Einhaltung einer sinnvollen Fruchtfolge. Fruchtfolge? Vereinfacht ausgedrückt bedeutet der Begriff, dass es einigen Gemüsesorten, etwa Erbsen, gar nicht behagt, wenn Sie Jahr für Jahr immer wieder auf derselben Fläche angebaut werden. Bei anderen Arten wiederum besteht die Gefahr, dass sich Krankheiten einschleichen. Nehmen wir beispielsweise Kohlpflanzen – in diese Kategorie fallen übrigens auch Brokkoli, Kohlrabi, Radieschen und Rettich: Baut man sie mehrmals in Folge am gleichen Fleck an, kann sich die gefürchtete Kohlhernie ausbreiten. Nicht so schön. Und hat sich diese Krankheit einmal in einer Ecke Ihres Gemüsegartens eingenistet, müssen Sie dort sehr lange auf Kohlgewächse verzichten, um sie wieder loszuwerden. Ich habe da von Anbaupausen von mehr als sieben Jahren gehört! Also lieber aufschreiben und immer wissen, was in der Vergangenheit wo und über welchen Zeitraum kultiviert wurde.

ALLES GRÜN MUSS MÖGLICHST WEG

Wenn Ihr Bepflanzungsplan steht und in Ihre Überlegungen auch die nötigen Abstände eingeflossen sind, haben Sie schon eine große Hürde genommen. Das ist super! Denn jetzt wissen Sie, wohin die Reise gehen soll. Ihre Tasse Tee ist leer und die Kekse sind aufgegessen. Dann beschäftigen wir uns einmal damit, wie Sie den Rasen oder die Wiese, auf der Sie in Ihrem Gartensessel gerade noch sitzen, in einen schönen Gemüsegarten verwandeln. Ich kann Ihnen versichern, das ist keine leichte Aufgabe! Ich selbst habe bereits etliche verschiedene Methoden ausprobiert und jede dieser Herangehensweisen hat so ihre Vor- und Nachteile.

Rigolen – nur was für Muskelmänner und kleine Gärten

Beginnen wir mit einem kleinen Hausgarten, der eine Größe von, sagen wir mal, 100 Quadratmeter nicht nennenswert überschreitet. Bei diesen Dimensionen ist Handarbeit angesagt! Sie benötigen einen guten Spaten, viel

»JETZT WISSEN SIE, WOHIN DIE REISE GEHT.«

Es lohnt sich zu planen, das möchte ich einfach immer wieder betonen. Machen Sie das aber nicht nur in Ihrem Kopf, nehmen Sie sich ein Blatt Papier und einen Stift zur Hand – oder sogar einen Computer zu Hilfe.

DIE STROHMETHODE

Viel Stroh, einige Saatkartoffeln und etwas Geduld: Mehr brauchen Sie nicht, um ein Stück Wiese ohne Strapazen in einen Gemüseacker zu verwandeln. Wenn alles klappt und die Prozedur vorbei ist, dürfen Sie sich sogar über Ihre erste Ernte freuen.

Los geht's im Frühjahr. Lassen Sie die Wiese, auf der Ihre Anbaufläche entstehen soll, aber noch ein Weilchen wachsen.

1. Warten Sie also ab, bis das Gras eine einigermaßen ordentliche Höhe erreicht hat.
2. Verteilen Sie dann die vorgekeimten Kartoffeln in der Wiese und bedecken Sie das Ganze mit einer Lage Stroh. Sie dürfen das Stroh zwar locker verstreuen, die Schicht sollte aber 40 bis 50 Zentimeter dick sein.
3. Sind die Kartoffeln erntereif, muss man nur noch das Stroh beiseiteschaffen und die Knollen darunter einsammeln. Die Strohreste entsorgen Sie am besten auf dem Komposthaufen.
4. Danach werden alle Stellen, an denen der Bewuchs nicht komplett abgetötet wurde, noch kurz mit dem Spaten umgegraben, damit auch die letzten Grasreste unter der Erde landen.

Kartoffeln sind eine recht durchsetzungsstarke Kultur, die es problemlos schafft, auch eine sehr dicke Strohschicht zu durchdringen. Die Wiese wiederum hat es wesentlich schwerer, ans Licht zu wachsen, vor allem weil alle Grashalme durch das Stroh niedergedrückt und vom Licht abgeschirmt werden. Daher werden Gras und Kräuter unter der Strohschicht großteils absterben.

Sicher können Sie bei dieser Methode keine Rekord-Kartoffelernten erwarten. Das ist auch gar nicht der Sinn der Sache! Es geht ja in erster Linie darum, aus einer Wiese Gartenland zu machen – mit dem angenehmen Nebeneffekt, auch noch eine kleine Ernte einzufahren. Übrigens: Mit Heu werden Sie keine guten Erfolge erzielen. Es enthält einfach zu viele Grassamen, die dann später wieder auskeinem. Das wollen wir nicht!

Muskelkraft und ein wenig Zeit, denn ich würde Ihnen in diesem Fall das Rigolen, auch »Holländern« genannt, empfehlen. Sinn dieser Methode ist es, Ihren Boden, so gut und tief es geht, zu lockern. Die Grasnarbe, also der dichte Bewuchs aus Gräsern und Kräutern an der Oberfläche, soll möglichst weit nach unten befördert werden. Obenauf liegt danach im Idealfall nur frische, pure Erde, die nicht mehr von Wurzeln, Wurzelunkräutern oder Unkrautsamen durchsetzt ist.

Und wie geht das? Im ersten Schritt heben Sie die Erde zwei Spatentief aus und legen sie dann beiseite. Der Aushub wird später noch benötigt. Im zweiten Schritt stechen Sie die zweite Reihe spatentief ab und werfen diesen Aushub in die tiefere Furche davor. So gelangt jeglicher Bewuchs ganz nach unten und wird dort in der Regel nicht weiterwachsen. Bei der Gelegenheit sollten Sie alle Wurzelunkräuter, etwa Quecken, Winden und was es sonst noch so gibt, schon jetzt möglichst sorgsam aussortieren. Denn aus langjähriger Erfahrung kann ich Ihnen versichern: Die Unkrautbekämpfung wird eine der zeitaufwendigsten und lästigsten Arbeiten in Ihrem Garten werden. Je früher Sie damit beginnen, desto besser!

Ich habe übrigens schon einmal selbst versucht, eine Ackerwinde auszugraben. Das war ein Projekt, sage ich Ihnen! Denn Ackerwinden sind unfassbar hartnäckige Gewächse. Haben sie sich erst einmal in Ihrem Garten ausgebreitet, ist es schnell vorbei mit dem Selbstversorgerspaß. Sehr tief in der Erde, oft mehr als zwei Meter unter der Oberfläche, müssen irgendwo die magischen Knollen versteckt sein, aus der diese unverwüstlichen Pflanzen immer wieder neu austreiben. Ich habe es dann irgendwann – schweißgebadet und frustriert – aufgegeben, nach dem Ursprung des Übels zu forschen.

EIN UNBEDARFTER BEOBACHTER HÄTTE SICHER ANGENOMMEN, ICH WÜRDE DA **AUF MEINEM ACKER NACH ROHÖL BOHREN.** ICH STECKTE WIRKLICH BIS ZUM HALS IN DIESEM METERTIEFEN LOCH! :)

Aber zurück zum Rigolen: Haben Sie die obere spatentiefe Schicht nach unten befördert, kommt die zweite Spatentiefe obendrauf. So verfahren Sie mit der gesamten Fläche, eine Reihe nach der anderen. Und wenn Sie die letzte Reihe erreicht haben, füllen Sie diese wieder mit dem Aushub auf, den Sie ganz zu Anfang beiseitegelegt haben. Keine Angst, einfach mal machen. Das hört sich alles komplizierter an, als es in Wirklichkeit ist.

Umgegraben? Ausgebremst!

Eine kleine Anekdote aus meinen Anfängen möchte ich Ihnen noch rasch erzählen. Auch ich habe in meinem Garten ja so angefangen wie eben beschrieben, habe also die ersten Quadratmeter tapfer mit dem Spaten rigolt. Damals waren die Kinder noch klein und weder im Kindergarten noch in der Schule. Und da meine Frau ja das Geld beschaffte, während ich mich um Haus und Garten kümmern durfte, hing zumindest einer meiner beiden Söhne immer irgendwo an meinem Hosenzipfel. Es war nicht zu fassen: Meine Arbeitsgeschwindigkeit ging gegen null – da ist jede Schnecke schneller! Bei jedem Spatenstich kam mindestens ein Regenwurm zum Vorschein, der begutachtet, mit lustigen Vornamen versehen, den Hühnern zum Fraß vorgeworfen oder (wenn verletzt) ganz dringend bestattet werden musste. Und wenn beim Graben gerade mal kein Wurm zu sehen war, konnte ich sicher sein, dass mir einer meiner Sohnemänner genau dort, wo ich gerade den Spaten ansetzen wollte, vors Schaufelblatt springt. Ich liebe ja meine Söhne, aber das ein oder andere Mal hätte ich ihnen damals liebend gerne ... Sie verstehen, was ich meine. Ich würde heute noch umgraben, hätte ich in diesem Tempo weitergemacht. Habe ich natürlich nicht.

»SIE HABEN KINDER? DANN WERDEN SIE SEHR LANGSAM ARBEITEN.«

Zumindest war das bei mir so. Für die Kleinen gibt es im Garten natürlich unglaublich viel zu entdecken! Da ist jede Made und jeder Regenwurm spannend.

Was lange währt, wird auch ganz gut

Die Sache funktioniert nämlich auch mit wesentlich weniger Kraftaufwand, dauert dann aber erheblich länger. Eine dieser alternativen Methoden, mit der man aus einer Wiese oder Rasenfläche einen Garten zaubern kann, ist die Strohmethode. Wie das funktioniert und was Sie dafür benötigen, habe ich Ihnen auf Seite 46 zusammengefasst. Die Strohmethode würde ich anwenden, wenn ich nicht jahrelang graben wollte, weder Traktor noch Pflug zur Verfügung hätte oder solche großen Geräte in meinem Garten nicht richtig rangieren könnten. Eine echte Option ist sie allerdings nur, wenn man nicht unter Zeitdruck steht.

Viel Plastikfolie, wenig Ernte

Natürlich gibt es einige Varianten der Strohmethode, mit denen man ebenfalls Gärten neu anlegen und Grasland in kahle Anbauflächen verwandeln kann. Eine Möglichkeit ist, das Areal, auf der Ihr Garten entstehen soll, mit einer Plastikfolie abzudecken, die wasser-, aber nicht lichtdurchlässig ist. Damit die Folie nicht gleich beim nächsten Sturm weggeweht wird, muss man sie an möglichst vielen Stellen mit Steinen beschweren. Lässt man das Ganze dann so an seinem Platz ruhen, idealerweise über eine ganze Saison hinweg oder sogar noch länger, wird das Gras unter der Abdeckung absterben. Sie erzielen also den gleichen Effekt wie mit Stroh. Auch mit so einer Folie müssen Sie allerdings einiges an Zeit investieren. Und im Gegensatz zur Strohmethode erwartet Sie am Ende auch keine Kartoffelernte.

Ich habe auch diese Methode ausprobiert, auf kleineren Flächen, auf denen ich beispielsweise Bäume oder Beerensträucher pflanzen wollte. Dafür eignet sich der Folientrick perfekt, denn man benötigt nur wenige Quadratmeter Platz. Im Frühjahr aufgelegt, erreicht der Boden unter der Folie bis zum Spätherbst den Idealzustand. Zeitlich kein Problem, Bäume und Sträucher pflanzt man ja im Allgemeinen immer erst im Herbst.

Schnell und günstig mit Karton?
Der Vollständigkeit halber möchte ich noch ein paar weitere Herangehensweisen erwähnen, die ebenfalls oft beschrieben oder empfohlen werden. Statt Plastikfolie – oder dem von Profis gerne verwendeten Bändchengewebe – kann man auch alte Pappkartons auseinanderfalten und dann auslegen. Funktioniert genauso zuverlässig. Pappkarton ist wasser-, aber eben nicht lichtdurchlässig. Und er löst sich sogar mit der Zeit ganz von alleine auf.

Pappkartons kann man zudem leicht beschaffen und sie kosten auch in großen Mengen nicht die Welt. Sie können natürlich auch die Verpackungen vom Onlinehändler Ihres Vertrauens sammeln und dann in Ihrem Garten einer ganz neuen Bestimmung zuführen. Das ist noch preiswerter. Ich gebe allerdings zu bedenken, dass Pappkarton in der Regel aus Altpapier hergestellt wird und diese Alternative nicht wirklich ökologisch ist. Recyclingpapier kann einiges an Giftstoffen enthalten: Farben aus den vielen bunten Bildern der Illustrierten, vielleicht auch Cadmium, ein paar Bleiatome oder polychloriertes Benzol. Lecker! Das alles will ich nicht in meinem Garten und schon gar nicht im Gemüse haben. Wenn ich mir schon die Mühe mache, möglichst in Bioqualität anzubauen, dann auch richtig!

Im Garten einfach den Teppich ausrollen
Gleiches gilt übrigens für alte Teppiche, deren Einsatz immer wieder vorgeschlagen wird. Sicherlich kann man alte Teppiche im Garten auslegen und so den Bewuchs darunter abtöten. Dass diese Methode ökologisch ist, wage ich aber zu bezweifeln. In herkömmlichem Teppich, so wie er vielleicht auch bei Ihnen im Wohnzimmer liegt, sind sehr oft synthethische Materialien verarbeitet. Was da alles mit der Zeit ins Erdreich geschwemmt wird, ich mag es mir gar nicht vorstellen! Und dann noch die vielen winzigen Plastikteilchen, die sich zweifellos aus jedem Kunststoffteppich lösen und dann ins Erdreich gelangen. Man hört doch heutzutage immer öfter von Mikroplastik, das mittlerweile die entlegensten Winkel der Erde verschmutzt. Da muss ich nicht auch noch meine Teppichfasern beisteuern. Relativ harmlos dürften hingegen Teppiche aus Naturmaterialien sein. Die würden sogar nach einiger Zeit verrotten. Aber mal ehrlich, woher bekommt man so viel alten Bioteppich, um damit ein größeres Stück Wiese abzudecken?

WIE AUCH IMMER SIE IHREN GEMÜSEGARTEN ANLEGEN: WENN SIE FERTIG SIND, IST DIE **ANSTRENGENDSTE AUFGABE** ERLEDIGT. JETZT KÖNNEN SIE SICH WIRKLICH AUF DIE SCHULTER KLOPFEN!

KAPITEL 6

EIN KURZER SEITENBLICK NACH UNTEN

Der Gartenboden

Jetz geht's endlich los, oder? Prinzipiell schon. Es schadet aber nicht, wenn wir vorab noch kurz Ihren Boden unter die Lupe nehmen. Wie hoch ist der Humusgehalt, wie steht es um andere Nährstoffe und den berühmten pH-Wert? Und was kriecht und krabbelt da so alles rum? Denn auch ein intaktes Bodenleben ist für die Qualität Ihres Gartenbodens von großer Bedeutung.

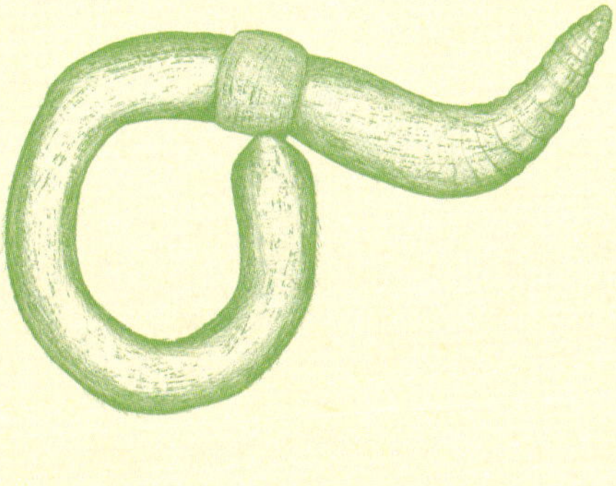

Das kostbarste Kapital in Ihrem Garten

Die Vitalität Ihres Bodens können Sie noch recht einfach selbst beurteilen. Jedenfalls Pi mal Daumen. Suchen Sie einfach mal nach Regenwürmern. Wenn Sie viele finden, hat Ihr Garten auch ein gesundes Bodenleben. Je mehr Regenwürmer, desto besser! Mit kleinen technischen Helfern lassen sich auch andere Parameter selbst bestimmen. Oder Sie nehmen eine Bodenprobe und schicken sie zu Fachleuten ins Labor.

Regenwürmer leben von dem, was an organischem Material so im Laufe der Zeit im Garten verrottet. Ich achte sehr darauf, dass ihnen immer eine Kleinigkeit übrig bleibt: Unkrautreste entferne ich nach dem Jäten in der Regel nicht, sie bleiben liegen. Ernte ich einen Salat, dann lasse ich die äußeren Blätter, die ja eh nicht genutzt werden, auf dem Acker zurück.

Man sollte es nicht auf die Spitze treiben

Auch den pH-Wert können Sie problemlos in Eigenregie messen. Dieser Wert gibt Auskunft darüber, wie sauer oder alkalisch Ihr Boden ist. Im Handel werden diverse Schnelltests angeboten, die ausreichend aussagekräftige Ergebnisse liefern und mit denen auch Laien problemlos klarkommen. Ergibt Ihr Test einen pH-Wert von rund 6,5 (also leicht sauer), ist alles in Ordnung. Ist der Wert deutlich niedriger, ist Ihr Boden zu sauer und Sie dürften es mit dem Gemüseanbau schwer haben. Die Zugabe von Kalk kann helfen, aber ich bin da vorsichtig. Denn das Kalken kann zwar kurzfristig die Erträge steigern, sorgt aber auch dafür, dass Humus abgebaut wird. Und den Humusanteil will ich ja gerade in die Höhe bringen!

Die allermeisten Gemüsepflanzen gedeihen am besten, wenn sich der pH-Wert irgendwo nahe der Marke von 6,5 eingependelt hat. Gewiss, einige Sorten bevorzugen etwas saurere, andere wiederum etwas alkalischere Böden. Aber schließlich sind wir ja nur Hobbygärtner und müssen unser Geld nicht mit dem Gemüseanbau verdienen. Seien Sie daher nicht zu streng mit den Werten, es muss keine Punktlandung sein!

Der Humusgehalt und auch die Verfügbarkeit anderer Nährstoffe lassen sich hingegen selbst kaum ermitteln. Hier können Sie aber auf die Hilfe spezialisierter Labore zurückgreifen. Das kostet auch kein Vermögen und man kann sogar die eine oder andere Überraschung erleben! Ich habe damals so eine Probe eingeschickt und musste erfahren, dass der Humusgehalt in meinem neu angelegten Garten erstaunlich niedrig war. Und das, obwohl auf der Fläche viele Jahre Kühe und Pferde geweidet hatten.

Auch die Stickstoffkonzentration war niedriger, als man sich das für den Gemüseanbau idealerweise wünscht. Dafür lagen fast alle anderen Kennzahlen, beispielsweise der Kalium- und vor allem auch der Phosphorgehalt, teilweise um ein Vielfaches über den Sollwerten. Viel hilft doch auch viel, oder? Das stimmt aber leider nicht. Denn genauso wie eine Unterversorgung mit Nährstoffen dem Wachstum der Pflanzen schadet, vertragen viele Gemüsesorten auch eine Überversorgung nicht sonderlich gut. Das ist also ganz ähnlich wie bei uns Menschen auch.

»JEDEN TAG NUR NACHTISCH IST AUCH NICHT GESUND!«

Der Überschuss eines Nährstoffes kann bei manchen Pflanzen sogar dazu führen, dass sie andere Nährstoffe gar nicht mehr aufnehmen können und dann regelrecht »verhungern«.

WAS DIE PFLANZEN WIRKLICH BRAUCHEN

Eine Laboruntersuchung, die ich bei mir übrigens alle fünf Jahre wiederhole, kann also sicher nicht schaden. Umso besser sind Sie später im Bilde, was und wie viel Sie Ihrem Boden hinzufügen müssen. Ich habe in den Anfangsjahren nur sehr stickstofflastig gedüngt, vor allem mit Hornspänen und Hornmehl, die kaum andere Nährstoffe mitbringen. Daraufhin haben sich die Kalium- und Phosphorwerte in meinem Garten allmählich normalisiert.

Eine Sonderstellung nimmt natürlich der Humusgehalt ein, denn der kann eigentlich nie hoch genug sein. So gut wie alles organische Material tut Ihrem Boden gut: Sei es Kompost, seien es Abfälle aus der Küche oder Laub von Bäumen und Sträuchern. Regenwürmer und Mikroorganismen verwandeln all dieses Material in Humus – und genau das ist es, was Ihr Gemüsegarten braucht! Also fangen Sie schon einmal an zu sammeln. Für den Anfang reicht es, wenn Sie einfach immer Ihre Gartenabfälle verteilen.

Ab in die Tüte, dann ins Labor

Um eine Bodenanalyse erstellen zu lassen, benötigen Sie einen möglichst repräsentativen Querschnitt Ihres Gartenbodens. Dazu nehme ich einen Spaten und steche mit ihm an verschiedenen Stellen, weit voneinander entfernt und gut auf der gesamten Fläche verteilt, ein vielleicht 30 Zentimeter tiefes Loch in die Erde. An der Stichkante kratze ich dann jedes Mal mit einem Löffel auf ganzer Länge ein wenig Erde ab und fülle sie in eine Tüte.

DEN PH-WERT MESSEN

Wie sind die Leute früher bloß ohne den ganzen technischen Kokolores im Garten klargekommen? Vermutlich haben sie einfach gesät und dann geerntet. Ein wirklich praktischer Helfer, auf den ich nicht mehr verzichten will, ist jedoch mein pH-Messgerät!

❶ Das Gerät bekommt man im Gartencenter für kleines Geld. Es misst neben dem pH-Wert auch die Bodenfeuchtigkeit; mit einem Schalter hinten am Gehäuse wechselt man den Messmodus.

❷ Die Verwendung ist simpel: Man schaltet das Gerät ein, zieht unten die Schutzkappe ab – und rein in die Erde. Der Messfühler muss komplett im Boden verschwinden. Es dauert einige Sekunden, dann wird vorne auf dem Display der pH-Wert angezeigt. Auf dem Foto sehen Sie, dass der Wert in meinem Gewächshaus nur 4,0 beträgt. Das ist arg sauer, da muss ich mir was überlegen! Der Idealwert liegt zwischen 6 und 7.

❸ Machen Sie mehrere Stichproben, denn jede Messung gilt nur für den Bereich, in dem das Gerät in der Erde steckt. Spannend ist übrigens auch die Feuchtigkeitsmessung. Selbst wenn die Erde an der Oberfläche sehr trocken aussieht, kann es sein, dass die tieferen Bodenschichten aussreichend feucht sind und Sie sich also keine unnötigen Sorgen machen müssen.

Je mehr Pröbchen Sie der Gesamtfläche entnehmen, umso aussagekräftiger ist später das Ergebnis. Die Proben schicken Sie in ein Fachlabor und wenige Tage später erhalten Sie das Ergebnis.

SO EINE UNTERSUCHUNG IST ÜBRIGENS AUCH DANN SINNVOLL, WENN SIE DIE VERMUTUNG HABEN, IHR **GARTEN KÖNNTE MIT SCHADSTOFFEN** BELASTET SEIN.

Die Analyse der Nährstoffe kann man natürlich auf die Spitze treiben. Es sind ja nicht nur Stickstoff, Phosphor und Kalium, die die Pflanzen zum Wachsen brauchen. Auch viele andere Mikronährstoffe sind wichtig, etwa Mangan, Zink, Eisen, Molybdän, Kupfer, Kalzium oder Bor – und sicher noch etliche andere. Ich beschränke mich allerdings bei meinen Bodenanalysen auf die wesentlichen Nährstoffe. Denn je aufwendiger die Untersuchung, desto teurer wird sie auch. Außerdem verteilen Sie ja jetzt immer schön fleißig Kompost in Ihrem Gemüsegarten. Im Laufe der Zeit werden sich reichlich Mikronährstoffe ansammeln, da bin ich mir sicher.

Falls Ihnen zu Beginn noch kein (oder nur kaum) eigener Kompost zur Verfügung steht, können Sie diesen natürlich auch von einem Kompostwerk beziehen. Ich selbst mache das allerdings nicht. Denn in den städtischen Kompostanlagen landet oft ein recht bunter Mix aus Rohmaterialien – in den sich leider auch Müll- und Plastikreste einschleichen. Werden die dann vom Schredder fein zerkleinert, erkennt sie niemand mehr. Ich persönlich würde solchen Kompost nicht im Gemüsegarten nutzen, auch wenn sich die Kommunen bei der Produktion viel Mühe geben. Abgesehen davon vertrete ich den Standpunkt, dass Material, das ich andernorts der Natur entnehme (auch wenn es sich nur um Bioabfälle aus der Nachbarschaft handelt), bei mir nichts verloren hat. Wenn schon Selbstversorgung, dann versuche ich auch meinen ökologischen Fußabdruck so klein wie möglich zu halten.

Die Mischung macht's?

Zum Abschluss noch ein Thema, das immer wieder heiß diskutiert wird. Auch mich erreichen dazu viele Fragen, zum Beispiel: »Mein Boden ist schwer und lehmig, soll ich Sand hinzufügen?« Oder auch: »Mein Boden ist zu sandig, hilft Bentonit?« Was da nicht alles kursiert und gemixt wird!

SPARGEL IST SO EIN FALL. DER GEDEIHT BESSER AUF SANDIGEN BÖDEN. **MIR KÄME ES ABER NIE IN DEN SINN,** DESWEGEN SAND IN MEINEM GARTEN ZU VERTEILEN. DAS SOLLEN DIE PROFIS MACHEN.

Ich habe dazu eine ganz klare Meinung: Hätte Mutter Natur gewollt, dass sich in meinem Garten Sand oder Bentonit ablagert, dann hätte sie schon selbst dafür gesorgt. Hat sie nicht? Dann versuche ich auch nicht, da auf Teufel komm raus nachzuhelfen. Denn ich passe meine Bedürfnisse an meinen Garten an – und nicht umgekehrt. Klar, es gibt natürlich Kulturen, die bei mir partout nicht wachsen wollen. Habe ich mich einige Jahre lang vergeblich um sie bemüht, dann lasse ich die Sache eben bleiben.

KAPITEL 7

GÄRTNERS GOLD

Mein Kompostplatz

Super, Sie haben wieder einen großen Schritt in Richtung Selbstversorgung gemacht und Ihr Acker liegt aussaatbereit vor Ihnen. Lassen Sie uns noch kurz gemeinsam überlegen, wie Sie die Sache mit dem Kompost angehen wollen. Denn den werden Sie bald in rauen Mengen benötigen! Was ist das eigentlich, dieser Kompost, den man auch »Gärtners Gold« nennt – und wie produziert man möglichst viel davon selbst?

Mutter Natur macht es doch vor!

Wir starten diesmal gleich mit einer ganz pragmatischen Frage: Wo soll er denn hinkommen, Ihr neuer Kompostplatz? Je näher am Gemüse, desto besser, würde ich mal sagen. Denn Kompost ist ziemlich schwer. Und je größer Ihr Garten, desto mehr Material benötigen Sie – und desto mehr davon müssen Sie später von A nach B bewegen.

Lässt sich eine einzelne mit feuchtem Kompost befüllte Schubkarre noch recht flott verteilen, artet das bei 50 Schubkarren schnell in echte Arbeit aus. Und die wollen Sie und ich ja möglichst vermeiden, oder etwa nicht?

Kompost, was ist das eigentlich?

Um eine Vorstellung davon zu bekommen, wie viel Kompost Sie zukünftig brauchen werden, rechnen wir einfach kurz nach: Ausgehend von einem 500 Quadratmeter großen Gemüsegarten und einer Durchschnittskultur, die übers Jahr verteilt circa 2 Liter Kompost pro Quadratmeter benötigt, macht das nach Adam Riese 1000 Liter. Das ist viel Zeug, das müssen Sie erst mal produzieren! Bei Blumenkohl, Kürbis oder Paprika, die besonders nährstoffhungrig sind, kann man sogar locker mit der doppelten Menge rechnen. Wählen Sie für Ihren Kompost also einen zentralen Ort, der nicht allzu weit vom Gemüsegarten entfernt liegt. Wichtig ist, dass Sie Ihren Kompostplatz auf natürlichem Boden anlegen. Gehwegplatten, Pflastersteine oder gar Beton als Untergrund sind ungeeignet. Warum das? Ihr Kompost braucht den Kontakt zum Boden. Denn viele der Mikroorganismen benötigen im Winter einen Rückzugsort in tieferen Erdschichten.

Das perfekte Recyclingsystem

Kompost ist vereinfacht gesagt nichts anderes als zersetzte Natur. Alles, was irgendwann einmal gewachsen ist, wird wiederverwertet. Heerscharen von Mikroorganismen leben von abgestorbenem Pflanzenmaterial und zerlegen es in seine ursprünglichen Bestandteile, die dann nachfolgenden Generationen von Bäumen, Sträuchern und Wildkräutern wieder als Nahrung dienen.

Wenn der Mensch nicht dazwischenfunkt, dreht sich dieser Kreislauf des Lebens immer weiter. Ein perfektes, in sich geschlossenes System. Wie gut, aber auch wie langsam dieses System funktioniert, kann man sehr schön im Wald erleben. Ein Blick auf den Boden genügt. Obenauf finden wir eine Schicht aus Blättern, Ästen, Bucheckern, Tannenzapfen, trocken oder schon etwas nass und vermodert. Doch je tiefer wir graben, desto dunkler und unidentifizierbarer wird das Material, denn es hat sich dort allmählich in eine lockere schwarze Masse verwandelt, die dann auch den typisch würzigen Geruch von feuchtem Waldboden verströmt.

RAUS AUS DEM KREISLAUF, REIN IN DEN MUND

Jetzt handelt es sich bei einem Garten aber eben (hoffentlich) nicht um einen unberührten Urwald, in dem alles recycelt wird. Schließlich wollen wir dort Obst und Gemüse produzieren! Dazu müssen wir aber die Ernte dem Kreislauf entnehmen. Klappt das nach allen Regeln der Kunst, landen Kartoffeln, Erbsen, Paprika und Erdbeeren irgendwann gekocht, gedünstet, eingelegt oder auch roh auf dem Teller – und später als dunkelbraune Masse in der Kanalisation. Was das bedeutet, ist klar: Ohne die Zufuhr von Nährstoffen wird Ihr Gartenboden im Laufe der Zeit immer magerer werden und damit weniger produktiv. Die einfachste und natürlichste Gegenmaßnahme ist eine vernünftige Kompostwirtschaft, damit dieser Nährstoffentzug zumindest teilweise wieder kompensiert werden kann.

Bei mir landet fast alles, was aus natürlichen Bestandteilen des Lebens besteht, auf dem Kompost, verrottet dort und wird später wieder im Garten verteilt. Beginnen Sie also lieber heute als morgen damit, Ihre Bioabfälle zu kompostieren. Das können Apfel-, Kartoffel- und Eierschalen oder der Kaffeesatz aus der Küche sein, gemähter Rasen oder auch Laub und Äste, die der Wind aus den Bäumen bläst. Ich treibe die Sache mit dem Kompost sogar so weit, dass ich dort selbst abgeschnittene Fingernägel und Haare entsorge. Sammeln Sie also all das – und ab damit auf Ihren Kompostplatz! Dort wird es von der Natur verwertet und liefert einen Teil der Nährstoffe, die Ihr Gemüse für ein gesundes Wachstum braucht.

Nicht kompostiert werden bei mir die Blätter und Schalen meiner Walnussbäume, die Schalen von Zitronen und Orangen sowie jegliche Reste von Nadelgehölzen. Denn Nadelbäume enthalten Säuren, die den Zersetzungsprozess beeinträchtigen und zudem den pH-Wert nach unten drücken. Das wollen wir nicht! Tabu sind auf meinem Komposthaufen zudem alle verarbeiteten Lebensmittel sowie Fleischreste. Vor allem Letztere locken nur Ratten

»SIE SOLLTEN MUT ZUR LÜCKE HABEN.«

Denn in Sachen Kompost müssen Sie kein Profi werden. Dafür haben Sie gar keine Zeit! Oder wollen Sie tatsächlich 24 Stunden pro Tag der Selbstversorgung widmen?

Wenn man sie nicht zerkleinert, verrotten härtere Gartenabfälle wie diese Maiskolben auf dem Kompostplatz nur sehr langsam.

und sonstiges Getier an. Auch das Kompostieren von Pflanzen mit bereits ausgebildeten Samen ist heikel. Denn wenn der Kompost nicht irgendwann die gewünschten hohen Temperaturen erreicht (siehe unten), überleben diese Samen oft unbeschadet und keimen später wieder auf. Dann wird »Gärtners Gold« schnell zum »goldenen Eintrittsticket« in Ihren Gemüsegarten – für Melde, Brennnesseln, Vogelmiere und andere Unkräuter.

Clever, aber nicht so appetitlich

Übrigens, so kurios das klingen mag: Es gibt sogenannte Komposttoiletten, die flüssige und feste Bestandteile trennen. Die festen kann man später problemlos kompostieren. Was noch übrig bleibt, wird verdünnt und als Flüssigdünger verwendet. Nüchtern betrachtet wäre so eine Komposttoilette eine tolle Möglichkeit, den ökologischen Kreislaufgedanken noch konsequenter umzusetzen. Anstatt all die Nährstoffe tagtäglich und auf Nimmerwiedersehen in Richtung Kläranlage zu verabschieden, könnte man sie an Ort und Stelle verwerten und so die natürliche Energiebilanz des Gartens ins Lot bringen. Igitt, Sie rümpfen die Nase? Ich gebe zu, auch meine Frau konnte ich nicht für die Anschaffung so einer Komposttoilette begeistern.

»NOCH NICHT BEGEISTERN« MUSS ES KORREKTERWEISE HEISSEN! :)

Drei Gärtner mit fünf Meinungen

Wir wissen jetzt also, was kompostiert werden kann und was (vielleicht eher) nicht. Aber auch die Konsistenz der Küchen- und Gartenabfälle, die auf dem Komposthaufen landen, hat Auswirkungen auf das Ergebnis. Nehmen wir zum Beispiel ein Salatblatt. Es ist mehr oder weniger weich und hat eine große Oberfläche, an der die winzigen Mikroorganismen prima andocken und dann rasch ihre Arbeit erledigen können.

Schwieriger wird es, wenn Sie den holzigen Strunk eines Blumenkohls oder einen dickeren Ast kompostieren möchten. Der Zersetzungsprozess dauert deutlich länger. Sie ahnen, worauf ich hinauswill: Entsorgen Sie dicke und dünne, große und kleine oder harte und weiche Abfälle gleichzeitig, werden Teile Ihres Komposts sehr schnell, andere wiederum sehr langsam reifen. Deswegen ist es ratsam, alles Material im Vorfeld zu zerkleinern. Sie können es schreddern, zerschneiden, zerhacken, was immer Ihnen Spaß macht. Hauptsache, alles wird so zerkleinert, dass es gleichmäßig verrottet. Andernfalls müssen Sie Ihren Kompost regelmäßig, etwa mit einem Durchwurfsieb, von groben, noch nicht zersetzten Resten befreien, die dann erneut kompostiert werden müssen. Klingt nach viel Aufwand? Ist es auch!

ES GIBT AUCH MASCHINEN ZUM **VERFEINERN VON ERDE.** SIE BESTEHEN AUS EINEM ROLLENFÖRMIGEN DRAHTKORB, DER AUF EINEM MOTOR MONTIERT IST. IN DEN KORB KOMMT DER KOMPOST, DEN REST ERLEDIGT DIE TECHNIK.

Schnellkomposter oder Marke Eigenbau?

Gerade weil Kompost so eine zentrale Bedeutung für die Gartenarbeit hat, scheiden sich an ihm auch oft die Geister. Einige Gärtner verwandeln ihren Kompostplatz sogar in einen kleinen Forschungsreaktor und erheben das Thema regelrecht zur Wissenschaft. Und in letzter Konsequenz ist es ja auch eine: Die Natur hat im Laufe der Jahrmillionen ein perfektes Recyclingsystem entwickelt, das man im eigenen Garten nicht ganz einfach nachahmen kann. Letztendlich muss jeder für sich entscheiden, wie er die Sache angeht. Für einen kleinen Garten reicht Ihnen sicherlich schon ein Thermokomposter aus dem Baumarkt. Das sind Behälter aus Recyclingplastik mit Deckel, die einfach aufgestellt und befüllt werden. Unten gibt es eine Öffnung, aus der man das fertige Material entnimmt. Mehr als ein paar Hundert Liter Fassungsvermögen haben diese Dinger allerdings nicht, da stößt man als Selbstversorger also recht schnell an Grenzen.

Alternativ können Sie Ihren Kompostbehälter auch selbst basteln: Ein paar verzinkte Stahlrohre aus dem Baumarkt im Karree in die Erde gesteckt, ein stabiles Drahtgeflecht drumherum gewickelt, eine Seite dabei offen gelassen, und schon kann es losgehen! Ich habe vor Jahren gleich drei dieser Behälter nebeneinander aufgebaut, jeweils mit einem Fassungsvermögen von einem

Kubikmeter. Ja genau, drei Stück! Nicht etwa wegen der Unmengen an kompostierbarem Material in meinem Garten, sondern weil man größere Komposthaufen einfach regelmäßig »umsetzen« sollte.

ALSO DER **KOMPOST, NICHT DER BEHÄLTER.** ANDERS HERUM WÄRE UNVORTEILHAFT. DANN HABEN SIE VIELLEICHT AUF DAS FALSCHE MATERIAL GESETZT :)

Umsetzen? Was ist das denn jetzt schon wieder? Wie viele andere Lebewesen benötigen auch Mikroorganismen Sauerstoff, zumindest die, die uns bei der Kompostierung gute Dienste erweisen. Je mehr sie davon abbekommen, desto schneller und gründlicher erledigen sie ihre Arbeit. Sobald Sie Ihren Kompostplatz ordentlich befüllt haben, fällt er naturgemäß langsam in sich zusammen, denn bei der Zersetzung verdichtet sich das Material und wird immer kompakter. Sehr gut, sagen Sie jetzt, das wollen wir doch! Es gibt da nur ein Problem: Einem Teil der Tierchen, die in Ihren Abfällen fleißig ihr Tagwerk verrichten, geht mit der Zeit sprichwörtlich die Puste aus. Ganz ohne Sauerstoff sterben sie schlimmstenfalls komplett ab und dann wird es kritisch: Denn jetzt vermehren sich sogenannte anaerobe Organismen, die auch ohne Sauerstoff klarkommen. Der Kompost »kippt« also, beginnt zu faulen und dann fürchterlich zu stinken.

ES GEHT ABER AUCH ANDERS

Und jetzt kommen meine Drahtkomposter wieder ins Spiel. War der erste befüllt, habe ich ihn nach einigen Monaten »umgesetzt«. Ich habe also den kompletten Inhalt in den Komposter nebenan geschaufelt. Sinn und Zweck der Übung: Das Material wird neu aufgeschichtet, komplett durchmischt und mit Luft versorgt. Da jauchzen die Mikroben, beginnen sich rasant zu vermehren – und der Zersetzungsprozess nimmt wieder Fahrt auf. In der Praxis habe ich die beiden äußeren Behälter immer mit frischem Material bestückt und dieses dann nach einiger Zeit in die Mitte geschaufelt. Übrigens: Im Idealfall sollte sich der angesetzte Kompost durch die Wärme, die bei der Zersetzung entsteht, erhitzen. Das nennt man »Heißrotte«. Wenn man es richtig macht, was mir übrigens nie gelingen wollte, kann Kompost schnell Temperaturen von 70 °C erreichen. Sie haben sicher schon einmal einen Mist- oder Komposthaufen gesehen, über dem an kühleren Tagen Dampf aufsteigt. Das ist ein gutes Zeichen! Denn Wärme beschleunigt alle biochemischen Prozesse. Zudem werden unerwünschte Unkrautsamen, die trotz aller Vorsicht immer mal wieder auf dem Kompost landen, vernichtet.

Alles auf einen Haufen setzen?

Auf meine Drahtkomposter Marke Eigenbau war ich eine Zeit lang stolz wie Oskar! Und trotzdem habe ich mich von ihnen verabschiedet. Die ganze Umsetzerei war mir einfach zu mühsam. Denn da waren ja nicht nur meine vielen Gartenabfälle; auch der ganze Mist, den die Tiere fortlaufend produzieren, musste verarbeitet werden. Irgendwann habe ich daher beschlossen, einfach alles auf einen großen Haufen zu werfen und abzuwarten. Mein Kompostplatz gleicht heute eher einem großen, länglichen Misthaufen: Am einen Ende wird alles hingekarrt, was kompostiert werden kann, am anderen Ende entnehme ich später irgendwann das fertige Material. Während Schnellkomposter aus dem Baumarkt im Idealfall bereits nach einigen Monaten fertigen Kompost liefern, dauert das Ganze bei mir auch mal zwei Jahre oder mehr. Dafür habe ich weniger Arbeit. Ich kann damit leben.

(K)eine lohnenswerte Investition

Ein paar Worte möchte ich noch zu den vielen Hilfsmitteln verlieren, die der Handel in Sachen Kompostwirtschaft so anbietet. Im Sortiment finden sich immer auch Kompostbeschleuniger. Diese enthalten angeblich genau die Mikroorganismen, von denen jeder Gärtner träumt. Ich bin da skeptisch. Denn schließlich bringt die Natur doch alle Voraussetzungen mit, um die gewünschten Vorgänge einzuleiten und am Laufen zu halten. Und ob mein Kompost nun in drei Monaten oder drei Jahren fertig ist, ist mir egal.

Außerdem: Wie haben es meine Großeltern geschafft, Gemüse anzubauen, ohne all diesen Schnickschnack, der heute die Gartenkataloge füllt? Allerdings, eine Investition konnte ich mir tatsächlich einmal nicht verkneifen: Damit die Kompostierung schneller geht, können Kompostwürmer hilfreich sein. Nicht zu verwechseln mit Regenwürmern, die überall in der Erde zu finden sind. Es macht also keinen Sinn, fleißig Regenwürmer im Garten einzusammeln und sie dann auf Ihrem Komposthaufen einzuquartieren. Die können dort nicht überleben oder packen recht schnell wieder ihre Koffer.

Die viel kleineren, roten Kompostwürmer hingegen leben bevorzugt in organischem Material, das sich gerade zersetzt. Vor vielen Jahren habe ich mir mal 500 dieser Würmer online bestellt. Ihre Nachfahren fühlen sich bis heute bei mir wohl. Wenn man so will, hat sich diese Investition also gelohnt. Ich kann Ihnen allerdings nicht sagen, ob sich die Tierchen nach einiger Zeit nicht auch aus freien Stücken bei mir angesiedelt hätten.

Darf ich vorstellen: meine Kompostwürmer. Man kann sie leicht mit größeren Regenwürmern verwechseln, die sich aber im normalen Erdboden deutlich wohler fühlen.

KAPITEL 8

NICHT SO NETTE TIERCHEN

Über Schädlinge

Es mag trivial klingen, aber die Natur wurde nicht dazu erschaffen, nur uns Menschen zu ernähren. Da gibt es noch viele andere Lebewesen, die jeden Tag satt werden wollen. Ist ja schön und gut, sagen Sie jetzt vielleicht, solange das Getier nicht in meinen Beeten herumlungert! Aber genau das ist das Problem. Ich erzähle Ihnen einfach mal, welche Erfahrungen ich mit ungebetenen Gästen im Garten gemacht habe, die man landläufig auch als Schädlinge bezeichnet.

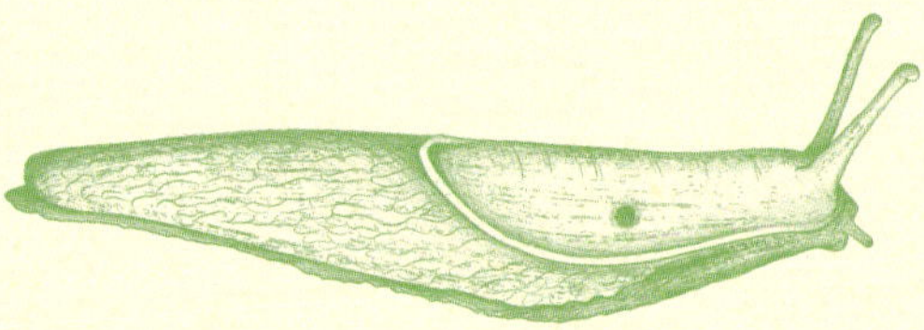

Da lacht die Wühlmaus und der Gärtner flucht

Auch Sie werden es noch erleben: Schädlinge können jedem Selbstversorger die Ernte und obendrauf ordentlich die Laune verderben. Ich will daher lieber jetzt schon über dieses unangenehme Thema sprechen; dann sind Sie gewappnet. Nicht nur mental, sondern auch mit ein paar handfesten Methoden, die sich zumindest in meinem Garten bewährt haben. Also die Messer gewetzt und dann auf in den Kampf?

Nein, ganz so wild wird die Sache nun auch wieder nicht. Wir sind schließlich naturverbundene Selbstversorger und keine Kammerjäger! Aber eines muss ich Ihnen auch gleich sagen: Mit Vernunft und gutem Zureden werden Sie im Umgang mit Schädlingen nicht weiterkommen, das ist zwecklos!

Der Mensch zieht oft den Kürzeren

Sie können sich in Ihrem Garten ausgestreckt auf den Boden legen und besänftigende Worte in die Wühlmausgänge säuseln. Das wird Familie Maus im Souterrain nicht davon abhalten, weiterhin genüsslich Ihre Möhren zu verputzen. Auch wenn Sie den Blattläusen auf Ihren Beerensträuchern jeden Abend ein spannendes Kapitel aus Büchern von Wolf-Dieter Storl vorlesen, werden Sie die Tierchen nicht davon überzeugen können, doch bitte in den benachbarten Wald umzuziehen. Und auch die Nacktschnecken werden sich weiter unbeeindruckt über Ihre jungen Salatpflänzchen hermachen – egal, ob Sie den Biestern mit geballter Faust eine Tracht Prügel oder eine Schadensersatzklage androhen. Sie können argumentieren, lamentieren und schimpfen, so viel Sie wollen, Sie werden so keinen Erfolg haben.

Denn all diese Lebewesen, und noch unzählige mehr, sind perfekt an die Natur angepasst, besser, als der Mensch es jemals sein wird. Schließlich existieren sie auch schon wesentlich länger auf diesem Planeten als wir. Und sie alle haben nur eines im Sinn: Uns Gärtnern, wenn auch unbeabsichtigt, das Leben schwer zu machen. Manchmal scheint es mir sogar, die Wühlmäuse würden mich aus ihren Löchern heraus geradezu auslachen, wenn ich mal wieder einen abgefressenen Kohlrabi oder einen entwurzelten Apfelbaum aus der Erde ziehe und mich frage, warum ich das alles mache. Und zwinkert mir dann auch noch hämisch ein halbes Dutzend Schnecken zu, das sich am Abend auf einem erntereifen Salatkopf zum Dinner verabredet hat, könnte ich denen so richtig eines … Sie wissen schon. Verabschieden Sie sich also von der Vorstellung, Gemüseanbau wäre eine einfache Sache. Man kann Glück haben, aber weit öfter zieht man als Mensch den Kürzeren.

UNGELIEBTE KONKURRENZ

Puh, jetzt hat der Autor aber ganz schön schlechte Laune, mögen Sie denken. Ist auch so! Denn eine weitere Erkenntnis aus all meinen Gartenjahren ist, dass die Natur für jedes auch nur erdenkliche Gemüse – das ich wohlgemerkt am liebsten selbst verspeisen möchte – mindestens einen Fressfeind parat hält. Wie aber mit all der ungeliebten Konkurrenz im Garten umgehen? Nun, es gibt da verschiedene Herangehensweisen.

Auf in den Kampf

Man kann natürlich versuchen, mit breiter Brust in die Schlacht zu ziehen. Ich erinnere mich an Jahre, da habe ich Tausende von Nacktschnecken mühsam und von Hand aufgesammelt. Immer erst nach Einbruch der Dunkelheit, denn da wagen sich die Tierchen aus ihren Verstecken, sind besonders aktiv und auch gut sichtbar. Ich bin also mit einer Taschenlampe, einem Handschuh und einem Eimer bewaffnet auf allen vieren durch die Reihen meines Gemüseackers gekrabbelt, habe eine Schnecke nach der anderen aufgelesen und dann voller Genugtuung in meinen Eimer geworfen. So lange, bis der eben voll war. An meinem besten Tag habe ich es nach drei Stunden auf knapp 2000 Nacktschnecken gebracht. Eine Sisyphusarbeit, denn am Tag darauf waren es fast noch einmal so viele! Mir wurde schnell klar: Mit dieser Taktik kann ich diesen Kampf nicht gewinnen. Den Kopf in den Sand zu stecken ist aber auch keine Option. Was also tun?

Probier's mal mit Chemie?

Klar, wie man das Problem schnell und effektiv lösen kann, macht uns die konventionelle Landwirtschaft vor. Da kommen allerlei, nicht gerade harmlose Mittelchen zum Einsatz, die ungebetene Gäste auf dem Acker in Schach halten oder komplett ausmerzen. Ich kann das sogar teilweise verstehen. Denn Landwirte müssen mit dem, was sie da tun, ihren Lebensunterhalt verdienen. Und auf den Weltmärkten weht ein immer rauerer Wind. Zudem wünschen sich die meisten Verbraucher nicht nur möglichst billiges, sondern noch dazu optisch makelloses Obst und Gemüse.

»MIT EINER RAUPE KÖNNEN SIE NICHT VERHANDELN.«

Und auch eine Kirschfruchtfliege wird sich auf Ihre Argumente nicht einlassen. Nur mit gutem Zureden können Sie gegen Schädlinge also leider nichts ausrichten.

DER SCHUTZNETZ-TUNNEL

Ich schwöre ja auf Gemüseschutznetze! So ein Netz können Sie direkt auf Ihre frisch gepflanzten Kulturen legen. Empfindlicheres Gemüse schütze ich aber mit einem Netztunnel. Wie man so ein Ding schnell und preiswert selbst bauen kann, zeige ich Ihnen mal.

❶ Im ersten Schritt braucht Ihr Tunnel ein Gerüst. Um das zu bauen, nutze ich PVC-Wasserleitungsrohre für den Außenbereich, die man günstig im Baumarkt bekommt. Die halten ewig!
❷ Den Schlauch habe ich mir in rund 2 m lange Stücke zurechtgeschnitten. Meine Beete sind 1,20 m breit, dafür verwende ich später Netzbahnen mit einer Breite von circa 3,40 m.
❸ Die Schlauchstücke werden quer übers Beet gebogen und dann im Boden fixiert. Dafür steche ich mit einer Stange links und rechts vom Beet jeweils zwei Löcher möglichst tief in die Erde. Dort kommen die Schlauchenden rein. Damit die Konstruktion möglichst stabil wird, setze ich jeden Meter einen neuen Bogen.
❹ Mein Netz habe ich mir damals als 100-Meter-Rolle besorgt und dann in Bahnen geschnitten. Sobald das Grundgerüst steht, wird die Bahn locker über den Bögen ausgebreitet. Das Netz sollte links und rechts sowie an den Enden des Tunnels großzügig überstehen. Die Ränder werden mit Steinen – oder zusätzlich noch mit Dachlatten – fixiert und beschwert. Mit dem Gewicht der Steine können Sie Ihren Tunnel in Form bringen und etwas straffen. Überschüssiges Netz an den Rändern können Sie einfach einrollen, aber nur an einer Seite, dann können Sie den Tunnel an der anderen schneller öffnen.

Für Selbstversorger ist Gift aber keine Option, ich denke, da sind wir uns einig. In Fachbüchern, Gartenjournalen und auch im Internet kursieren natürliche etliche Tipps und Tricks, wie man Plagegeistern im Garten auch ohne chemische Keule beikommen kann. Da werden Schnecken mithilfe von Eierschalen, Kaffeesatz oder Kupferdrähten vom Gemüse ferngehalten und andere Fressfeinde mit selbst gebrautem Sud aus Beinwell, Brennnesseln oder Tabak in die Flucht geschlagen. Manche schwören auch auf Mischkulturen oder bestellen sich im Internet regelmäßig eine Packung Marienkäfer, die sie dann auf ihre Blattläuse loslassen. Ich versichere Ihnen, die Möglichkeiten sind unbegrenzt. Und wenn Sie das alles lesen, ausprobieren und dann auch noch konsequent in die Tat umsetzen … Sie werden keine Zeit mehr haben, Ihre Ernte zu genießen.

SIE KÖNNEN IHR GEMÜSE AUCH **MIT KLASSIK ODER HEAVY METAL BESCHALLEN.** ALL DAS UND NOCH VIEL VERRÜCKTERES GEHEIMWISSEN HABE ICH SCHON GELESEN. WIE HABE ICH ES NUR JEMALS OHNE SOLCHE TRICKS GESCHAFFT, AUCH NUR EINEN EINZIGEN ROTKOHL ZU ERNTEN? :)

Wie ich Plagegeister in Schach halte

Ich will mich hier nicht über biologische Methoden der Schädlingsbekämpfung lustig machen. Viele Tricks und Hausmittel mögen durchaus sinnvoll sein und vielleicht sogar Wunder wirken, vor allem in kleinen Gärten. Der Aufwand sollte aber, jedenfalls für mich, in vertretbarem Verhältnis zum Nutzen stehen. Wenn ich täglich nur damit beschäftigt bin, alle möglichen Tinkturen anzumischen und dann auf die Blätter meiner Pflanzen zu träufeln, artet das in Arbeit aus. Dafür ist mein Gemüseacker viel zu groß.

Den Zahn vom schnellen, einfachen Erfolg habe ich Ihnen jetzt also hoffentlich gezogen. Und doch: Irgendwie müssen wir all den nicht so netten Tierchen in unserem Garten die Stirn bieten, sonst wird das mit der Ernte nichts. Ich erzähle Ihnen jetzt einfach mal, welche Strategien sich bei mir im Laufe der Zeit bewährt haben – und welche eher weniger.

Verluste einkalkulieren - oder einfach zurücklehnen

Mein erster Trick ist so einfach wie einleuchtend: Ich baue immer etwas mehr als eigentlich nötig an. Dass einige meiner Gemüsepflanzen gar nicht oder zumindest nicht unbeschadet überleben werden, ist in meinem Anbauplan also bereits einkalkuliert. Wenn ich beispielsweise eine vier Meter lange Reihe Karotten säe und davon später ein kompletter Meter den Wühlmäusen zum Opfer fällt, ist mir das egal. Denn schließlich landen ja drei leckere Meter Karotten unversehrt in meinem Erntekorb. Das ist doch nicht schlecht! Genauso mache ich es bei anderen Kulturen auch. So habe ich immer schöne Erträge und muss mir über die Wühlmäuse nicht unnötig den Kopf zerbrechen. Mein Selbstversorgergarten ist groß genug, ich muss also nicht penibel mit jedem Quadratmeter Fläche haushalten.

Oft reicht es auch aus, einfach abzuwarten. Denn die Natur hat nicht nur für jede Kultur einen Fressfeind erschaffen, sondern auch für jeden Fressfeind einen noch stärkeren Gegenspieler, der etwas weiter oben in der Nahrungskette auf seine Chance lauert. Nehmen wir das Beispiel Blattläuse: Treten sie gehäuft auf, können diese kleinen Saugmonster Ihre Nutzpflanzen ganz schön in die Knie zwingen und zudem Krankheiten übertragen. Zu allem Übel machen sie dabei auch noch mit einer Heerschar von Ameisen gemeinsame Sache, die die Läuse beschützen und sich im Gegenzug von deren süßen Exkrementen ernähren. Sie haben richtig gelesen, das alles geschieht auf Ihrem Lieblingsgemüse! Nicht wirklich appetitlich, oder?

Bei Kulturen, die länger im Garten stehen, etwa Brokkoli oder Zucchini, regelt sich das Blattlausproblem bei mir meist von ganz allein. Denn mit steigendem Blattlausdruck nimmt auch die Anzahl der Tiere zu, die sich eben nicht unbedingt von meinem Gemüse, sondern lieber von Blattläusen und Ameisen ernähren wollen. Um diese Gegenspieler anzulocken, kann eine gewisse Unordnung im Garten nicht schaden. Wo könnten Nützlinge am besten Unterschlupf finden und sich wohlfühlen? Darüber sollten Sie einfach kurz nachdenken. Ein großer Haufen Totholz in der einen und ein paar Quadratmeter unberührtes Brachland in der anderen Gartenecke können da schon sehr hilfreich sein. Natürlich funktionieren auch Insektenhotels.

»LERNEN SIE EINFACH, MIT MANCHEN PLAGEGEISTERN ZU LEBEN.«

So jedenfalls handhabe ich es immer öfter. Und so verliere ich eben jedes Jahr einen Teil meiner Ernte. Was soll's!

Härtere Mittel setze ich wirklich nur im Notfall ein. Sollte ich den Eindruck haben, dass die Blattläuse einer meiner Kulturen so viel Schaden zufügen, dass ein Totalausfall der Ernte droht, kann ich immer noch zu Kernseife und Spiritus greifen. Aber wie gesagt, das kommt sehr selten vor.

Scheller, als die Blattlaus saugen kann

Es kann auch helfen, wenn Sie mit dem Anbau einiger Sorten so früh wie möglich beginnen: Ein Salat aus dem Gewächshaus, geerntet Anfang Mai, wird seltener von Blattläusen befallen als Salatpflanzen, die im Sommer wachsen und erst im August geerntet werden. Denn auch Schädlinge müssen ja im Frühjahr zunächst langsam ihre Population aufbauen. Bis diese heranwächst und eine kritische Größe erreicht, sind meine Salate längst geerntet. Jetzt heben Sie natürlich die Hand und fragen, wie ich denn dann meinen Salat für den Sommer anbaue? Gar nicht. Zur warmen Jahreszeit gibt es in meinem Garten so viele andere Köstlichkeiten – da kann ich auf grünen Salat gut verzichten. Denn, und das werden Sie von mir immer wieder hören: Ich passe meinen Garten nicht meinen Wünschen an, sondern nutze und respektiere die Gegebenheiten, die ich dort vorfinde.

Ohne meine Gemüseschutznetze wäre ich aufgeschmissen. Sie gehören mit zu den wichtigsten Hilfsmitteln in meinem Garten.

SCHUTZNETZE, EINE FEINE SACHE

Jetzt habe ich mich aber ganz schön aus dem Fenster gelehnt. Denn was tun gegen Schädlinge, bei denen diese Rechnung einfach nicht aufgeht? Nehmen wir zum Beispiel Porree: So ein leckeres Gemüse und doch so schwer anzubauen! Ich habe es viele Jahre vergeblich versucht. Eine von Lauchmotten und ihrem Nachwuchs durchlöcherte Porreestange taugt nur noch für den Kompost. In meinem Garten hat der Befall damals jedenfalls verheerenden Schaden angerichtet. Von dieser Erfahrung profitiere ich aber bis heute, denn ohne sie hätte ich mir wohl nie (oder viel später) Gemüseschutznetze zugelegt. Das ist eine tolle Erfindung, sage ich Ihnen!

Da kommt mir keine Motte durch!

Gemüseschutznetze sind sehr feine, weiße Netze mit einer Maschenweite von rund einem Millimeter. Oft sind sie sogar noch engmaschiger gewebt. Ich nutze diese Netze heute für etliche Kulturen und lege sie meist gleich nach der Aussaat oder der Pflanzung auf. Dabei achte ich natürlich mit Argusaugen darauf, dass auch ja kein Schlupfloch offen bleibt. Eine Lauchmotte schafft es jedenfalls nicht durch so ein Netz und auch Rettich- und

Möhrenfliegen sowie die gefürchteten Kohlweißlinge müssen kehrtmachen. Seitdem ich Gemüseschutznetze verwende, konnte ich jedenfalls den Befall durch Fluginsekten auf meinem Acker weitestgehend eindämmen.

GEMÜSESCHUTZNETZE SIND NOCH DAZU **UV-STABIL UND HALTEN SEHR LANGE**. ICH BESITZE SOGAR NOCH BAHNEN, DIE ICH VOR RUND ZEHN JAHREN GEKAUFT HABE. SO EINE INVESTITION MACHT SICH ALSO BEZAHLT!

Ein Tunnel gegen kleine Tierchen

Bei stark wachsenden Pflanzen wie Blumenkohl oder Brokkoli lege ich einfach eine Bahn direkt über der Kultur aus und fixiere die Seiten des Netzes dann mit schweren Steinen oder Metallstangen. Fertig. Bei filigraneren Gemüsesorten wie Radieschen ziehe ich das Netz manchmal auch als Tunnel über mein Beet. Auf Seite 68 zeige ich Ihnen, mit welchen Hilfsmitteln ich das mache und wie das dann am Ende aussehen kann. Zwingend nötig ist so ein Tunnel aber nicht. Und auch zum Gießen muss ich das Netz nicht abnehmen, denn durch die Maschen kommt das Wasser ja problemlos durch. Nur zum Unkrauthacken oder -jäten klappe ich eine Seite des Netzes zur Seite, mache meine Arbeit und sehe zu, dass ich das Ganze dann schnell wieder abdichte. Klar, das bedeutet Mehraufwand, der sich aber lohnt!

Was sonst noch alles kreucht und fleucht

Gemüseschutznetze sind natürlich auch kein Wundermittel. Denn manche Schädlinge sind so klein, dass sie einfach durch die engen Maschen hindurchschlüpfen. Zu diesen Winzlingen zählen unter anderem Kohlmottenschildläuse, die häufig auch als »Weiße Fliegen« bezeichnet werden. Wie ihr offizieller Name erahnen lässt, befallen sie mit Vorliebe Kohlgewächse; dort saugen sie sich vor allem an der Unterseite der Blätter fest. Was beim Blumenkohl vielleicht nur lästig ist, nervt beim Grünkohl schon gewaltig. Denn hier sind sind es ja gerade die Blätter, die ich ernten möchte! Ich liebe ja Grünkohl, aber ich muss zugeben, dass ich den Anbau irgendwann schweren Herzens aufgegeben habe. Was ich da alles über die Jahre erleben musste! Bei Berührung meiner Grünkohlpflanzen sind Wolken Weißer Fliegen in die Luft aufgestiegen und die Blätter waren überzogen mit einer widerlichen schleimigen Schicht. Nein, von diesem Grünkohl hätte ich keinen Bissen heruntergebracht. Und jedes einzelne Blatt meiner Ernte unter dem Wasserstrahl abzuspülen, das war mir dann doch zu umständlich.

Wühlmäuse und Kollegen

Und was ist jetzt mit Wühlmäusen und anderen Quälgeistern, die unter der Erde oder in Bodennähe hausen? Was hilft denn da? Zu diesen ungebetenen Gartenbewohnern zählen übrigens auch Erdflöhe, Drahtwürmer und pflanzenfressende Maulwurfsgrillen, Letztere sind allerdings nur in einigen Gegenden Deutschlands verbreitet.

Was Wühlmäuse und Nager betrifft: Hier können, das liest man zumindest immer wieder, Sitzstangen für Habichte, Eulen und andere Greifvögel helfen. Man entdeckt sie des Öfteren auf den Feldern und Wiesen der Landwirte und auch ich habe einige dieser T-förmigen Holzkonstruktionen in meinem Garten aufgestellt. Wobei ich zugeben muss: Auf meinen Sitzstangen legen zwar Spatzen und Rotkehlchen gerne mal ein Päuschen ein, ein Greifvogel ist dort aber noch nie gelandet! Vielleicht passiert das ja noch oder es passiert nur nachts. Der Glaube versetzt bekanntlich Berge. Die vielen Erdhügel, die die Wühlmäuse in meinem Garten auftürmen, konnten meine Sitzstangen bislang aber leider noch nicht versetzen.

Die rabiate Ultima Ratio sind natürlich Fallen. Doch auch hier gibt es keine Erfolgsgarantie. Und ob eine Schlagfalle, die Sie hoffnungsfroh in ein Mauseloch schieben, jemals zuschnappt, steht auf einem ganz anderen Blatt geschrieben. Aber wie wäre es denn mit folgendem, völlig unblutigen Vorschlag – vielleicht ja sogar der besten Idee in diesem Abschnitt: Lernen Sie einfach, mit manchen Plagegeistern zu leben! So jedenfalls handhabe ich es immer öfter. Und so verliere ich eben jedes Jahr einen Teil meiner Ernte an Drahtwürmer oder Mäuse. Was soll's! Ich seufze kurz, zucke dann mit den Schultern und genieße wieder den Ausblick auf meinen herrlichen Garten.

Nacktschnecken – der ultimative Angstgegner?

Abschließend noch ein paar Worte zu besonders lästigen Kreaturen, die viele Gärtner regelrecht zur Weißglut bringen – oder auch in tiefe Depressionen stürzen, das ist eine Typfrage. Sie ahnen es bereits, ich spreche hier natürlich von den Nacktschnecken. Diese Tiere haben einfach einen unstillbaren Appetit. Und es hat auch in meinem Selbstversorgerleben schon Jahre gegeben, in denen ich den Tränen nahe war: Kaum ein Salat, kaum ein Blumenkohl, kaum ein Kürbis und kaum ein Zucchino ist von der Schneckenplage verschont geblieben. Ich habe schon Kartoffeln aus der Erde gepult, in die sich die Schnecken bis zur Hälfte ihres feisten, glitschigen Körpers hineingefressen hatten. Und ich musste schon beobachten, wie sich auf einem einzigen Salatkopf zwei Dutzend Schnecken gleichzeitig hemmungslos die Bäuche vollschlugen. Selbst wenn ich diesen Salat noch geerntet hätte, ich hätte kein Blatt mehr davon essen mögen.

DIE DINGER HEISSEN AUF **RHEINISCH ÜBRIGENS »ZUSCHINI«**, UND WER MEINE VIDEOS KENNT, WEISS, DASS ICH DEN SINGULAR AUCH NICHT SO OFT VERWENDE. :)

Über Jahre hinweg habe ich immer wieder versucht, am Abend oder in den frühen Morgenstunden die Schnecken in meinem Garten aufzusammeln. Davon hatte ich ja bereits berichtet. Manchmal habe ich die Viecher auch gleich an Ort und Stelle um die Ecke gebracht. Was für ein Gemetzel!

Geholfen hat das alles nichts. Je mehr Schnecken ich aufsammelte, desto mehr Nachschub schlich und schleimte sich aus der Nachbarschaft wieder zurück auf mein Grundstück. Denn Schnecken haben einen feinen Geruchssinn und können den Duft von Gemüse aus weiter Entfernung wahrnehmen. Bei meinen Sammelaktionen hätte ich also auch alle Gärten und Wiesen in der Umgebung abklappern müssen. Ein Ding der Unmöglichkeit.

Ich geb's ja zu, ich hab's getan!

In meiner Verzweiflung habe ich dann irgendwann doch zum Schneckenkorn gegriffen, habe mir sogar ein sehr potentes Präparat besorgt, das auch in der konventionellen Landwirtschaft eingesetzt wird. Welch ein Frevel, werden Sie jetzt denken. Und Sie haben ja recht, Asche auf mein Haupt! Aber ich kann Sie auch gleich wieder beruhigen. Denn in all den Jahren, die ich nun schon gärtnere, habe ich unterm Strich vielleicht eine Tasse Schneckenkorn verbraucht. Ich habe das Zeug also wirklich sehr sparsam eingesetzt, nur hier und da ein paar Körner verteilt, wenn ich den Eindruck hatte, dass die Schnecken in einer Ecke meines Gartens gerade besonders umtriebig sind. Und siehe da, am nächsten Morgen war dann auch Ruhe.

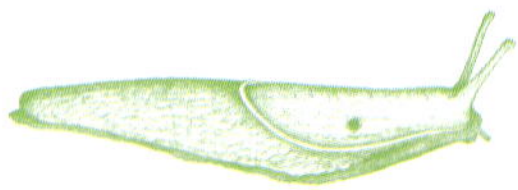

»WENN'S UMS FRESSEN GEHT, SIND SCHNECKEN KREATIV!«

Schneckenzäune eignen sich prima für Frühbeete und kleine Gärten. Einen großen Selbstversorgergarten können Sie damit aber nicht schützen. Die Tiere finden immer einen Weg.

Außerdem, was ist denn die Alternative? Auch Sie haben vielleicht schon etliche Ratschläge gelesen, wie sich Nacktschnecken im Garten bekämpfen oder vertreiben lassen. Von cleveren Bierfallen über schneckenhungrige Igel bis hin zu Tigerschnegeln. Tigerschnegel sind übrigens auch Nacktschnecken, allerdings eine räuberische Art, die Gemüse verschmäht und sich stattdessen (angeblich) lieber über die Eier anderer Nacktschnecken hermacht. Ich habe viele dieser Tricks bereits ausprobiert und kann Ihnen versichern, bei mir hat das alles nicht funktioniert. Auch die im Handel angebotenen Schneckenzäune waren keine Lösung. Die sind zwar pfiffig gekantet und bremsen die meisten Schnecken aus. Einige schaffen es dann aber eben doch, auch dieses Hindernis zu überwinden. Abgesehen davon: Selbst wenn ich meinen kompletten Acker mit Schneckenzäunen abriegle, wer garantiert mir, dass ich es nicht *selbst* bin, der schon mit der nächsten Kompostfuhre wieder Hunderte Schneckeneier in den Beeten verteilt?

Sie sehen also, auch ich habe noch längst nicht für jedes Problem eine Lösung gefunden, werde aber weiter tüfteln und experimentieren und Ihnen dann berichten! Immerhin, in meinem Garten haben sich alle Schneckensorgen vorerst in Luft aufgelöst. Seit die Sommer hier im Rheinland so gnadenlos trocken und heiß sind, freue ich mich fast schon, wenn ich überhaupt mal eine Schleimspur im Garten entdecke. Hoffentlich ändert sich das nicht!

KAPITEL 9

MEIN STÄNDIGER BEGLEITER

Was tun gegen Unkraut?

Auch Unkräuter konkurrieren mit Ihrem Gemüse um Platz, Licht und Nährstoffe. Meist wachsen sie aber viel schneller und sind noch dazu wesentlich robuster als Salat, Petersilie oder Rote Bete. Ich verwende in diesem Buch ganz bewusst den Begriff »Unkraut« und nicht »Beikraut«, da bin ich einfach altmodisch. Letztlich ist der Name auch egal: In Ihren Beeten haben diese Pflanzen nichts verloren. Und je schneller Sie sie loswerden, desto besser. Viel Spaß beim Lesen und Jäten!

Falsches Kraut am falschen Ort

Wie jedes Lebewesen hat auch Unkraut nur ein Bestreben: Es will sich ausbreiten und vermehren. Das tut es allerdings in einer Geschwindigkeit, die mir immer wieder vor Augen führt, dass ich eben doch nur zwei Hände habe. Kaum sind Schwarzwurzel, Möhre oder Spinat ausgesät, ist die Fläche, auf der jetzt eigentlich mein Gemüse keimen und gedeihen soll, auch schon mit grasgrünem Unkraut überwuchert. Wohl dem, der seine Nutzpflanzen in diesem Dschungel wiederfindet!

Ich nehme das Thema Unkraut daher sehr ernst und widme ihm einen großen Teil meiner Arbeitszeit im Garten. Daran führt leider kein Weg vorbei und da darf man sich auch keine längeren Pause gönnen.

Denn wenn Sie die Sache auch nur einmal schleifen lassen, gelangen mit hoher Wahrscheinlichkeit Unkrautsamen in Ihren Boden und können dort viele Jahre unbeschadet überdauern. Ich versichere Ihnen, das sind winzige tickende Zeitbomben! Solange sie tief unten im Erdboden schlummern, etwa nach dem Umgraben oder Pflügen, machen diese Samen keine Probleme. Aber warten Sie's ab: Kaum gelangen sie an die Oberfläche – und sei es nur, weil Sie einen Salat geerntet und dabei ein wenig Erde bewegt haben –, erwachen sie zum Leben und beginnen zu keimen. Es gibt eine uralte Gärtnerweisheit, die in etwa besagt: »Wer sein Unkraut ein Jahr wachsen lässt, hat danach sieben Jahre Ärger.« Ich glaube, das ist sogar untertrieben. Denn manche Unkrautsamen sind wirklich unkaputtbar und daher vermutlich noch etliche Jahre länger keimfähig.

Fast schon eine Lebensaufgabe

Unkräuter gibt es wie Sand am Meer. Dabei ist nicht jedes Unkraut gleich nervig. Mit einigen habe ich mich sogar arrangiert und kann ihnen durchaus positive Seiten abgewinnen. Nehmen wir zum Beispiel Löwenzahn, Vogelmiere, Melde, Giersch oder auch Brennnesseln. Die sind nicht nur essbar, sondern noch dazu sehr gesund und nährstoffreich. Andere Unkräuter fallen in die Kategorie »Zeigerpflanzen«. Darunter versteht man Pflanzen, die angeblich ganz spezielle Anforderungen an den Boden und ihre Umgebung stellen. Sie wachsen also nicht überall, sondern nur dort, wo sie sich richtig wohlfühlen. Die einen lieben eher schwere, lehmige Erde, die anderen mögen es sandig. Einige bevorzugen einen sauren, andere einen eher neutralen oder schwach alkalischen Untergrund. Einige sind auf nährstoffreiche und feuchte Standorte angewiesen, andere überleben nur auf mageren Trockenböden. Klingt spannend, denn könnte man anhand dieser Spezialisierung nicht ganz einfach die Bodenqualität im Garten ablesen?

WAS WILL MIR DIESE PFLANZE SAGEN?

Aber grau ist leider alle Theorie. Mir ist jedenfalls aufgefallen, dass man sich auf Zeigerpflanzen nicht immer verlassen kann und ihre »Botschaften« oft widersprüchlich sind. Vielleicht kann ich sie aber auch einfach noch nicht richtig interpretieren. Ich habe ja meinen Garten damals auf einer Pferdekoppel angelegt, davon hatte ich Ihnen erzählt. Und auf dieser Wiese haben sich über die Jahre hinweg natürlich jede Menge unterschiedlichster Unkrautsamen im Boden angesammelt. Erstaunlicherweise wachsen bei mir aber Löwenzahn und Hirtentäschel nebeneinander, dicht an dicht. Und das, obwohl Löwenzahn als Indikator für eine gute Nährstoffversorgung gilt, während Hirtentäschel genau gegenteilige Ansprüche hat. Mit Vogelmiere verhält es sich ganz ähnlich. Die wächst auf meinem schweren Lehmboden in rauen Mengen, bevorzugt aber angeblich sandige Böden.

Das wächst so schnell, da staunt man nur!

Wie kann das sein? Ich zerbreche mir nicht mehr den Kopf darüber. Zeigerpflanzen hin oder her – ist ja nett, wenn man dieses Phänomen kennt, aber für die tägliche Arbeit als Selbstversorger ist es dann doch eher irrelevant. Ob mein Boden sandig oder lehmig ist, kann ich im Handumdrehen selbst herausfinden. Und auch in Sachen pH-Wert verlasse ich mich lieber auf mein Messgerät, von dem ich ja berichtet habe. Wichtig ist mir vor allem, dass mein Gartenboden für den Gemüseanbau geeignet ist. Was da sonst noch wächst und nicht hingehört, wird nach Möglichkeit entfernt. Wobei die Betonung auf »nach Möglichkeit« liegt. Denn eine weitere Erkenntnis, die ich lernen musste, will ich gleich hier mit Ihnen teilen: Es ist unmöglich, einen großen Garten unkrautfrei zu halten! Sie glauben gar nicht, wie schnell das Zeug sprießt, sobald im Frühjahr die Natur aus ihrem Winterschlaf erwacht: Da können Sie zusehen, wie sich über Ihren eben noch kahlen, liebevoll vorbereiteten Beeten in Windeseile ein wilder Unkrautteppich ausbreitet, der von Tag zu Tag immer dichter wird.

»IN EINEM GARTEN WIRD ES IMMER UNKRAUT GEBEN.«

Machen Sie sich also darauf gefasst: Der Kampf gegen ungeliebte Pflanzen in Ihren Beeten wird Sie als Selbstversorger immer begleiten und in Atem halten.

Nicht jedes Unkraut ist gleich nervig

Generell gilt für mich: Je filigraner die angebauten Nutzpflanzen bleiben, desto aufwendiger ist die Unkrautbekämpfung – und desto ernster nehme ich sie auch. Eine kräftige Tomate lässt sich von einer kleinen Vogelmiere zu ihren Füßen nicht aus der Ruhe bringen. Und ein Kürbis wächst problemlos weiter, auch wenn neben ihm ein paar Löwenzähne aus der Erde sprießen. Bei Radieschen oder Feldsalat sieht das schon ganz anders aus. Die bleiben klein, auch bis zur Ernte, und sind schnell vom Unkraut überwuchert. Radieschen auf einer Fläche anzubauen, auf der sich Brennnesseln breitgemacht haben, dürfte daher mühsam sein. Da muss man eingreifen!

MIT DER HACKE ZUM ERFOLG?

Wie gesagt, Unkraut ist nicht gleich Unkraut. Noch am wenigsten stören Samenunkräuter. Das sind Pflanzen, die jedes Jahr neu keimen, wachsen, Samen bilden und dann im Winter, vorausgesetzt, es ist kalt genug, erfrieren. Melde und Vogelmiere zählen dazu. Vogelmiere ist sogar recht schmackhaft, wenn man nur die jungen und zarten Triebe verwertet. Melde ist ebenfalls essbar und das eine oder andere Blatt landet bei mir regelmäßig im Salat. Über den Rest freuen sich meine Hühner. Und wie entfernt man solche Samenunkräuter am besten? Eine gute Hacke, im Idealfall eine Radhacke, auf die ich auch im Kapitel »Gartengeräte« (Seite 153) noch zu sprechen komme, erledigt ihren Job recht zuverlässig. Vor allem, wenn die Unkräuter kurz nach der Keimung noch klein sind und nur wenige Blättchen haben, lassen sie sich mit der Hacke mühelos entfernen.

ABGESEHEN DAVON MACHT ES BEI **TROCKENEM WETTER** NATÜRLICH AUCH VIEL MEHR SPASS!

Diese Arbeit sollten Sie aber an trockenen Tagen, an denen auch der Boden abgetrocknet ist, erledigen. Denn sobald Sie das Unkraut mit dem Hackenblatt von seinen Wurzeln getrennt haben, sollten auch die Pflanzenreste möglichst schnell verdorren. Bleiben sie bei feuchter Witterung im Beet oder auf dem Acker liegen, wachsen sie wieder an. Gewiss, sie brauchen dann ein Weilchen, um sich vom Schreck ihrer Enthauptung zu erholen, sprießen dann aber umso schneller. Das vermeide ich, indem ich nur an trockenen Tagen im Garten arbeite. Auf diese Weise komme ich mit Samenunkräutern gut zurecht. Jedenfalls bis zu den Sommerferien. Denn ab dann bleibt in meinem Garten naturgemäß viel Arbeit liegen. Die Familie geht vor, das versteht sich von selbst. Meine kleine Sommerpause hat aber jedes Jahr zur Folge, dass ich mit dem Hacken und Jäten einfach nicht mehr hinterherkomme und es dann doch wieder unzähligen Unkräutern gelingt, sich fortzupflanzen. Der Nachschub an Unkrautsamen wird bei mir wohl nie abreißen. Ich sagte ja, man darf die Sache eigentlich nicht schleifen lassen!

Gibst du mir, helf ich dir

Wesentlich problematischer sind Unkräuter, die sich nicht in erster Linie über Samen vermehren, sondern deren Wurzeln immer neu austreiben. Sie kennen vielleicht das Ungeheuer »Hydra« aus der griechischen Mythologie? So ähnlich (und nicht minder ungeheuerlich) ist das mit diesen Unkräutern: Schlagen Sie einen Wurzelstrang ab, entstehen daraus zwei neue. Da können Sie hacken, so viel Sie wollen. Einige dieser ungeliebten Pflanzen wurzeln zudem so tief, dass man sie auch beim besten Willen nicht ausgraben kann. Die Anekdote von meinem Kampf gegen Ackerwinden habe ich Ihnen ja schon erzählt. Und seien Sie froh, machen Sie Luftsprünge, wenn Sie dieses Unkraut nicht in Ihrem Gemüsebeet finden.

Auch Brennnesseln sind recht nervige Gesellen, wenn sie zur falschen Zeit am falschen Ort auftauchen. Haben sie sich erst einmal ausgebreitet, wird man sie so schnell nicht wieder los. Bei mir fühlen sie sich besonders unter den Beerensträuchern und Bäumen, rund um den Misthaufen, im Entengehege sowie eigentlich an allen Orten wohl, an denen ich nicht jede Woche nach dem Rechten sehe. Mittlerweile gibt es auf unserem Grundstück sogar mehrere kleine Brennnesselwälder, was mich allerdings nicht besonders stört. Ein wenig Unordnung im Garten kann sicher nicht schaden. Und von den Brennnesseln profitieren ja auch zahlreiche Insekten. Denn die Natur ist keine Einbahnstraße, sie ist ein komplexes Zusammenspiel von Organismen, die sich gegenseitig zum Überleben brauchen. Marienkäfer und vor allem deren Larven sind zum Beispiel perfekte Blattlauskiller. Da freut es mich sogar, wenn sich Heerscharen dieser lustigen Tierchen auf meinen Brennnesseln tummeln. Sobald sie der Hunger packt, schauen sie nämlich auf einen Sprung in meinem Gemüsegarten vorbei, um sich dort satt zu fressen.

Keiner wird gewinnen

Aber wir waren ja bei Unkräutern. Mit Sicherheit haben auch sie ihren Platz und ihre Existenzberechtigung im Ökosystem. Das gilt insbesondere für Gärten, mit denen man nicht seinen Lebensunterhalt verdienen muss. Aber auch dort toleriere ich sie nur, wenn sie nicht weiter stören. In meinen Beeten hat lästiges Unkraut jedenfalls nichts verloren und ich tue alles mir Mögliche, es von meinem Gemüseacker fernzuhalten. Perfekt gelungen ist mir das bisher allerdings noch nie. Der Kampf gegen ungewollte Pflanzen ist einfach ein Kampf ohne Ende. Und mit manchen Problemen im Garten, das hatte ich Ihnen ja auch schon im Kapitel über Schädlinge ans Herz gelegt, müssen Sie einfach leben. Bleiben Sie also gelassen und gehen Sie nicht gleich auf jede Vogelmiere mit der Bazooka los.

BEI DER **ACKERWINDE DÜRFEN SIE!** ABER SIE WERDEN SEHEN, AUCH DAS IST LEIDER ZWECKLOS! ;)

Wenn Samenkörner auf Reisen gehen

Übrigens: Nicht nur Unkraut kann Gärtnern das Leben schwer machen, auch Nutzpflanzen können regelrecht zur Plage werden. Lässt man sie unkontrolliert wachsen, weil sie gerade nicht in der Küche benötigt werden, bilden sie ebenfalls Samen aus und verbreiten sich schlimmstenfalls im gesamten Garten. Passieren kann das mit jedem Samenkörnchen, das irgendwann mal irgendwo auf die Erde fällt. Auch ich stolpere immer wieder über Pflanzen aus längst vergangenen Tagen, die plötzlich und völlig unerwartet wieder aus der Erde sprießen. Vor Jahren habe ich einmal einen Baumspinat der Sorte »*Magenta Spreen*« aussamen lassen. Diese Pflanzen werden riesig, manchmal über zwei Meter hoch! Die Blätter kann man wie Spinat kochen oder auch einfach zu Salat verarbeiten, beides schmeckt recht gut. Ich kann Ihnen sagen, das ist jetzt wirklich schon eine halbe Ewigkeit her. Und trotzdem schießen in meinem Garten alle Jahre wieder kleine Baumspinatpflänzchen aus dem Boden – an allen möglichen und unmöglichen Stellen.

»EIN WENIG CHAOS IM GARTEN KANN NICHT SCHADEN.«

Sie müssen nicht jede Brennnessel auf Ihrem Grundstück gleich ausradieren. Solche Pflanzen sind für Insekten, die Ihnen bei der Schädlingsbekämpfung helfen, überlebenswichtig.

Die Not zur leckeren Tugend machen

Keine Ahnung, wie die Samen dorthin gekommen sind. Vielleicht sind sie an den Sohlen meiner Gummistiefel als blinde Passagiere einmal kreuz und quer durch den Garten gereist. Oder ich habe sie mit einem der Geräte verteilt, an denen noch etwas Erde haftete. Vielleicht haben auch Wind und Wetter bei der Aussaat mitgeholfen. Sei's drum. Selbst nach einem halben Jahrzehnt wächst hier immer noch so viel Baumspinat, dass die Ausbeute für eine kleine, feine Mahlzeit reicht. Gleiches gilt für Portulak und die ebenfalls in Vergessenheit geratene Spinatpflanze »Roter Meier«, die man heutzutage in keinem Supermarkt mehr findet. Mit beiden durchaus schmackhaften Gemüsesorten habe ich vor Jahren interessante Anbauversuche unternommen und bin sie bis heute nicht mehr losgeworden. Aussäen muss ich sie allerdings nie wieder, denn in meinem Garten sind scheinbar noch Hunderttausende Samenkörner verstreut, die jedes Jahr neu aufkeimen und heranwachsen. Ich lasse das stoisch geschehen und freue mich sogar über die Ernte. So mache ich also aus der Not einfach eine Tugend.

Fassen wir also zusammen: So ziemlich jede Pflanze hat ihre Berechtigung zu wachsen. Aber bitte nicht in meinen Gemüsebeeten! Von dieser Existenzberechtigung gänzlich ausklammern würde ich jedoch eingeschleppte Arten aus fernen Ländern, wie etwa das Indische Springkraut. Diese sogenannten Neophyten haben in unseren Gärten oft leichtes Spiel, da die Natur (noch) keine Fressfeinde für sie bereithält. Allen anderen Unkräutern biete ich gerne ein Biotop – dort, wo sie am wenigsten stören.

UNKRAUTHACKE BAUEN

Meinen Lieblingshelfer gegen Unkraut? Habe ich mir einfach selbst gebastelt. Das können Sie auch! Sie benötigen eine Werkbank mit Schraubstock, ein Schleifgerät, eine Bohrmaschine mit Metallbohrer, eine Säge, einen Körner, ein paar Holzschrauben und einen Schraubendreher.

❶ Für das Hackenblatt verwende ich verzinktes Glattblech (0,5 mm), das man im Baumarkt bekommt. Das Blech lasse ich bei einem Schmied in der Nachbarschaft für ein Trinkgeld in 2 cm breite Streifen stanzen – müsste aber auch mit einer Blechschere funktionieren. Wer eine noch stabilere Handhacke bauen möchte, verwendet 1 mm dicke Streifen aus VA-Stahlblech mit gleicher Breite.
❷ Jetzt nehme ich einen der Blechstreifen und schärfe ihn mit dem Schleifgerät beidseitig an. Ist das erledigt, wird der Streifen symmetrisch um ein stabiles Stück Abflussrohr, das ich in den Schraubstock spanne, gebogen. So entsteht an der Oberseite des Hackenblatts eine schöne Rundung.
❸ Den Griff fertige ich einfach aus einem Stück Dachlatte, das ich mir passend zurechtsäge. Der Blechstreifen wird links und rechts an der Latte befestigt. Dafür wird das Blech im Schraubstock (auf dem Holz liegend) angekörnt, dann angebohrt und danach mit zwei Schrauben befestigt.
❹ Damit meine kleine Hacke geschmeidiger in der Hand liegt, wickle ich abschließend noch ein paar Bahnen festes Industrie-Klebeband um den Griff.

KAPITEL 10

DA IST DOCH WAS FAUL!

Mehltau & Co.

Sie müssen kein Detektiv sein, um zu erkennen, dass Wühlmäuse in Ihrem Garten ihr Unwesen treiben. Auch einem Kartoffelkäfer kommt man ohne Rußpinsel und Lupe auf die Spur. Den sehen Sie mit bloßem Auge aus fünf Meter Entfernung! Und eine Melde, die mir mit einem »Hallo, hier bin ich!« aus dem Salatbeet zuwinkt, rupfe ich einfach aus der Erde. Diese Plagegeister nerven, mehr aber auch nicht. Gruseliger sind da schon Pilzerkrankungen. Sie breiten sich schleichend und lautlos aus – für Ihr Gemüse kann das tödlich enden!

Der unsichtbare Feind in meinem Beet

Von allen Widersachern, mit denen sich jeder Selbstversorger früher oder später herumschlagen muss, tue ich mich mit Pilzerkrankungen bis heute am schwersten. Es gibt einfach so viele davon! Man sieht sie nicht, hört sie nicht. Und doch, über Nacht sind sie plötzlich da und breiten sich aus. Allein schon die Diagnose fällt mir oft schwer, von einem wirksamen Gegenmittel ganz zu schweigen. Da helfen weder Netze noch Fallen.

So wird jedes Jahr ein Teil meiner Kartoffeln von der Krautfäule hinweggerafft, und auch meine Freilandtomaten bleiben nur so lange fit, bis sie im Sommer der erste Platzregen erwischt. Selbst meine Tomatenpflanzen im Folientunnel werden im Herbst, wenn die Luftfeuchtigkeit wieder zunimmt, oft von Pilzen befallen und geben dann recht schnell den Geist auf.

Ernte ohne Aktionismus!

Pilzerkrankungen lassen sich wirklich nur mit Mühe bekämpfen. Ohne Gift, meine ich natürlich. Vorbeugend versuche ich zwar, viel Platz zwischen meinen Pflanzen zu lassen, damit sie bei Schmuddelwetter schneller wieder abtrocknen können. Eine zufriedenstellende Lösung ist das aber nicht.

Nehmen wir als Beispiel die Krautfäule an Kartoffeln. Soweit ich mich erinnere, benötigen Pilzsporen, die auf einem nassen Blatt landen, rund acht Stunden, um in eine Pflanze einzudringen und sich dann auszubreiten. Im Sommer ist das kein Problem. Es regnet selten und die Kartoffeln können ungestört wachsen und gedeihen. Aber kaum nehmen die Niederschläge zu, geht es ihnen ziemlich schnell an den Kragen. Ich kann dann regelrecht dabei zusehen, wie sich ihr Zustand Tag für Tag verschlechtert. Deswegen gilt auch hier: Ich setze meine Kartoffeln so früh es eben geht, damit sie sich über einen möglichst langen Zeitraum trocken und unbeschadet entwickeln können. Wird es dann allmählich kühler und feuchter und am Kartoffelgrün zeigen sich erste Symptome, sind die Pflanzen und ihre Knollen bereits groß und stark genug, um auch noch bis zur Ernte durchzuhalten.

Bislang habe ich jedenfalls einen großen Bogen um chemische Fungizide gemacht und auch noch keine biologischen Spritzmittel verwendet. Trotzdem konnte ich mich jedes Jahr über eine üppige Kartoffelernte freuen. Wozu also in Aktionismus verfallen? Wenn ich mir vorstelle, ich müsste tagtäglich mit der Sprühflasche durch meinen großen Garten tigern, um eine Pflanze nach der anderen zu behandeln. Was für ein Akt! Denn im Gegensatz zu chemischen Wunderwaffen wirken biologische Pflanzenschutzmittel wie Knoblauchsud, Brennnesseljauche oder Ackerschachtelhalmbrühe leider nicht allzu lange. Ich müsste das Prozedere also regelmäßig und in kurzen Abständen wiederholen. Verstehen Sie mich nicht falsch: Ich möchte niemanden davon abhalten, das zu tun. Mir ist es aber einfach zu mühsam. Außerdem behagt es mir nicht sonderlich, mit einem Drucksprüher herumzulaufen – egal, ob sich im Tank Buttermilch oder Glyphosat befindet.

Jedes Mal ein kleiner Schock

Und geht mir doch mal eine Pflanze ein, habe ich meist schon Ersatz parat. Denn junges Gemüse ist in der Regel widerstandsfähiger als älteres. Ein Zucchino, der schon zwei Monate auf dem Buckel hat, wird schneller von Mehltau befallen als seine erst kürzlich gesetzten Kollegen. Ich mache es daher recht häufig so, dass ich auch im Sommer noch Gemüse vorziehe, vor allem solche Sorten, die anfällig für Pilzerkrankungen sind.

Besonders ärgerlich ist es, wenn sich Pilze in mehrjährigen Pflanzen festsetzen. In meinem Garten hat es schon etliche Obstbäume erwischt, einige davon sind sogar eingegangen. Das ist für mich jedes Mal ein kleiner Schock. Was aber tun? Viele meiner Bäume sind schon recht groß und es wäre (selbst wenn ich das wollte) eine Herausforderung, sie mit Fungiziden zu behandeln. Ich glaube mittlerweile, als Selbstversorger *muss* man einfach Sorten finden, die mit Klima und Boden vor Ort optimal zurechtkommen und somit einigermaßen resistent sind. Um das herauszufinden, brauchen Sie allerdings Geduld. Denn Obstbäume wachsen langsam und die Pilze schlagen oft erst nach ein paar Jahren zu. Helfen kann aber auch ein Blick über den Gartenzaun oder ins Netz. Tauschen Sie sich mit Gärtnern in Ihrer Gegend aus und profitieren Sie von deren Erfahrungen!

Die Kräuselkrankheit hat diesem Pfirsichbaum ganz schön zugesetzt. Nicht jeder Pilzbefall hinterlässt aber gleich so deutliche Spuren.

KAPITEL 11

ENDLICH ERDE AN DEN FINGERN

Gemüse für Anfänger

Hoffentlich habe ich Sie nicht verschreckt, mit meinen Schauergeschichten von Schnecken, Läusen, Ackerwinden und Pilzen? Keine Sorge, so schlimm wird es schon nicht kommen. Ich wollte Ihnen nur vor Augen führen, dass so ein Selbstversorgergarten, wie bekanntlich das Leben im Allgemeinen, kein Kindergeburtstag ist. Jetzt haben Sie ein dickeres Gärtnerfell, sind bestens vorbereitet und wir können uns auf das konzentrieren, was richtig Spaß macht – den Anbau von leckerem Gemüse!

Rundum sorglos mit pflegeleichten Kulturen

Sie wollen endlich durchstarten, Ihre Hände in die Erde stecken, Rillen ziehen, säen, pflanzen, schwitzen, ernten und essen? Dafür müssen Sie jetzt natürlich Ihren bequemen Gartensessel verlassen. Zum Glück, das habe ich ja bereits erwähnt, gibt es einige unkomplizierte Gemüsearten, mit denen sich auch Anfänger schnell über erste Erfolgserlebnisse freuen können. Andere Sorten wiederum sind anspruchsvoller. Um sie anzubauen und zu pflegen, braucht man einiges an Erfahrung und gärtnerischem Wissen.

Stöbert man im Internet oder blättert man durch Gartenmagazine, werden oft Radieschen, Karotten, Tomaten oder Salat als ideale Anfängerkulturen genannt. Ich persönlich bin mit solchen Ratschlägen eher vorsichtig.

Radieschen und andere Wonneproppen

Nehmen wir als Beispiel die viel gepriesenen Radieschen. Immer wieder wird behauptet, die roten Mini-Rettiche seien ideal, um Kinder mit dem Gemüseanbau vertraut zu machen. Schließlich sind Radieschen eine sehr rasch wachsende Kultur, die man schon nach rund vier Wochen ernten kann – vorausgesetzt, das Wetter spielt mit. Obendrein schmecken sie gut! Der Erfolg stellt sich also bestenfalls sehr schnell ein und mit ihm wird die Begeisterung aller Nachwuchsgärtner entfacht.

OH NEIN, JETZT GEHT DAS SCHON WIEDER LOS. DER AUTOR IST SCHEINBAR VOM UNHEIL, DAS ÜBERALL IM GARTEN LAUERT, REGELRECHT BESESSEN! :)

Bestenfalls? Genau, das ist der Haken an der Sache. Denn Anfänger denken oft nicht an die vielen Fressfeinde, übrigens auch alles glühende Radieschenfans, die jede Gelegenheit nutzen, um sich über die Pflanzen herzumachen. Was ich damit sagen will: Meiner Meinung nach sind Radieschen alles andere als einfach anzubauen. Klar, sie keimen zuverlässig, sie wachsen wirklich flott und auch um die Düngung braucht man sich als Hobbyselbstversorger kaum kümmern. Radieschen holen sich, was sie brauchen, oder kommen mit den Nährstoffen klar, die ihnen die Vorgängerkultur im Beet übrig gelassen hat. Reicht die Versorgung nicht aus, werden ihre Knollen eben nicht ganz so groß und dick. Das sollte aber kaum stören.

Säen, ernten, essen? Von wegen! Der Anbau von Radieschen ist gar nicht so einfach, wie man vielleicht denkt.

Aus eigener Erfahrung kann ich Ihnen aber versichern: Mir ist es bislang nur ein einziges Mal gelungen, ganz ohne Schutzmaßnahmen genießbare Radieschen zu ernten. Das war damals in meinem ersten Jahr, als ich noch im kleinen Schrebergarten zugange war. Und da hatte ich wohl einfach nur Dusel. Alle nachfolgenden Versuche sind jedenfalls kläglich gescheitert. Schuld war eigentlich fast immer die Kohlfliege, Radieschens Fressfeind Nummer eins (wer nicht erst mit diesem Kapitel in die Lektüre eingestiegen ist, weiß ja bereits, dass Radieschen mit den Kohlgewächsen verwandt sind). Im Frühjahr legen die Tiere ihre Eier nahe den Wurzeln im Erdreich ab, die geschlüpften Maden wandern dann Richtung Pflanze, bohren sich hinein und fressen sich die Bäuche voll. Eine befallene Knolle essen Sie garantiert nicht mehr. Da ist nämlich kaum etwas dran, was Sie noch essen könnten!

Für Anfänger viel zu kompliziert

Ich versuche den Kohlfliegen ein Schnippchen zu schlagen, indem ich meine Radieschen entweder möglichst früh aussäe oder sie mit einem meiner bewährten Gemüsenetze schütze. Ersteres klappt nur im Folientunnel, der im Frühjahr schon ordentliche Temperaturen erreicht, während es den

KNOBLAUCH ANBAUEN

Knoblauch ist der Liebling aller Hobbygärtner und darf in keinem Selbstversorgergarten fehlen. Er ist wirklich sehr leicht anzubauen und gehört damit zu den Kulturen, an die sich auch Anfänger problemlos heranwagen können.

❶ Zerlegen Sie einfach eine Knoblauchknolle in ihre einzelnen Zehen. Siehe da, schon haben Sie Ihr Saatgut! Wann soll er gepflanzt werden, im Herbst oder Frühjahr? Ich habe beides versucht und bin eigentlich mit beiden Varianten gut gefahren.
❷ Nachdem der Boden gelockert und gedüngt wurde, kommt also immer nur jeweils eine Zehe in die Erde, leicht schräg und mit der spitzen Seite nach oben. Gepflanzt wird in vertikalen Reihen. Und wie tief? Egal, fünf Zentimeter oder auch etwas tiefer. Der Knoblauch gedeiht so oder so. Nach dem Setzen aber das Gießen nicht vergessen!
❸ In den folgenden Wochen kann, muss man aber nicht regelmäßig wässern. Ich hatte schon Jahre, da habe ich meinen Knoblauch gar nicht bewässert und er ist trotzdem prima gewachsen. Gegen Vögel schützt man die ausgetriebenen Pflanzen mit einem Gemüseschutznetz. Oder man gräbt die herausgepickten Zehen einfach wieder ein. Klappt auch.
❹ Geerntet wird nach ein paar Monaten, wenn sich Stängel und Blätter langsam zunehmend gelb färben. Die Knollen hebe ich mit einem Unkrautstecher oder mit einer kleinen Schaufel aus der Erde. Waschen Sie sie nach der Ernte nicht! Es genügt, wenn Sie die Erde, die noch am Gemüse haftet, einfach abschütteln. Vor dem Einlagern werden mehrere Pflanzen gebündelt, dann mit einem Stück Schnur zusammengezurrt und an einem trockenen Ort luftig aufgehängt.

Kohlfliegen unter freiem Himmel noch zu kalt ist, um sich fortzupflanzen. Hundertprozentig funktioniert aber auch diese Methode nicht. Die eindeutig bessere Alternative sind Gemüseschutznetze, mit denen ich meine Radieschen von der Aussaat bis zur Ernte konsequent abdecke.

NICHT GLEICH AUF DIE NASE FALLEN

Warum erzähle ich das? Wenn ausgerechnet Radieschen die erste Kultur sind, mit der Sie im neu angelegten Garten Ihr Gärtnerglück versuchen wollen, werden Sie mit hoher Wahrscheinlichkeit auf die Nase fallen. Generell würde ich als Anfänger von allen Kohlsorten die Finger lassen. Erfolg haben Sie da nur mit viel Aufwand und den nötigen Schutzmaßnahmen – diese Erfahrung habe ich zumindest gemacht. Gleiches gilt für Karotten, Tomaten und Salat. Bei Karotten sind es die Möhrenfliegen, die es auf Ihre Ernte abgesehen haben. Und Tomaten im Freiland wachsen zwar zunächst prima, aber wehe, es wird feucht und regnerisch. Dann schlägt blitzschnell die Krautfäule zu. Und auch Ihre Salatpflänzchen sind schneller von einer Schnecke verpinselt, als Sie Ihren Handschuh zum Absammeln übergestreift haben.

Sofort zum Erfolg – mit diesen Sorten klappt das!

Als Neuling würde ich mich im ersten Gartenjahr ausschließlich auf robuste Kulturen konzentrieren. Und davon gibt es mehr, als Sie denken! Mangold ist eine davon, damit haben Sie keinen Stress. Nicht allzu früh ausgesät, wirft dieses mit den Rüben verwandte Gemüse eine sichere und ergiebige Ernte ab. Wie ich Mangold vorziehe und dann ins Beet bringe, können Sie sich übrigens auf Seite 119 ansehen. Auch Rote Bete ist so eine pflegeleichte Kandidatin, die bei mir problemlos gedeiht: ohne Fliegen, deren Maden sich in den Knollen austoben, und Schnecken scheinen dieses Gemüse auch nicht sonderlich zu mögen. Mit Roter Bete können Sie also nicht viel falsch machen. Und vielleicht schmecken Ihnen ja grüne Bohnen oder Knoblauch? Beide eignen sich perfekt für Anfänger, denn sie brauchen keinen speziellen Schutz, wachsen zuverlässig und ergeben eine tolle Ernte. Ans Herz legen kann ich Ihnen zudem Fenchel, den man allerdings regelmäßig gießen muss, sowie frühe bis sehr frühe Kartoffelsorten und auch Zwiebeln.

Also, beginnen Sie Ihre Gärtnerlaufbahn nicht (nur) mit Misserfolgen, und tasten Sie sich an Ihre neue Aufgabe heran. Den Spaß am Experimentieren will ich Ihnen aber nicht nehmen! Probieren Sie das mit den Radieschen, Möhren und dem Salat einfach aus, anfangs vielleicht zunächst auf kleiner Fläche. Dann sehen Sie, welche Schädlinge und Krankheiten es in Ihrer Gegend überhaupt gibt und lernen, wie Sie in Zukunft damit umgehen.

»MIT ROTER BETE KÖNNEN SIE NICHTS FALSCH MACHEN.«

Sie ist dankbar, robust und pflegeleicht, eignet sich also hervorrangend für Anfänger. Gleiches gilt für Mangold, Grüne Bohnen und Knoblauch.

Eucomis

KAPITEL 12

KLEINE KÖRNCHEN, RIESENTHEMA!

Saatgut – ein Exkurs

Die Zeiten, in denen Selbstversorger zwingend ein Gartencenter ansteuern mussten, und sei es auch nur, um ein Tütchen Kressesamen zu kaufen, sind längst vorbei. Heute gibt es nicht nur unzählige Saatguthändler, auch ihr Angebot wird immer vielfältiger, vor allem online. Ich möchte Ihnen hier aber keinen Rat geben, wo Sie sich am besten mit Gemüsesamen eindecken. Ich erzähle Ihnen einfach, wie ich es mit dem Saatgut halte.

Aus der Samentüte oder selbst gewonnen?

Jetzt muss ich Sie leider gleich langweilen. Denn in Sachen Saatgut bin ich nicht sehr wählerisch. Den größten Teil kaufe ich, Internet hin oder her, immer noch im örtlichen Gartencenter. Denn es liegt nur wenige Kilometer entfernt, ich kann es bequem mit dem Fahrrad erreichen, und das Sortiment stellt Otto Normalgärtner mehr als zufrieden.

Ein Manko haben Gartencenter allerdings: Saatgut in Bioqualität gibt es dort in der Regel nicht. Wer darauf Wert legt, muss also notgedrungen online bestellen oder seine Pflanzensamen selbst produzieren. Dazu aber später mehr. Im Netz gibt es jedenfalls einige größere und unzählige kleinere Anbieter, die Biosaatgut vertreiben. Auch wenn es um eher exotische oder alte Gemüsesorten geht, führt fast kein Weg an Onlineshops vorbei.

Ich persönlich bin in Sachen Biosaatgut nicht dogmatisch. Wenn ich die Möglichkeit habe, greife ich darauf zurück. Werden die Sorten, die ich haben möchte, allerdings nicht in Bioqualität angeboten, greife ich ganz ohne Bauchschmerzen zu konventionellen Produkten. Letztendlich geht es hier ja nur um die Saatkörner und nicht ums Gemüse, das später aus ihnen entsteht. Päpstlicher als der Papst muss ich nun auch wieder nicht sein.

Die Qual der Wahl

Bei mir ist das mit dem Saatgut eigentlich jedes Jahr das gleiche Spiel. Nach einer langen Winterpause, in der ich kaum einen Gedanken an meinen Garten verschwende, hellen irgendwann die ersten wärmeren Sonnenstrahlen den Himmel über dem Rheinland und mit ihm meine Laune auf. Plötzlich wird mir bewusst, dass ich mich doch so langsam um meine Gemüsesamen kümmern sollte! Ich verbringe dann eine gefühlte Ewigkeit vor den Saatgutregalen im Landhandel und sitze bis tief in die Nacht vor dem Rechner, um das überbordende Angebot der Online-Shops zu durchforsten. Natürlich flattert mir auch eine Reihe von Katalogen der Versandhändler ins Haus. Auch darin blättere ich gelegentlich, man weiß ja nie!

Zu guter Letzt sichte ich sicherheitshalber auch noch meine Restbestände aus den Vorjahren. Bleiben Samen übrig, lagere ich die Tütchen nämlich immer kühl, trocken und gut verschlossen in einer Holzkiste. Auch die krame ich also hervor, sortiere abgelaufenes Saatgut aus oder trenne mich von Sorten, die uns nicht sonderlich geschmeckt oder sich nicht bewährt haben. Und mit jeder Stunde, die ich so im Laden und im Internet verbringe, am Schreibtisch nachdenke und in meiner Saatgutkiste wühle, kristallisieren sich die Pläne für das bevorstehende Gartenjahr heraus – und vor meinem geistigen Auge sprießt und reift schon das Gemüse!

SEGEN ODER TEUFELSZEUG?

Auf der Suche nach geeigneten Kulturpflanzen werden Sie früher oder später ganz automatisch über den Fachausdruck »hybrid« stolpern. Hier muss ich Sie gleich vorwarnen: Für viele Gärtner ist dieser Begriff nämlich – wie auch »gentechnisch verändert« – ein dunkelrotes Tuch! Was habe ich nicht schon für hitzige Debatten verfolgt und haarsträubende Halbwahrheiten gelesen, wenn es um die Frage geht, ob Hybridsaatgut im Selbstversorgergarten etwas verloren hat oder nicht. Aber der Reihe nach, viele Leser wissen ja noch gar nicht, wovon ich überhaupt spreche.

Um zu erklären, was Hybridsaatgut ist, muss man zunächst klarstellen, was es eben nicht ist. Denn, wie oft gemunkelt und behauptet wird, hat Hybridsaatgut nichts mit gentechnischen Experimenten zu tun, die in unterirdischen Geheimlabors in Missouri durchgeführt werden. Sie wissen, was ich meine. Da werden also keine Gensequenzen unterschiedlicher Kulturpflanzen oder gar Bakterien bunt zusammengewürfelt, um sie widerstandsfähiger und ertragreicher zu machen. Dass solche, auf völlig unnatürliche Art und Weise entstandenen Nutzpflanzen für Mensch und Tier gefährlich sein können, brauchen wir wohl nicht zu diskutieren. Es käme ja auch kein verantwortlich denkender Mensch auf die Idee, das Erbgut von Hühnern, Kühen, Schafen und Schweinen in ein Reagenzglas zu werfen, um daraus die berühmte »Eierlegende Wollmilchsau« zu erschaffen. Ich mag mich aber irren, bestimmt hat bald jemand diesen grandiosen Einfall.

SO, WIE BEI GENMAIS. DA HABEN EINFALLSREICHE LABORANTEN TATSÄCHLICH **GENE VON BAKTERIEN** INS ERBGUT VON MAISPFLANZEN EINGESCHLEUST, DAMIT DIE GEGEN FRESSFEINDE RESISTENT WERDEN!

Zwei Gärtner, ein Ziel

Und was ist nun Hybridsaatgut? Vereinfacht erklärt handelt es sich dabei um Saatgut, das aus der natürlichen Kreuzung zweier Pflanzen mit ganz bestimmten, angezüchteten Merkmalen entsteht. Ziel so einer Kreuzung ist es, die Stärken beider Elternpflanzen zu vereinen und nutzbar zu machen. Zu abstrakt? Nehmen wir als Beispiel zwei Gärtner, einer lebt im Norden, einer

SIEGESZUG DER GENTECHNIK?

Genmanipuliertes Saatgut hat in meinem Garten nichts verloren, das ist sonnenklar. Wer gegen Gentechnik Sturm läuft, muss aber genauer hinsehen, sonst brodelt es schnell in der Gerüchteküche und irrwitziges Halbwissen macht die Runde.

Hätte die Natur gewollt, dass Mais allen Schädlingen trotzt und Baumwolle jedes noch so hammerharte Herbizid wegsteckt, dann hätte sie diese Pflanzen ganz ohne menschliches Zutun mit solchen Superkräften ausgestattet. Ich bin jedenfalls davon überzeugt, dass die gentechnische Veränderung von Organismen mehr Schaden als Nutzen bringt. Aber sind solche Pflanzen aus der Retorte bei uns tatsächlich auf dem Vormarsch?

Dass Hybridsaatgut nichts mit Gentechnik zu tun hat, habe ich in diesem Kapitel bereits ausführlich erklärt. Mehr noch: Genmanipuliertes Saatgut ist derzeit in Deutschland sogar verboten und darf weder angebaut noch verkauft werden. Und zum Glück wird damit hierzulande auch kaum noch experimentiert. Das gilt für die Landwirtschaft und für den Hobbybereich.

Das ist jetzt alles sehr vereinfacht dargestellt und natürlich verstecken sich in vielen Lebensmitteln, die im Handel angeboten werden, immer noch importierte genmanipulierte Rohstoffe. Ich möchte hier nur mit weit verbreiteten Missverständnissen aufräumen. Denn wenn ich so die Diskussionen zum Thema in den einschlägigen Internetforen verfolge, die Kommentare auf meinem YouTube-Kanal lese oder mich mit anderen Hobbygärtnern unterhalte, wird schnell klar: Was Gentechnik betrifft, gibt es zum Teil doch erhebliche Wissenslücken. Da werden pauschal und ohne sich jemals näher mit der Materie befasst zu haben, zweifelhafte oder komplett falsche Informationen in die Welt hinausposaunt. Und nur um das noch einmal klarzustellen: Nein, ich stecke nicht mit Chemiekonzernen unter einer Decke und werde auch nicht von ihnen bezahlt. Bestimmt ist das das nächste »Missverständnis«, das ich irgendwo zu lesen bekomme.

ganz im Süden der Republik. Und beide haben über Generationen hinweg die jeweils für ihre Umgebung perfekte Bohnensorte gezüchtet. Die Pflanzen des oberbayerischen Gärtners kommen mit den kühleren Temperaturen am Alpenrand bestens zurecht, dafür ist die Kulturdauer kurz und die Ernte nicht so üppig. Die Bohnen des norddeutschen Kollegen wiederum stecken rauen Wind und salzige Meeresluft problemlos weg. Noch dazu sind sie sehr ertragreich, denn die Winter an der Kieler Förde sind immer etwas milder und die Pflanzen haben viel Zeit zum Wachsen. Auf Kälte oder gar Nachtfrost reagieren diese Bohnen aber sehr empfindlich.

»MELONE UND PAPRIKA WILL ICH NICHT MEHR MISSEN.«

Ich habe daher auch kein Problem mit Hybridsaatgut. Es ermöglicht mir den Anbau von Kulturen, die in meinem Garten sonst kaum wachsen würden.

Mit alten Sorten in die Zukunft?

Kreuzen wir jetzt beide Sorten, entsteht bestenfalls eine neue, robuste Hybridsorte, die sich in Bayern und Schleswig-Holstein gleichermaßen wohlfühlt und an beiden Standorten eine gute Ernte verspricht. Ist doch eine prima Sache! Sie hat nur einen Haken. Vermehrt man die neue Bohne weiter, werden leider nur wenige Pflanzen der Nachfolgegenerationen alle Schokoladenseiten ihrer Eltern erben. Hybridsorten sind also nicht »samenfest« und »nachbaufähig«, wie man im Fachjargon sagt. Für Selbstversorger, die eigenes Saatgut gewinnen wollen, sind sie also denkbar ungeeignet. Hybridsaatgut erkennt man übrigens leicht an dem Vermerk »F1« auf der Verpackung. Und es ist gar nicht so sehr verbreitet, wie oft angenommen wird. Vor allem bei weniger populären Gemüsearten rechnet sich der hohe Zuchtaufwand für die Hersteller offenbar nicht.

Hinzu kommt noch ein weiteres Dilemma: Würden wir alle nur optimiertes Hybridsaatgut anbauen, würde eine Menge regionaler, samenfester Sorten nach und nach verschwinden. Das tun sie schon jetzt! Nicht umsonst gibt es bereits in mehreren Ländern riesige Saatguttresore, in denen alte Sorten für die Nachwelt konserviert werden. Denn wer weiß schon, was die Zukunft bringt? Gut möglich, dass Getreide oder Rüben, die unsere Urgroßeltern angebaut haben, bald unschätzbar wertvoll werden. Nicht, weil sie ertragreicher oder schmackhafter sind, sondern weil sie Klimaveränderungen, Krankheiten oder andere Bedrohungen, die in den nächsten Jahren und Jahrzehnten auf uns zukommen, besser wegstecken können.

Ich kann mich nicht um alles kümmern

Ob man F1-Sorten im Garten aussät oder nicht, muss jeder für sich selbst entscheiden. Ich habe da jedenfalls keine großen Skrupel. Warum? Da fallen mir sofort Melone und Paprika ein, auf die ich in meinem Garten keinesfalls mehr verzichten möchte! Beides sind Kulturen, die eigentlich nur südlich der

ABGESEHEN DAVON IST AUCH DER **ERTRAG** BEI **HYBRIDSORTEN** OFT **HÖHER** ALS BEI SORTENREINEM SAATGUT. DA IST MIR DAS HEMD NÄHER ALS DER ROCK.

Alpen richtig gut wachsen. Mit Hybridsaatgut klappt's aber auch im Rheinland wunderbar. Ein anderes Beispiel sind Karotten. Hier gibt es Hybridsorten, die von den berüchtigten Möhrenfliegen links liegen gelassen werden, weil ihnen ein Lockstoff fehlt, den die Insekten benötigen, um geeignete Pflanzen für die Ablage ihrer Eier zu orten. Langer Rede kurzer Sinn: Bieten mir Hybridsorten zu einem fairen Preis unschlagbare Vorteile, dann nehme ich die Option gerne an und greife auch zu.

Aber verstehen Sie mich bitte nicht falsch: Ich halte es für sehr sinnvoll, alte und regionale Sorten vor dem Aussterben zu bewahren. Und ich bewundere alle Gärtner und Organisationen, die sich das zur Lebensaufgabe gemacht haben. Mein Ziel ist das aber nicht. Ich schreibe hier über Selbstversorgung, also den Versuch, in heutigen Zeiten möglichst viele Lebensmittel im eigenen Garten zu erzeugen. Und das, solange ökologisch vertretbar, mit so wenig Aufwand wie möglich. Man muss sich einfach entscheiden, was man im Garten erreichen will. Und ich kann mich leider nicht um alles kümmern.

Eigenes Saatgut liegt im Trend

Saatgut kann man kaufen, man kann es aber auch selbst erzeugen. Das ist in letzter Zeit schwer in Mode gekommen und immer mehr Hobbygärtner interessieren sich für dieses Thema. Ganz einfach ist die Sache aber nicht, hier steckt der Teufel im Detail! Ich erzähle Ihnen kurz mal, warum.

Ein- und zweijähriges Gemüse

Am einfachsten funktioniert die Samengewinnung bei Fruchtgemüse wie Tomaten oder Paprika. Die Samen dieser Pflanzen sind zum Zeitpunkt der Ernte bereits keimfähig und man kann sie im kommenden Jahr problemlos wieder aussäen – vorausgesetzt, es handelt sich um eine samenfeste Sorte. Dazu muss man sie nur aus den Schoten oder Früchten herausholen, trocknen und fachgerecht lagern. Bei anderen Gemüsesorten braucht man etwas mehr Geduld. Man darf sie erst dann ernten, wenn ihre Früchte vollreif und somit oft nicht mehr genießbar sind. Zucchini oder Bohnen sind gute Beispiele. Sie werden in der Regel recht jung geerntet, sonst kann man sie in der Küche nicht mehr verwenden. Ihre Samen sind zur Erntezeit aber noch längst nicht ausgereift. Lässt man die Früchte jedoch an der Pflanze hängen, bis sie vollreif sind, können sich auch die Samen voll entwickeln und dann im Folgejahr wieder ausgesät werden.

Etwas verzwickter ist die Samengewinnung bei zweijährigen Gemüsearten, etwa Blumenkohl, Zwiebeln, Rote Bete, Karotten oder auch Chicorée. Sie

Auch Kürbissamen gewinnt man aus reifen Früchten. Die Gefahr einer Verkreuzung durch Fremdbestäubung ist bei diesen Pflanzen aber hoch.

nutzen das erste Jahr ihres Daseins dafür, groß und stark zu werden. Die Blüte folgt dann erst im nächsten Jahr. Will man ihre Samen gewinnen, muss man die Pflanzen also irgendwie durch den Winter bringen, was in einigen Gegenden Deutschlands schwierig sein dürfte. Klar, rutscht das Quecksilber zu tief unter null, erfriert das Gemüse. Ich selbst habe schon einige Versuche mit solchen zweijährigen Sorten unternommen, zum Beispiel mit Kohlrabi. Den habe ich im ersten Jahr angebaut und dann zum Überwintern in den Keller gebracht. Nette Idee, hat aber leider nicht funktioniert. Als ich die Knollen im Frühjahr wieder ausgepflanzt habe, sind alle eingegangen. Bei Roter Bete hatte ich mit dieser Methode allerdings Erfolg. Man glaubt gar nicht, wie beeindruckend groß dieses Gemüse wird, wenn es erst einmal blüht. Einige Exemplare haben es auf fast zwei Meter Höhe gebracht!

Ein simpler Trick für mehrjährige Pflanzen

Und dann gibt es natürlich auch noch mehrjährige Arten, etwa Meerrettich, Spargel oder Rhabarber. Hier ist die Vermehrung wirklich kinderleicht. Denn aus jedem Fitzelchen Meerrettichwurzel, das in die Erde gelangt, wächst wieder eine neue Pflanze. Meerrettich kann deswegen auch sehr schnell zur

Plage werden, davon kann ich Ihnen ein Lied singen! Schließlich bleiben bei der Ernte immer wieder Wurzelstücke im Boden zurück, das lässt sich gar nicht vermeiden. Rhabarber wiederum kann man, wenn die Pflanze ein paar Jahre gewachsen ist, einfach mit einem scharfen Spaten zerteilen. Eine Häfte des Wurzelballens wird dann einfach an anderer Stelle wieder eingesetzt, fertig. Natürlich hat die Natur auch diesen Pflanzen die Fähigkeit mitgegeben, Samen zu bilden. Teilt man sie, hat das jedoch den Vorteil, dass man genetische »Zwillinge« mit identischen Eigenschaften erhält.

INZUCHT UND FREMDBESTÄUBUNG

Klingt alles einfach und machbar? Kommt drauf an. Ich will im letzten Abschnitt noch auf ein paar Knackpunkte eingehen, die die Gewinnung von Saatgut erschweren. Einige davon sind auch der Grund, warum ich meine Gemüsesamen eigentlich nur noch in Ausnahmefällen selbst erzeuge und mittlerweile lieber zum Samentütchen greife.

Problem Nummer eins ist das Thema Inzucht. Jawohl, die gibt es auch bei Pflanzen. Stellen Sie sich vor, Sie lassen ein oder zwei Karotten den Winter über in Ihrem Gemüsebeet stehen, diese überleben auch, blühen im zweiten Jahr auf und bilden dann unzählig viele Samen. Damit kommen Sie locker im nächsten Jahr über die Runden und können dann auch wieder neues Saatgut gewinnen. Würde man so aber über mehrere Jahre und Generationen verfahren, käme es zur Inzucht. Ich habe mal gehört, dass mindestens 150 Karotten zeitgleich blühen müssen, damit der Genpool der Pflanzen bei der Bestäubung gut durchgemixt wird und somit auf Dauer nicht verarmt. Solche Richtwerte existieren übrigens auch für jede andere Gemüsesorte. Mit zwei einsam blühenden Karotten ist es also nicht getan, und wer hat schon so viel Platz im Garten, um dort einige Hundert Möhren ausreifen zu lassen? Auch meine Großeltern haben Saatgut selbst vermehrt. Einige Jahre lang hat das problemlos geklappt, doch dann haben sie immer wieder Samen im Fachhandel nachgekauft. Sie werden gewusst haben, warum.

»WILDE MÖHREN WACHSEN ÜBERALL AM WEGESRAND!«

Wie wollen Sie also verhindern, dass deren Pollen in Ihrem Garten landen? Schwierig.

Ein fast schon unlösbares Problem

Problem Nummer zwei? Bleiben wir gleich beim Beispiel Karotten. Wir brauchen also richtig viele Pflanzen, am besten einen großen Karottenacker. Aber damit nicht genug! Denn jetzt müssen wir auch noch verhindern, dass unsere aufgeblühten Karotten fremdbestäubt werden. Gelingen kann das aber nur, wenn Mindestabstände zu allen verwandten Arten eingehalten werden. Vor allem zu Wilden Karotten – das ist quasi die Urpflanze, aus der vor Jahrhunderten unsere Speisemöhre hervorgegangen ist. Die wachsen aber überall am Wegesrand! Ist da ein Mindestabstand überhaupt möglich? Ich behaupte mal, nein. Denn kein Hobbygärtner oder Selbstversorger hat die Möglichkeit, Käfern, Bienen oder Schmetterlingen, die eben noch auf einer Wilden Möhre gesessen haben, die Landeerlaubnis im eigenen Garten zu verwehren. So perfekt kann man seine Pflanzen als Laie gar nicht abschotten. Noch unlösbarer ist das Problem übrigens, wenn es sich um windbestäubte Pflanzen wie Mais oder Getreide handelt.

DESHALB BETREIBEN SPEZIALISTEN, DIE IHR GELD DAMIT VERDIENEN, EINEN **ENORMEN AUFWAND.** DA WERDEN IRGENDWO IM NIEMANDSLAND ÄCKER ANGELEGT!

Frühe Blüte? Finger weg!

Was mir ebenfalls häufiger zu Ohren kommt: Manche Gärtner gewinnen ihr Saatgut von Pflanzen, die dafür nicht die besten Kandidaten sind. Kopfsalat ist da ein gutes Beispiel. Salat ist in der Regel einjährig: Er wächst, wird groß und geht noch im gleichen Jahr in Blüte. Tolle Sache, mag man meinen. Jetzt ist es aber nicht unwichtig, wie lange sich so eine Salatpflanze Zeit nimmt, bevor sie aufblüht und sich fortpflanzen will. Geschieht das sehr rasch, sollte man die Finger von den Samen lassen. Denn diese Eigenschaft wird ja an die Nachkommen weitergegeben. Und Sie wollen Ihren Salat doch ernten und essen, oder? Besser ist es, nur Samen solcher Pflanzen zu ernten, die sich möglichst spät vermehren wollen, also im Umkehrschluss möglichst lange im essbaren Zustand in Ihrem Beet ausharren.

Es kommt übrigens auch vor, dass zweijährige Pflanzen schon im ersten Jahr zu blühen beginnen, was sie eigentlich nicht tun sollten. Bei Zwiebeln oder Porree erlebe ich das recht häufig. Nähme ich Saatgut von ebendiesen Zwiebeln, könnte sich genau die Eigenschaft weitervererben, die ich ja gerade nicht haben möchte. Hier muss man ein bisschen aufpassen.

Schwarzweiß karierte Ringelblumen

Hochwertiges und sortenreines Saatgut zu gewinnen ist also bei Weitem nicht so einfach, wie sich mancher das vielleicht vorstellt. Ich selbst halte mich da jedenfalls zurück oder beschränke mich auf Versuche und Experimente – weil ich eben ein neugieriges Kerlchen bin. Eine Ausnahme sind Bohnen, hier handhabe ich es aber wie meine Großeltern: Ich nutze für einige Zeit mein selbst gewonnenes Saatgut, beginne jedoch nach ein paar Jahren wieder mit frischen Samen aus dem Handel ganz von vorne.
Und auch aus etlichen Blumen in meinem Garten gewinne ich regelmäßig eigenes Saatgut. Aber da kommt es auch nicht darauf an, ob es sortenrein ist oder die Pflanzen etwas früher oder später blühen. Schließlich ist mir egal, ob meine Ringelblumen im Garten orange, rot oder schwarzweiß kariert sind – oh, das wäre doch mal eine tolle Sorte!

KAPITEL 13

UND AB DAMIT IN DEN BODEN

Die Direktsaat

Sie haben eingekauft und die ersten Samentütchen liegen ausgebreitet vor Ihnen auf dem Tisch? Prima, dann fangen wir gleich an. Fragt sich nur noch, wie wir möglichst viele der kleinen Körnchen dazu überreden, aufzukeimen und zu leckerem, kräftigem Gemüse heranzuwachsen. Eine Möglichkeit: Wir säen sie aus, und zwar direkt ins Beet. Klingt einfach? Ist es eigentlich auch. Ein paar Dinge müssen Sie dennoch beachten.

Frische Luft für junges Gemüse

Vielleicht staunen Sie ja auch des Öfteren im Baumarkt oder Gartencenter über die unzähligen Drehsäulen und meterlangen Regale mit Gemüsesamen. Unglaublich, was es da nicht alles gibt! Von der Black-Cherry-Tomate über Mexikanische Minigurken bis zum Erdbeerspinat. Doch bei Weitem nicht jede Sorte kann oder sollte man direkt aus dem Samentütchen unter freiem Himmel aussäen. Es sind sogar eher wenige Kandidaten, die für die sogenannte Direktsaat infrage kommen – und dann auch gut wachsen, gedeihen und Ernte bringen. Welche das in meinem Selbstversorgergarten sind und wie Sie Ihre Beete oder Ihren Acker optimal für die Direktsaat vorbereiten, wollen wir uns mal etwas genauer ansehen.

Zugegeben, der Begriff »Direktsaat« ist fast schon selbsterklärend: Die Samenkörner werden direkt im Garten in die vorbereitete, feinkrümelige Erde ausgesät. Feinkrümelig bedeutet, dass man das Beet, die Ackerreihe oder wo auch immer Ihr Gemüse kultiviert werden soll, so gut vorbereitet, dass die Samen überhaupt eine Chance haben, aufzukeimen und heranzuwachsen. Es leuchtet ein, dass es für ein feines Samenkörnchen nicht leicht sein wird, sich seinen Weg in die Freiheit zu erkämpfen, wenn es unter dicken, schweren Erdklumpen begraben liegt.

Komm schon, Keimling!

Bevor also auch nur ein einziges Samenkorn im Boden landet, müssen wir ein paar Hausaufgaben erledigen. Einige davon habe ich ja bereits erwähnt, etwa die Bodenanalyse und das Ausbringen von Dünger oder Kalk, falls es Ihrem Gemüsegarten an Nährstoffen mangelt oder der pH-Wert zu niedrig ist. Wer schon jetzt mehr zum Thema Düngung erfahren möchte, kann übrigens auch gleich zu Kapitel 16 (Seite 129) springen.

Bei der Direktsaat lege ich großen Wert darauf, dass meine Samenkörnchen weder zu tief noch zu flach in die Erde kommen. Das klappt nur, wenn im ersten Schritt grobe Klumpen so weit zerkleinert werden, dass der Acker

schön glatt aussieht. Dazu verwende ich entweder eine Harke, mit der ich größere Erdbrocken zerstoße, oder einen sogenannten Bodenkrümler – auch Kultivator oder Sternfräse genannt. Dabei handelt es sich um spitze Metallsterne, die auf einer Welle gelagert und an einem Stiel aus Holz oder Kunststoff befestigt sind. Nageln Sie mich hier bitte nicht fest, es gibt natürlich etliche Ausführungen, die alle ein wenig unterschiedlich aussehen oder konstruiert sind. Aber das Prinzip ist immer gleich: Das Gerät wird einfach über den Boden gerollt und nach einigem Hin und Her werden die Erdklumpen so lange aufgebrochen und zerkleinert, bis eine ebene, aussaatfähige Fläche entsteht. Diese Vorarbeit sollten Sie übrigens bei einigermaßen trockenem Wetter erledigen, denn größere, sehr feuchte Lehmklumpen lassen sich auch mit einem Kultivator nur mühsam zerbröseln.

»EIN BLICK AUFS SAMENTÜTCHEN SCHADET NICHT.«

Auch wenn nicht alle Hinweise, die man dort liest immer sinnvoll oder umsetzbar sind.

VON DICKEN UND DÜNNEN SAMENKÖRNERN

Ist der Boden glatt und aufgelockert, ziehe ich mit dem Holzstiel einer Harke (oder was ich eben gerade zur Hand habe) eine feine, nicht zu tiefe Rille in die Erde, in der später meine Samen verteilt werden. Vor der Aussaat wird die ganze Rille aber noch mit der Gießkanne bewässert. Das habe ich mir vor allem an extrem trockenen Tagen angewöhnt, denn ohne Wasser keimt und wächst natürlich nichts. Ist die Rille schön feucht, kommen die Samen hinein. Jetzt wird das Ganze mit Erde bedeckt und gegebenenfalls mit der Harke sanft angedrückt, damit die Samen gut mit dem Boden und auch mit der Feuchtigkeit in Kontakt kommen.

Und *wie viel* Erde kommt nach der Aussaat obendrauf? Bei großen, wuchsstarken Pflanzen wie Bohnen oder Mais dürfen es durchaus einige Zentimeter sein, bei sehr feinem Saatgut und eher schwach wachsenden Pflanzen genügen wenige Millimeter. Bei Bohnen oder Mais ziehe ich einfach mit der Harke eine ordentliche Portion Erde über die Samen und drücke sie dann an. Bei feinem Saatgut und geringer Aussaattiefe reicht es, einige Erdbrocken mit den Händen zu zerreiben und die Samen mit einer hauchdünnen Schicht abzudecken. Diese Methode hat sich bei mir bewährt.

Hersteller mit Humor

Ein Blick aufs Samentütchen kann bei Aussaat natürlich nicht schaden. Ich lese mir die Angaben jedenfalls immer sorgfältig durch. Dann weiß ich, was ich da gekauft habe. Fast immer sind der ideale Aussaatzeitpunkt und die optimale Aussaattiefe auf der Packung vermerkt. Wobei mich diese Angaben manchmal auch zum Schmunzeln bringen, etwa bei Karottensamen. Witzigerweise liest man hier auf der Samentüte den Hinweis, man solle die

Hier habe ich mal ein Saatband ausprobiert. Damit ist die Aussaat in korrektem Abstand ein Kinderspiel und ein Vereinzeln später nicht mehr nötig.

Samen nach dem Ausbringen in »zweifacher Samenstärke« mit Erde bedecken. Die Hersteller haben wirklich Humor. So ein Karottensamenkörnchen ist winzig klein, vielleicht so groß wie ein Sandkorn! Wie um Himmels Willen soll es mir gelingen, die Samen mit einer so dünnen Schicht zu bedecken – etwa mit einer Pinzette? Erdkrümel auf die Samen pusten funktioniert ja leider nicht, denn dann fliegen auch alle Saatkörner weg.

Achtung, der Fenchel schießt!

Dass es keinen Sinn macht, Tomaten oder Kürbis im Februar direkt ins Freiland zu säen, versteht sich meiner Meinung nach von selbst. Das wird nichts. Es gibt aber auch Gemüse, das für bestimmte Jahreszeiten optimiert ist. Viele ältere Fenchelsorten sind gute Beispiele dafür. Manche eignen sich speziell für den Anbau im sehr zeitigen Frühjahr, andere wiederum besser für den Herbst. Eine Aussaat im Sommer, wenn trocken-heiße Tage die Regel sind und es noch dazu abends lange hell und warm bleibt, führt nur dazu, dass der Fenchel keine Knollen bildet, sondern zu schießen beginnt. Die Pflanze ist dann regelrecht verwirrt und denkt, es wäre jetzt an der Zeit, Blüten und damit auch Samen zu bilden und sich fortzupflanzen. Fairerweise muss ich dazu sagen, dass die Züchter in den letzten Jahren nicht untätig waren. Mittlerweile gibt es Fenchelsorten, denen man dieses Verhalten »abtrainiert« hat, sie können also auch im Hochsommer kultiviert werden.

Nicht jede Pflanze überlebt

Meistens ist auf der Saatguttüte auch vermerkt, welchen Abstand die einzelnen Samenkörner bei der Aussaat zueinander haben sollten. Sät man zu dicht, hat das zur Folge, dass den Pflanzen später nicht genügend Raum, Licht und Nährstoffe zur Verfügung stehen, um groß und stark zu werden. Im umgekehrten Fall verschenkt man Platz im Garten, der ganz schnell von Unkraut überwuchert wird. Vor allem wenn es sich um recht große Samenkörner handelt, etwa bei Bohnen und Mais, können Sie jedes Korn einzeln und im richtigen Abstand in die Furche legen. Bei feineren Samen, wie die von Karotten oder Portulak, ist das schon deutlich schwieriger. Abhilfe schafft die Vermischung der Samenkörner mit ein wenig Sand, der dann erheblich einfacher verteilt werden kann.

MACHT ABER VIEL ARBEIT UND DAS MASSBAND MÜSSEN SIE WIRKLICH NICHT AUSPACKEN. PI MAL DAUMEN KLAPPT AUCH, VERSPROCHEN!

Ich persönlich mache mir diese Arbeit nicht. Denn nach meiner Erfahrung keimt ohnehin nur ein Teil meines Saatgutes auf und längst nicht jede Pflanze, die in meinen Beeten das Licht der Welt erblickt, beschert mir später auch eine Ernte. Ich habe es schon oft erlebt, dass Jungpflanzen aus unerfindlichen, tragischen oder selbstverschuldeten Gründen recht schnell das Zeitliche segnen. Teilweise liegt das an der Natur. Die Sämlinge knicken um, werden krank oder sind von Anfang an schwach und wollen nicht richtig wachsen. Oder sie werden ratzfatz aufgefressen. Schnecken und sonstiges Getier sind einfach enorm schnell und eine kleine Karottenpflanze, gerade mal eine Fingerkuppe hoch, ist für eine ausgewachsene Spanische Wegschnecke nur eine Vorspeise. Gerade im Frühjahr, wenn ausgesät wird, finden Schnecken wenig Nahrung und stürzen sich wie wild auf alles, was wächst. Erstaunlicherweise sind das immer meine Gemüsepflanzen und nicht das Unkraut oder die Gräser auf der Wiese! Manchmal vergesse ich auch einfach nur das Gießen, dann bin ich natürlich selbst schuld.

Rausgeworfenes Geld?

Deshalb baue ich in meinem Garten immer etwas mehr an als nötig und säe in der Regel auch viel dichter aus, als es von den Samenherstellern empfohlen wird. Denn auslichten, also überschüssige oder zu mickrige Pflanzen entfernen, kann ich später immer noch – was in der Regel auch passiert. Bleiben oder entstehen jedoch Lücken in meinen Gemüsereihen, lassen sich diese kaum wieder schließen. Natürlich könnte man noch mal zur Samentüte

ERBSEN ANBAUEN

Erbsen machen viel Arbeit und sind auch nicht gerade die ertragreichste Kultur im Gemüsegarten. Trotzdem gehören sie für mich einfach dazu. Ich baue sie jedes Jahr in Reihen an und säe die Samen direkt aus.

❶ Vor der Aussaat arbeite ich mit meiner Radhacke sparsam ein wenig Rinderdung in die Erde ein. Danach glätte ich das Ganze mit der Gartenharke und ziehe zwei lange Furchen für die Erbsensamen.
❷ Die Samen streue ich im Abstand von etwa 5 cm in die Reihen, dann werden sie mit Erde abgedeckt und angedrückt. Jetzt noch gießen, fertig. Wenn alles klappt, keimt die Hälfte der Samen auf und schon nach ein paar Wochen werden die jungen Erbsensträucher größer und stärker.
❸ Jetzt nicht zu lange warten: Bevor die Pflanzen zu groß werden, benötigen sie ein Rankgerüst. Das baue ich aus Monierstahlstangen und Estrichgitter selbst. An den Stangen, die ich in den Boden ramme, befestige ich die Gitterplatten mit Draht oder Schnur, das ist stabil genug.
❹ Die Erbsen ranken jetzt am Gerüst, schon bald beginnt die Blüte und später bilden sich die ersten Schoten. Ob die Erbsen erntereif sind, spürt man sehr schnell mit den Fingern. Da nicht alle Schoten gleichzeitig reif werden, muss man mehrere Erntedurchgänge einplanen.

greifen. Das führt allerdings dazu, dass die Nachzügler einige Wochen hinterherhinken und neben den schon größeren Pflanzen kaum noch eine Überlebenschance haben. Ideal ist es für mich, wenn eine Reihe gleichmäßig keimt, gleichmäßig wächst und auch ungefähr zur gleichen Zeit reif wird.

Jetzt höre ich oft, dass Gemüsesamen so teuer sind. Stimmt, in Deutschland ist Saatgut nicht gerade billig; in anderen Ländern bekommt man hier deutlich größere Mengen fürs gleiche Geld. Aber ganz ehrlich: In den finanziellen Ruin treiben mich so ein paar Samentütchen nun auch wieder nicht. Wer das Thema Selbstversorgung ernst nimmt, muss weitaus höhere Summen an ganz anderer Stelle ausgeben. Denken Sie nur an die Tiere mitsamt Stall und Futter oder auch an das eine oder andere unverzichtbare Gartengerät. Deswegen bin ich in puncto Saatgut auch nicht allzu knickerig. Abgesehen davon: Saatgut ist im Hobbybereich nicht ewig haltbar. Nach einigen Jahren verliert es, vor allem bei falscher Lagerung, sehr schnell seine Keimfähigkeit. Auch deshalb gehe ich lieber auf Nummer sicher und säe immer etwas mehr aus. Dann ist meine Ernte gesichert und ich muss später keine Samentüten in der Mülltonne entsorgen.

Das wächst am besten gleich im Beet

Allerdings nutze ich die Methode der Direktsaat nur in Ausnahmefällen, vor allem bei Gemüsearten, bei denen es nicht anders geht oder sinnvoll wäre. Das sind oftmals (nicht immer!) Arten, bei denen es wir Gärtner auf die schmackhaften Wurzeln abgesehen haben, beispielsweise Karotten oder Chicorée. Diese Pflanzen bilden schon kurz nach der Keimung eine lange, senkrecht nach unten wachsende Wurzel aus, die sich dann im Verlauf der Kultur nur noch verdickt und später geerntet werden kann. Solches Gemüse muss einfach direkt ins Beet gesät werden. Oder aber es handelt sich um Arten, die klein bleiben, jedoch in größerer Menge angebaut werden. Mir käme es zum Beispiel nie in den Sinn, Feldsalat oder eine Stielmuspflanze vorzuziehen. Auch Radieschen, die winzig kleinen Perl- und Silberzwiebeln sowie alle Arten von Getreide, so Sie sich daran versuchen wollen, sind typische Kandidaten für die Direktsaat. Alles andere wird bei mir vorgezogen. Wie das geht, verrate ich Ihnen im nächsten Kapitel. Bleiben Sie dran!

Auch der mit Chicorée verwandte Radicchio kann direkt im Freiland ausgesät werden.

KAPITEL 14

ERST MAL IN DIE PÖTTE KOMMEN!

Die Voranzucht

Sie wollen, dass Ihr Gemüse von der Poleposition ins Gartenjahr startet? Dann führt bei vielen Arten kein Weg an der Voranzucht in Pflanztöpfchen vorbei. Die Idee dahinter ist einfach: Sie sorgen dafür, dass Ihr Saatgut in geschützter Umgebung so früh wie möglich ungestört aufkeimen und heranwachsen kann. Ins Freiland geht's erst bei stabilem Frühlingswetter. Ihre Pflanzen sind dann schon stark und kräftig – und können sich auch gegen Fressfeinde und Unkraut besser behaupten.

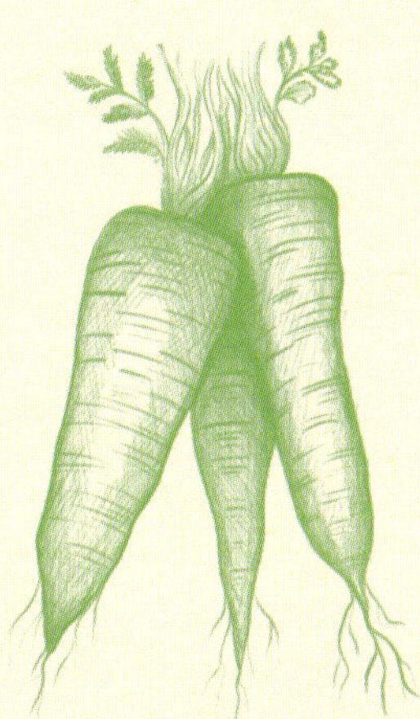

Was sprießt da auf der Fensterbank?

Die Alternative zur Direktsaat ist schlechthin die Voranzucht. Ich ziehe so gut wie alle Pflanzen vor, bei denen das möglich ist. Bei einigen, etwa Paprika, Tomaten, Chili oder Melone, lässt es sich gar nicht vermeiden, sie schon zu Jahresbeginn in der Wohnung vorzuziehen. Würde man auf die erste Frühlingssonne und entsprechende Temperaturen warten, um sie direkt im Freiland auszusäen, wäre die Zeit bis zum Herbst viel zu knapp, um noch eine nennenswerte Ernte zu erzielen.

So gleicht unser Haus im Frühjahr einer kleinen Gärtnerei. Alle Fensterbänke sind vollgepackt mit Jungpflanzen. Ist es warm genug, trage ich sie tagsüber nach draußen. Und fällt das Quecksilber auch nach Sonnenuntergang nicht unter null, können all die Winzlinge sogar im Freien oder im Folientunnel übernachten. Droht Frost, kommen sie abends eben wieder in die Wohnung. Dieses Spiel wiederholt sich Tag für Tag – und zieht sich über Wochen.

Erst hegen und pflegen, dann ins Freiland

Die Voranzucht bedeutet zwar einen erheblichen Mehraufwand und ist auch mit höheren Kosten verbunden, sie garantiert aber, dass nur solche Pflanzen ins Freiland kommen, die sich dort auch durchsetzen können. Wie ich bei der Voranzucht vorgehe, hängt vom Gemüse ab. Nehmen wir als erstes Beispiel Rote Bete, übrigens auch eine Pflanze, der nachgesagt wird, man könne sie nicht vorziehen. Ich habe damit aber nur positive Erfahrungen gemacht!

DIE AUS DEM GARTENCENTER WERDEN OFT SEHR SCHNELL **SPRÖDE UND BRÜCHIG.** DAS IST RAUSGEWORFENES GELD.

Für die Voranzucht verwende ich schwarze Multitopfplatten, die ich im Fachhandel gekauft habe. Das sind Kunststoffplatten, die sich aus vielen kleinen, zusammenhängenden Pflanztöpfchen zusammensetzen. Es gibt sie in unterschiedlichen Formaten, darunter solche mit 150 sehr kleinen Pflanzlöchern bis hin zu Anzuchtplatten mit 16 schon recht großen Töpfchen. Die kleineren nutze ich für Sämlinge, die langsam wachsen und wenig Platz benötigen, die großen für Tomaten, Paprika oder Kürbis. Das mittlere Format mit 54 Töpfchen eignet sich bestens für Rote Bete.

VORANZUCHT, SO KLAPPT'S BEI MIR

Vor der Aussaat lege ich mir auf einem Metalltisch alle notwendigen Utensilien bereit: die Topfplatte, einen Schraubenzieher, eine kleine Gießkanne, einen Teelöffel und natürlich mein Saatgut. Und was ist mit der Erde? Puh, da kommen wir wieder zu einem Thema, das die Gemüter erhitzt.

An Torf führt kaum ein Weg vorbei

Auch Sie haben sicher schon mal gehört, dass Torf eine kostbare und endliche Ressource ist. Das organische Sediment entsteht in Mooren, was eine kleine Ewigkeit dauert, und wird dort im großen Stil gestochen und dann zu diversen Erden weiterverarbeitet. Dazu müssen die Moore, die Unmengen an Kohlendioxid binden, jedoch entwässert werden. Aus heutiger Sicht ist das natürlich Frevel, denn zur Torfgewinnung werden nicht nur diese sehr empfindlichen Ökosysteme zerstört, auch der Klimawandel wird beschleunigt. Und doch ist Torf Hauptbestandteil der meisten im Handel erhältlichen Gartenerden. Ein Paradoxon und gleichzeitig ein Dilemma.

Denn auf der einen Seite sind Selbstversorger in der Regel Naturfreunde, andererseits ist es bislang schwierig, auf Torf zu verzichten. Er enthält nur wenige Nährstoffe und kann zudem sehr gut Wasser speichern, beides sind für die Voranzucht perfekte Eigenschaften. Einige Hersteller bieten mittlerweile auch torffreie Erden an. Als nährstoffarmes Ersatzmaterial werden hier oft getrocknete Fasern von Kokosnüssen verwendet und die müssen natürlich vom anderen Ende der Welt herangeschifft werden. Ob das so gut für die Umwelt ist? So oder so, ich persönlich habe mittlerweile mit Torf meinen Frieden gemacht. Will sagen, ich nutze torfhaltige Erde und bin mir bewusst, dass ich der Umwelt damit schade. Andererseits fallen die wenigen Liter, die ich pro Jahr benötige, wohl kaum ins Gewicht. Da werden im gewerblichen Gemüseanbau wesentlich größere Torfmengen verbraucht.

»ICH HABE MIT TORF MEINEN FRIEDEN GEMACHT.«

Aber ich werde der Erste sein, der auf torffreie Anzuchterde umsteigt, sobald der Handel hier überzeugende Produkte anbietet. Bislang ist das leider nicht der Fall.

Rein ins Töpfchen, mit Teelöffel und Schraubenzieher

Ich besorge mir also zu Saisonbeginn Erde aus dem Landhandel: einen Sack mit feiner, nährstoffarmer und einen weiteren Sack mit bereits vorgedüngter Erde. Letztere verwende ich für die Voranzucht meiner Roten Bete. Im ersten Schritt fülle ich die Erde in meine Topfplatte, wässere sie gut durch und drücke dann mit dem Stiel des Teelöffels eine kleine Vertiefung hinein. In jedes Loch kommt ein Samenkorn. Anschließend streue ich eine weitere dünne Erdschicht obendrauf, wässere nochmals und presse die Erde über den Samen mit dem Griff eines Schraubenziehers ein wenig an. Ja genau, der Griff eines Schraubenziehers hat dafür die ideale Größe!

Je mehr Licht, desto besser: Wenn das Wetter mitspielt, kommen meine Multitopfplatten ins Freie – oder zumindest in den Folientunnel.

Je nach Temperatur stelle ich die Topfplatte jetzt entweder auf die Fensterbank oder trage sie schnurstracks in den Folientunnel. Idealerweise steht die Platte noch in einer Plastikwanne, die bei der Bewässerung sehr nützlich ist, denn austrocknen darf die Erde keinesfalls! So gieße ich, wenn nötig einfach ein wenig Wasser in den Untersetzer, und fertig ist die Laube. Es dauert nicht mehr lange, bis die ersten Pflanzen aus der Erde gucken. Falls das mehrere pro Topf sind, zupfe ich versehentlich zu viel ausgesäte Jungpflanzen einfach heraus. Diese Methode hat sich bei mir bewährt. Ohne viel Mühe ziehe ich so gleich mehrere Dutzend Rote Bete in einem Aufwasch heran.

Diät für anspruchsvolle Arten

Anders gehe ich bei anspruchsvolleren Gemüsearten vor, etwa Tomaten und Paprika. Für deren Anzucht verwende ich gerne gebrauchte Plastiktöpfe, die ich mir aus den Abfallbehältern der Gartencenter herausgefischt habe. Aber auch alte Joghurtbecher eignen sich sehr gut. Die fülle ich diesmal – anders als bei der Roten Bete – mit meiner speziellen, nährstoffarmen Anzuchterde. Warum? Einige Gemüsearten sind besonders während der Keimphase recht empfindlich. In ihren Samenkörnern haben sie bereits viel Energie gespeichert und sind daher erst ab einer gewissen Größe auf Nährstoffe aus dem Boden angewiesen. Werden diese Pflanzen aber schon während der Keimung mit Nahrung überflutet, kommen sie damit nicht klar und gehen ein. Deswegen die nährstoffarme Anzuchterde.

DAS BEGINNT DAMIT, DASS DIE BLATTRÄNDER VERBRENNEN, ALSO BRAUN WERDEN. DAS IST EIN TYPISCHES INDIZ FÜR EINE ÜBERVERSORGUNG MIT NÄHRSTOFFEN.

Mit ihr befülle ich also meine Plastikbecher oder Töpfchen, wässere gut, lege gleich mehrere Samen hinein und spanne dann durchsichtige Plastikfolie oder einen wiederverwendbaren Gefrierbeutel über die Öffnung. In das Plastik habe ich vorher einige Löcher zur Belüftung hineingestochen. Jetzt kommt alles auf die Fensterbank oder an einen anderen hellen und warmen, aber nicht zu warmen Ort. Sind die Samen gekeimt, entferne ich die Folie, damit die Jungpflanzen nicht verschimmeln (was leicht passieren kann), und sehe zu, dass sie so viel Tageslicht wie möglich abbekommen.

Mehr Platz für halbstarke Jungpflanzen

Haben die Pflanzen nach einigen Tagen eine gewisse Größe erreicht, pikiere ich sie. So nennt man das vorsichtige Umsetzen der Jungpflanzen in geräumigere Gefäße. Wann? Frühestens, wenn die Sämlinge nach den ersten Keimblättern weitere, schon etwas stärkere Blättchen ausbilden. Zu lange dürfen Sie aber mit dem Pikieren auch wieder nicht warten, sonst werden die Jungpflanzen zu stark und beim Umsetzen werden zu viele Wurzeln beschädigt. Hier müssen Sie einfach Ihre eigenen Erfahrungen sammeln.

Pikieren – hier braucht man etwas Feinmotorik

Für das Pikieren habe ich eine weitere Anzuchtplatte vorbereitet, die diesmal aber aus deutlich weniger und größeren Töpfen besteht. In jeden Topf kommt wieder Erde, eine Vertiefung und natürlich ein Spritzer Wasser. Jetzt werden die winzigen Pflänzchen so behutsam wie möglich in ihren alten Töpfen aus der Erde gehoben. Achten Sie darauf, dass die Wurzeln dabei nicht durchtrennt werden. Mit dem Stiel eines Teelöffels, der ja meist abgerundete Kanten hat, klappt das recht gut. Habe ich die Pflanze aus der Erde geholt, hebe ich sie in die neue Multitopfplatte und drücke sie dann fest. Diese Arbeit erfordert ein wenig Fingerspitzengefühl, ist aber sinnvoll. Denn in den kommenden Tagen und Wochen brauchen meine Pflanzen ausreichend Platz und Nahrung, um zügig weiterzuwachsen.

Jetzt fragen Sie natürlich, wann ich mit der Anzucht meiner Jungpflanzen beginne? Ich habe da keine allgemeingültige Regel. Mein Ziel ist aber, dass alle frostempfindlichen Pflanzen Mitte Mai bis zu den Eisheiligen startklar fürs Freiland sind. Beginne ich mit der Voranzucht zu früh oder lässt der

Frühling auf sich warten, wird es den Pflanzen in ihren Töpfen irgendwann zu eng und auch die Nährstoffe werden knapp. Sie schalten dann auf »Sparflamme« um und drosseln ihr Wachstum. Leider hält dieser Zustand auch im Freiland meist noch ein ganzes Weilchen an. Das sollte man verhindern.

ENDLICH AN DIE FRISCHE LUFT!

Aber auch, wenn Sie in Sachen Timing alles richtig machen: Seien Sie nicht enttäuscht, wenn Ihr Gemüse draußen im Beet nicht gleich »durch die Decke geht«. Eine Pflanze wächst nur so schnell, wie das Wurzelwerk ihre oberirdischen Teile auch versorgen kann. Vor allem frisch gesetzte Jungpflanzen müssen erst einmal ein vernünftiges Wurzelgeflecht bilden, bevor das Wachstum in die Höhe beginnt. Denn im Töpfchen stoßen die Wurzeln irgendwann buchstäblich an ihre Grenzen. Nach einigen Wochen müssen sie also notgedrungen im Kreis wachsen. Klar, wo sollen sie auch hin?

DAS PASSIERT NATÜRLICH **NICHT BEI DER DIREKTSAAT.** DA HABEN DIE WURZELN VON ANFANG AN GENÜGEND PLATZ UND BREITEN SICH IN ALLE RICHTUNGEN AUS. SO SOLLTE ES JA AUCH SEIN.

Ein paar Tricks für den guten Start im Beet

Um dem Wachstum meiner Pflanzen im Freiland auf die Sprünge zu helfen, reiße ich ihren Wurzelballen nach dem Austopfen mit den Fingern immer ein wenig auf oder ritze ihn mit einem Messer rundherum leicht an. Keine Sorge: An den verletzten Stellen bilden sich neue Wurzelstränge, die es später viel leichter haben, ins Erdreich vorzudringen. So verfahre ich übrigens auch bei anderen Containerpflanzen wie Obstbäumen und Beerensträuchern.

Aber nicht nur das Einschneiden des Wurzelballens hilft den Pflanzen, sich gut und zügig weiterzuentwickeln. Einige Gemüsearten können auch an Stamm oder Stängel neue, zusätzliche Wurzeln ausbilden. Entlässt man sie ins Freiland, kann es also sinnvoll sein, diese Pflanzen etwas tiefer in die Erde zu setzen. Damit meine ich tiefer, als sie zuvor in der Platte gestanden haben. So mache ich das immer bei meinen Tomaten. Die versenke ich bis zum ersten Blattpaar oder manchmal sogar noch weiter in die Erde. Auch bei Blumenkohl oder Brokkoli hat sich diese Methode bewährt. Andere Pflanzen wiederum vertragen diese Vorgehensweise überhaupt nicht. Kohlrabi, deren essbarer Teil ja später der verdickte Stamm ist, gehört dazu und auch Rote Bete oder vorgezogene Zwiebeln.

Die dritte Variante ist, Jungpflanzen etwas höher ins Beet zu setzen, als sie in der Anzuchtplatte standen. Das ist vor allem bei Salat empfehlenswert. Pflanze ich diesen zu tief, beginnen die Blätter auf dem feuchten Boden zu schimmeln. Ich habe sogar schon erlebt, dass Profigärtner Salatpflanzen nur ganz behutsam in die Erde gedrückt haben. Das reicht vollkommen.

MANGOLD VORZIEHEN

Mangold ist zwar eine recht profane Pflanze, Anfänger meistern die Voranzucht aber problemlos und freuen sich dann über schnelle Erfolgserlebnisse. Und auch die Ernte kann sich sehen lassen!

❶ Für die Voranzucht verwende ich 54er-Multitopfplatten. Hinein kommt Anzuchterde oder normale Gartenerde, klappt beides. Die Erde wird angewässert, dann drücke ich Löcher hinein. In jedem Loch landet ein Samenkorn, dann wird es wieder zugestopft. Jetzt noch einmal gießen, fertig. Zum Keimen stelle ich die Anzuchtplatte auf ein Fensterbrett.
❷ Sind die Pflanzen aufgekeimt und schon etwas kräftiger, trage ich sie in meinen warmen, hellen Folientunnel; hier können sie weiterwachsen. Überschüssige Sämlinge werden jetzt vorsichtig aus der Topfplatte entfernt.
❸ Schon nach einigen Wochen kommt der Mangold unpikiert ins Freiland. Pressen Sie die Pflanzen einfach sanft von unten aus den Töpfchen, reißen Sie die Wurzelballen ein wenig an – und ab ins Beet damit. Auf meinem Acker pflanze ich Mangold in Reihen mit einem Abstand von rund 30 cm.
❹ Ernten können Sie nach 10–12 Wochen (nur die Blätter, nicht die komplette Pflanze). Bis es so weit ist, entferne ich das Unkraut in den Reihen mit der Radhacke, auch Wasser und etwas Dünger schaden nicht.

IN ETWA SO TIEF, DASS DER WURZELBALLEN **VOLLSTÄNDIG IM BODEN VERSINKT.** DA IST MANGOLD UNKOMPLIZIERT, DER WÄCHST WIE JECK. :)

KAPITEL 15

PFLANZEN HABEN DURST

Die Bewässerung

Super, die ersten Wochen sind überstanden, Ihr Gemüse wächst und alles sieht gut aus. Man könnte meinen, jetzt käme die ruhige Zeit, in der sich Selbstversorger entspannt in die Hängematte legen und auf ihre Ernte warten. Schließlich sind Kohlrabi, Tomaten und Karotten ja nicht doof, die wissen schon, was sie jetzt zu tun haben. Prinzipiell ist das auch richtig. Und natürlich können Sie Ihre Gießkanne im Schuppen stehen lassen und abwarten, was passiert. Über ein wenig Wasser hier und da werden sich Ihre Pflanzen aber freuen!

Es geht auch ohne, aber mit geht mehr

Man kann die Füße hochlegen und sich mit dem begnügen, was nach ein paar Monaten zu ernten ist – oder man hilft seinem Glück auf die Sprünge. Denn unseren Gemüsepflanzen ist schnurzegal, ob sie groß und stark werden. Denen ist auch gleichgültig, wie viele Blattläuse sich gerade an ihnen festsaugen und ob wir sie später genussvoll verspeisen oder mit einem angewiderten »Bäh!« ganz schnell in den Biomüll werfen.

Ihr einziges Ziel ist es, ihre Art zu erhalten. Dabei passen sich die Pflanzen den Gegebenheiten an, schnallen ihren Gürtel enger oder weiter und versuchen so, während der Vegetationsphase das Maximum für sich herauszuholen. Was die Pflanze unter diesem »Maximum« versteht, deckt sich jedoch nur selten mit dem, was sich Gärtner unter einer guten Ernte vorstellen. Nehmen wir als Beispiel Kohlrabi. Er verfolgt im ersten Jahr das Ziel, immerzu Nährstoffe in seine Knolle zu pumpen, damit er im Folgejahr möglichst viele Blüten und Samen ausbilden kann. Wie gut ihm das gelingt und ob er in diesem Bestreben zart und saftig oder holzig und trocken heranwächst, ist ihm egal – er kann es selbst auch kaum beeinflussen.

Wenn dem Kohlrabi der Gürtel platzt

Aber wir können das – mit einer ausreichenden Wasserversorgung! Denn vor allem während der heißen Sommermonate hat der Kohlrabi eigentlich nur eine Möglichkeit, um ohne unser Zutun an Wasser heranzukommen: Die Pflanze muss neue und vor allem tiefere Wurzeln bilden, die bis in feuchtere Erdschichten vordringen können. Darauf zu vertrauen ist allerdings nicht ratsam. Vielen Kulturen müssen wir daher mit Gartenschlauch oder Gießkanne unter die Arme – oder besser gesagt »unter die Blätter« – greifen.

Kohlrabi, der unter Wassermangel leidet, bleibt meist klein und wird zudem recht schnell holzig, das hatte ich bereits erwähnt. Was aber noch schlimmer ist: Wenn es nach längerer Trockenheit dann doch mal regnet, saugen die durstigen Pflanzen das Wasser so gierig ein, dass ihre Knollen aufplatzen.

Kurz vor der Ernte ist das halb so wild. Geschieht es jedoch zu Beginn der Kultur, sind die Kohlrabis meist verloren. Tomaten sind übrigens in dieser Hinsicht genauso anfällig. Stehen sie über längere Zeit trocken, nehmen auch sie Wasser in rauen Mengen auf, was dazu führt, dass die Früchte ebenfalls Risse bekommen oder schimmeln. Verhindern kann man das, indem man regelmäßig wässert, dabei aber die Wassermenge dosiert.

REGENTONNEN XXL

Ich habe mir für meinen Garten ganz zu Anfang gleich mehrere IBC-Tanks bestellt, IBC steht für »Intermediate-Bulk-Container«. Die Dinger kennen Sie ganz bestimmt. Das sind große, würfelförmige Plastikbehälter, deren Wände meist noch mit Gitterstäben aus Stahl verstärkt werden. Die Tanks fassen einen Kubikmeter Wasser, haben unten einen Auslaufhahn, oben eine große Öffnung und kosten nicht die Welt. In der Industrie werden sie für den Transport von Chemikalien und Nahrungsmitteln verwendet. Man kann sie online oder im Fass- oder Palettenhandel kaufen – falls so ein Geschäft bei Ihnen in der Nähe ist. Ich kann Ihnen nur empfehlen, sich gleich mehrere solcher Tanks zu besorgen. Denn Wasser wird im Garten immer benötigt!

»WASSER KÖNNEN SIE IM GARTEN NIE GENUG HABEN!«

Wer einen großen Garten hat, muss sich daher überlegen, wie das Wasser am besten zum Gemüse kommt. Sonst schleppt man Tag und Nacht nur noch Gießkannen!

Ideal sind IBC-Tanks aus schwarzem Plastik. Es gibt sie auch in Weiß, von denen sollten Sie aber die Finger lassen, denn die sind lichtdurchlässig. Da wird Ihr Tank ganz schnell selbst zum Biotop! Die Algen vermehren sich rasant und verstopfen dann Filter und Sprüher. Falls Ihr Händler keine schwarzen Tanks anbietet, können Sie auch die weiße Ausführung kaufen und rundherum einen lichtdichten Verschlag bauen. Ich würde auch darauf achten, dass die Ware gut und sorgfältig gespült wurde. Oft ist so einem IBC-Tank nämlich nicht anzusehen, was darin zuvor transportiert wurde.

Und trotzdem reicht es nicht

Ich habe meine IBC-Tanks so positioniert, dass sie wie Regentonnen vom Wasser gespeist werden, das über Rinnen und Rohre von sämtlichen Dächern auf meinem Grundstück abgeleitet wird. Ich nutze mittlerweile fünf solcher riesigen Tanks, im Sommer reicht das darin gesammelte Wasser aber trotzdem nicht aus. Sind die Regenwasservorräte erschöpft, lasse ich die Behälter einfach mit Leitungswasser volllaufen. Im Garten genutzt wird das dann aber erst nach einigen Tagen, wenn sich die Temperatur an die Umgebung angepasst hat. Denn Frischwasser aus dem Wasserhahn ist in der Regel richtig kalt und einigen Pflanzen gefällt das gar nicht. Klar, Sie dürften auch nicht gerade begeistert sein, wenn man Sie – noch dazu ohne Vorwarnung – in einen eiskalten Bergsee schubst, oder?

Apropos Leitungswasser: Mein Garten ist auf einem Grundstück angelegt, das im Liegenschaftskataster als landwirtschaftliche Fläche deklariert ist. Sehr praktisch! Denn so durfte ich bei der Gemeinde eine zweite Wasseruhr beantragen. Über diesen Zähler wird nur das Wasser abgerechnet, das nicht in die Kanalisation gelangt. So spare ich mir eine Menge Abwassergebühren, und das ist ein nicht zu unterschätzender Kostenfaktor.

In meinem Garten steht ein kleines Wasserwerk!

Woher all das Wasser stammt, ist allerdings nur eine Seite der Medaille. Denn es muss ja auch irgendwie zu den Pflanzen gelangen. In einem kleinen Gärtchen mit kurzen Wegen ist das kein Thema. In meinem großen Selbstversorgergarten aber sehr wohl! Von den IBC-Tanks, die ich naturgemäß rund ums Haus nahe den Dächern aufgestellt habe, bis zu meinem Acker sind es fast einhundert Meter. Ich würde mir ja die Füße wund laufen, müsste ich diese Distanz zigmal pro Tag mit vollen Gießkannen zurücklegen.

DAS SYSTEM IST SO AUSGEFEILT, MEINE FRAU HAT ES SELBST NACH JAHREN **NOCH NICHT VERSTANDEN.** ABER KEIN PROBLEM. DAFÜR HAT SIE BEI DER STEUERERKLÄRUNG DEN DURCHBLICK. :)

Deshalb habe ich ein mittlerweile sehr ausgeklügeltes Versorgungsnetz aus Schläuchen, Abzweigungen, Ventilen und Absperrhähnen installiert, mit dem ich auch noch die hintersten Winkel meines Gartens mit Wasser versorgen kann. Als zentraler Verteiler dient ein Hauswasserwerk, dessen Ansaugschlauch mit den IBC-Tanks verbunden ist; es sorgt für den nötigen Wasserdruck. Von dort führen Leitungsstränge in den Folientunnel, zu den Tieren und natürlich zu meinem Gemüseacker. Hier stehen weitere Behälter und Plastikfässer zum Befüllen der Gießkanne bereit. Denn manchmal, etwa nach einer Aussaat oder beim Auspflanzen, benötige ich ja nur vergleichsweise wenig Wasser. Müssen größere Flächen bewässert werden, nutze ich die verlegten Schläuche mit einem verstellbaren Sprüh- oder Gießkopf.

AM BESTEN DIREKT AN DIE WURZELN

Wenn Sie jetzt allerdings glauben, ich käme mit fünf IBC-Tanks durchs Gartenjahr, irren Sie sich. Gießen ist nämlich nicht gleich Gießen. Oft sehe ich Gärtner, die mich eher an einen Priester erinnern, der gerade seinen Garten mit Weihwasser segnet. Da werden die Beete nur mit einem zarten Nebel aus der Gartenbrause benetzt – noch dazu großflächig und von oben auf die Pflanzen. Keine so gute Idee. Denn mit dieser Methode wird Wasser ungenutzt verschwendet, weil es natürlich auch an solchen Stellen landet, wo gar kein Gemüse wächst. An heißen Tagen ist auch die Verdunstung ein Problem: Selbst wenn die Erde nach dem Sprühen oder Gießen mit einem Brausekopf oberflächlich nass erscheint, hat sich die Feuchtigkeit schneller wieder in Dampf aufgelöst, als Ihre Pflanzen davon profitieren können.

Besser ist es, jede Pflanze einzeln und reichlich in Bodennähe zu versorgen. Nur so kann das Wasser bis zu den Wurzeln vordringen. Alles andere ist nutzlos. Ich habe mir angewöhnt, eher selten, dafür aber umso ausgiebiger zu bewässern. Und ich bewässere auch nicht jede Kultur. Vor einiger Zeit habe ich dazu ein spannendes Experiment mit Freilandtomaten gemacht. Die eine Hälfte der Reihe habe ich regelmäßig gegossen, die andere gar nicht – und das in einem heißen, sehr trockenen Sommer! Das Ergebnis war verblüffend: Ohne Wasser sind die Tomaten fast genauso gut gewachsen wie die Stauden, die ich mühevoll bewässert hatte. Bei manchen Gemüsearten habe ich aber auch ganz andere Erfahrungen gemacht, etwa bei Radieschen. Die haben nur sehr flache Wurzeln und reagieren auf Trockenheit ähnlich wie Kohlrabi. Werden sie nicht regelmäßig bewässert, bleiben sie klein und werden holzig und pelzig. Bohnen wiederum werfen einen Teil ihrer Blüten ab, wenn sie zu wenig Wasser bekommen. Die können dann einfach nicht mehr versorgt werden. Die Hülsen, die am Strauch verbleiben, werden nur klein und die Ernte fällt mager aus.

JEDENFALLS WAR **DER UNTERSCHIED IN SACHEN ERNTE** BEI WEITEM NICHT SO GROSS, DASS ICH SAGEN WÜRDE, DIESER AUFWAND HÄTTE SICH GELOHNT.

Oft kann man Kulturen sehr gut ansehen, ob sie unter Wassermangel leiden oder nicht. Haben Maispflanzen richtig Durst, werden ihre Blätter matt, rollen sich ein oder hängen schlapp auf Halbmast. Ich habe das selbst ausprobiert: Eine solche Pflanze einmal gut und großzügig bewässert und Sie werden erstaunt sein, wie groß der Unterschied ist. Kartoffeln wiederum bewässere ich gar nicht. Mir ist die Gefahr zu groß, dass sie dann zu früh an Krautfäule erkranken. Das ist übrigens auch eine unangenehme Nebenwirkung von Brauseköpfen oder Rasensprengern: Im Idealfall sollte Ihr Gemüse nämlich beim Gießen gar nicht nass werden, das fördert nur Pilzerkrankungen und Schimmel! Vermeiden sollte man auch das Gießen bei praller Mittagssonne und wolkenlosem Himmel. Denn ein bisschen Wasser kommt dabei immer auf die Blätter, da können Sie noch so vorsichtig sein. Wenn so ein Tropfen nicht schnell genug verdunstet, wirkt er wie eine Linse oder Lupe, die das Sonnenlicht bündelt – das Blatt verbrennt dann an dieser Stelle.

Steter Tropfen stillt den Durst

Eine weitere Methode zur Bewässerung sind sogenannte Tropfschläuche. Was für eine großartige Erfindung! Es handelt sich dabei meistens um perforierte Schläuche aus Hartplastik. In der Basisausführung sind in regelmäßigen Abständen kleine Löcher in den Schlauch gebohrt, aus denen dann das Wasser tropft. Es gibt aber auch kompliziertere Systeme, bei denen auf die Löcher verstellbare Düsen gesteckt werden. Sie verhindern auch, dass Wurzeln in die Schläuche eindringen und diese dann verstopfen.

ECHTE ÜBERLEBENSKÜNSTLER

Kein Tropfen Regen, und das schon seit Monaten! Solche Dürreperioden erlebe ich im Sommer immer öfter. Ich erzähle Ihnen mal, welche Kulturen in meinem Garten die Trockenheit recht gut wegstecken.

❶ Fangen wir mit meinen Frühkartoffeln an, Sorte »Rosara«. Mit der bin ich sehr zufrieden. Auch wenn die obere Erde staubtrocken ist: Den Kartoffeln hat das bislang wenig ausgemacht. Sie werden zwar kleiner als in regenreicheren Jahren, die Knollen sehen trotzdem gut aus, oder?
❷ Eine Überraschung war mein Dill, den ich in einem extrem trockenen Jahr versuchsweise zur Samengewinnung angebaut hatte. Ich habe ihn damals gar nicht bewässert, trotzdem wurde er sehr kräftig und stand im Sommer in voller Blüte. Die Dürre hat ihm nicht zugesetzt.
❸ Auch Sonnenblumen, die ich ab und an im Gemüsegarten zur Bodenverbesserung pflanze, halten sich in trockenen Sommern wacker. Die wurzeln sehr tief, denen kann Regenmangel nicht viel anhaben. So habe ich das zumindest bisher erlebt.
❹ Bantam-Mais ist ebenfalls ein echter Überlebenskünstler und kommt auch mit wenig Wasser problemlos klar. Während der letzten Dürre habe ich ihn nur minimal gegossen. Trotzdem waren die Pflanzen groß, stark und vor allem saftig-grün!

Solche Systeme werden mit einem Druckminderer und einer Kupplung an den Wasserhahn angeschlossen und geben eine genau festgelegte Wassermenge ab. Wer will und das nötige Kleingeld hat, kann seine Bewässerungsanlage auch mit digitalen Wassercomputern steuern.

Ich geh dann mal Kaffee trinken!
Tropfschläuche haben einen unschlagbaren Vorteil: Mit ihnen lassen sich zielgenau und wurzelnah auch größere Flächen bewässern. Einmal verlegt, bleiben sie eine komplette Kulturdauer liegen. Bei Bedarf wird nur der Hauptschlauch angeschlossen, der Hahn aufgedreht – und dann kann man Kaffee trinken. Den Rest erledigt das System automatisch. Ich selbst habe mir eine Bewässerungsanlage für meinen Folientunnel gebaut und die hat sich wirklich bewährt. Vor allem im Sommer rauschen da etliche Kubikmeter durch die Leitungen. Die durchschnittliche Niederschlagsmenge in unserer Gegend dürfte etwa bei 700 Liter Wasser pro Quadratmeter und Jahr liegen. Auf 55 Quadratmeter umgelegt, denn so groß ist mein Folientunnel, macht das knapp 39 Kubikmeter. Müsste ich diese Wassermenge von Hand verteilen, entspräche das also rund 3900 gefüllten Gießkannen. Mindestens!

Auch im Freiland habe ich das mit den Tropfschläuchen natürlich ausprobiert. Meine Erfahrungen waren allerdings eher unbefriedigend. Denn auf dem Acker fallen ja auch immer wieder gröbere Arbeiten an, etwa Wühlmäuse bekämpfen, Unkraut hacken und natürlich die Ernte. Da ist so ein Tropfschlauch dann doch eher hinderlich und schnell im Weg. Zudem müsste ein Bewässerungssystem draußen jedes Jahr ganz neu verlegt werden, weil ich den Garten ja im Frühjahr mit Einachser, Pflug und Fräse immer umgrabe und vorbereite. Sinnvoller sind Tropfschläuche vermutlich bei Dauerkulturen wie Spargel oder Erdbeeren, die stehen einige Jahre. Für den ganz normalen Gemüseanbau haben sie sich in meinen Augen jedenfalls nicht bewährt: zu aufwendig, zu teuer und auch viel zu viel Plastik.

NICHT NUR EINMAL HABE ICH EINEM SOLCHEN TROPFSCHLAUCH **MIT DEM SPATEN** UNVORSICHTIGERWEISE EINE ETWAS GRÖSSERE ÖFFNUNG VERPASST. :)

Was tun, wenn es bald immer wärmer wird?
Generell gilt für mich, dass ich eher weniger als mehr gieße, denn mir fehlt dafür oft einfach die Zeit. Schließlich warten im Garten noch so viele andere Aufgaben. Außerdem habe ich mittlerweile ein ganz gutes Gespür dafür, welche Kulturen zwingend bewässert werden müssen und welche man recht bedenkenlos sich selbst und der Natur überlassen kann. Sollte der Klimawandel aber weiter in diesem rasanten Tempo voranschreiten und sollten die Sommer zukünftig noch trockener und heißer werden, muss ich mir wohl eine ganz neue Bewässerungsstrategie überlegen.

KAPITEL 16

LIEBER NICHT ZU VIEL DES GUTEN

Düngemittel im Garten

Kunstdünger im Gemüsegarten? Das muss nicht sein. Schließlich gibt es jede Menge Alternativen, von Rinderdung über Brennnesseljauche bis hin zur geheimnisvollen »Schwarzen Erde« aus Südamerika. Doch wie immer muss man sich das alles ein wenig genauer ansehen. Das machen wir jetzt! In diesem Kapitel erzähle ich Ihnen, welche Düngemethoden sich bei mir bewährt haben – und warum ich bei manchen so meine Zweifel habe.

Auf die Plätze, fertig, Wachstum!

Wussten Sie, dass die meisten Privatgärten hoffnungslos überdüngt sind? Zu viel Stickstoff, zu viel Phosphor und zu viel Kalium. Das habe ich jedenfalls in einer Statistik gelesen. Während jeder Landwirt in regelmäßigen Abständen über den Nährstoffgehalt seiner Äcker Rechenschaft ablegen muss, gibt es für Hobbygärtner bislang keinerlei Beschränkungen. Die karren dann oft mit Feuereifer Mist heran und verteilen ihn in dicken Schichten im Garten. Da staunt sogar so mancher Bauer.

Wie soll man als Privatmann aber auch einschätzen, ob das frisch gepflanzte Gemüse später ordentlich satt wird? Stickstoff, Phosphor, Kalium und diverse Spurenelemente kann man nicht sehen. Ich hatte ja schon erwähnt, es gibt sogenannte Zeigerpflanzen, die hier zumindest Anhaltspunkte liefern. Für besonders zuverlässig halte ich diese Methode aber nicht. Viel hilft viel, lautet daher oftmals die Devise der Hobbygärtner, die sich natürlich eine gute Ernte herbeisehnen. Gehen die hohen Nitratgehalte, die vielerorts unser Grundwasser belasten, also auch auf ihre Kappe – und auf meine?

Kraftfutter für die Pflanzen

Fest steht: Im Vergleich zu den Düngermengen, die die konventionelle Landwirtschaft ausbringt, fallen Privat- und Selbstversorgergärten kaum ins Gewicht. Das rechtfertigt aber noch lange nicht, auf Beet und Acker gedankenlos mit Dünger um sich zu werfen. Denn nicht nur im Grundwasser, auch in einigen Pflanzen reichert sich Stickstoff in Form von Nitrat an. Spinat und Salat sind dafür bekannte Beispiele. Gesund kann das nicht sein.

Im Idealfall ist im Boden genau die Nährstoffmenge vorhanden, die die entsprechende Kultur auch braucht. Im Selbstversorgergarten lässt sich das aber leider nicht umsetzen. Dafür ist die Vielfalt zu groß, sind die Bedürfnisse der Pflanzen zu unterschiedlich und der Platz, der jeder einzelnen Kultur zur Verfügung steht, ist einfach viel zu klein. Landwirte arbeiten auf riesigen Feldern, auf denen nur Mais, Weizen oder Gerste wächst, da lohnt sich eine

jährliche Bodenanalyse. In meinem Garten kultiviere ich aber so viele verschiedene Arten, da müsste ich alle zehn Quadratmeter eine Bodenprobe nehmen und ins Labor schicken, um allen Kulturen gerecht zu werden. Ich glaube daher, was die Düngung betrifft, ist ein gesundes Mittelmaß die einzige Lösung, die für Selbstversorger funktioniert. Stelle ich fest, dass eine Gemüsesorte mit speziellen Ansprüchen in meinem Garten unterversorgt ist, kann ich immer noch gezielt mit Nährstoffen nachhelfen.

KUNSTDÜNGER, NEIN DANKE

Für mich ist es eine klare Sache, dass ich als Selbstversorger auf jede Art von Kunstdünger verzichte. Allerdings: Das einzige Düngemittel, das ich selbst produzieren kann, ist Brennnesseljauche. Die will ich aber ausschließlich aus Rohstoffen herstellen, die auf meinem eigenen Grundstück wachsen. Für ein großes Fass Jauche pro Jahr reicht das, für mehr aber auch nicht. Und was ist mit Kompost? »Gärtners Gold« ist bei mir eigentlich immer knapp, und das, obwohl auf meinem großen Haufen ja auch der ganze Mist meiner Tiere landet. Ich nutze meinen Kompost daher eher zur Bodenverbesserung als zur eigentlichen Düngung. Einen Großteil benötige ich dabei für meinen Folientunnel, für den Gemüseacker bleibt also kaum etwas übrig. Unterm Strich bedeutet das, auch ich muss Düngemittel hinzukaufen.

»ICH MUSS NICHT JEDEM TREND FOLGEN.«

Auch beim Thema Düngen bin ich eher konservativ. Zwar probiere ich gerne Dinge aus, verlasse mich dann aber oft auf die einfachen Methoden, die sich bereits bei meinen Vorfahren bewährt haben.

Rinderdung und Hornspäne

Gut bewährt hat sich bei mir getrockneter Rinderdung, ein Naturdünger, der in Form von Pellets verkauft wird. Die sind einfach anzuwenden und lassen sich schön gleichmäßig verteilen. Die Düngewirkung ist zufriedenstellend, und da getrockneter Rinderdung vergleichsweise wenig Stickstoff enthält, muss ich mir auch keine Sorgen um die Gesundheit meiner Familie machen. Habe ich allerdings den Eindruck, dass meinen Pflanzen vor allem Stickstoff fehlt, greife ich auf Hornspäne zurück. Von »Guano« bin ich mittlerweile abgekommen. Pelikane, Kormorane, Tölpel und andere Seevögel haben ganz bestimmt nicht jahrtausendelang an der Küste Südamerikas gebrütet, damit ich mit ihren Exkrementen meinen Garten verwöhne. Aus ökologischer Sicht ist das völlig unsinnig. Im Fachhandel werden Sie viele Biodüngersorten aus heimischen Rohstoffen finden, sehen Sie sich einfach mal um!

Habe ich im Frühjahr meinen Acker mit Pflug und Fräse vorbereitet, in einzelne Parzellen aufgeteilt und mir dann notiert, welche Kulturen an welcher Stelle wachsen sollen, plane ich immer auch gleich meinen Düngereinsatz: Welcher Dünger kommt am besten wohin? Und in welcher Dosierung? Dabei orientiere ich mich strikt an den Empfehlungen der Hersteller.

PHACELIA-GRÜNDÜNGUNG

Sie wollen eine Gründüngung ausprobieren und gleichzeitig Bienen und Schmetterlingen etwas Gutes tun? Dann empfehle ich Phacelia. Dank ihrer Blüten ist die Kultur sogar sehr hübsch. Ich zeige Ihnen, wie ich Phacelia aussäe.

❶ Im ersten Schritt muss ich mich entscheiden: Wohin kommt die Gründüngung überhaupt? Dazu mache ich immer im Frühjahr einen Gartenplan, in dem ich einzeichne, welche Kultur wann und auf welcher Parzelle gepflanzt werden soll.
❷ Ein halbes Kilo Saatgut reicht für rund 100 m^2 Fläche. Passt, so groß ist meine Parzelle in etwa. Die Samen verteile ich dann im Gehen aus dem Handgelenk auf dem Acker. Dabei achte ich darauf, dass auch die Ränder genügend Saatgut abbekommen und in der Mitte der Parzelle keine Lücken entstehen – was mir aber nur selten gelingt.
❸ Anschließend wird das Saatgut locker (von außen nach innen) eingearbeitet. Ich erledige das mit einer Egge, die ich an meinen Einachsschlepper anhänge. Mit einer Harke klappt's aber auch. Wenn Phacelia gut und gleichmäßig ausgesät wurde, wächst sie sehr dicht und verdrängt die meisten Unkräuter. Bis die Samen aufkeimen, dauert es etwa 14 Tage.
❹ Phacelia ist sehr pflegeleicht, benötigt zum Wachsen aber ausreichend Wasser. Im Sommer tummeln sich dann unzählige Bienen auf den violett-blauen Blüten. Nach der Blüte mähe ich die Parzelle mit der Motorsense ab, die Pflanzen haben dann bereits Samen abgeworfen und eine zweite Phacelia-Generation folgt nach. Auch die blüht noch einmal! Erst im Winter, wenn es friert, sterben die Pflanzen ab. Ich lasse sie liegen, denn so wird mein Boden zusätzlich mit Nährstoffen versorgt.

Steht auf der Packung meiner Rinderdungpellets, dass Kohlpflanzen 100 bis 150 Gramm pro Quadratmeter Fläche benötigen, wähle ich prinzipiell die kleinere Menge. Ich dünge also eher defensiv. So vermeide ich hoffentlich, dass mein Garten überdüngt wird und sich später Unmengen an Nitrat auf meinem Teller und Nitrit in meiner Blutbahn wiederfinden. Denn ist der Dünger erst mal auf dem Feld ausgebracht, kann ich ihn nicht wieder einsammeln. Nachdüngen ist hingegen immer problemlos möglich!

Vielleicht geht's ja auch anders

Es gibt aber noch eine weitere Methode, den Gartenboden mit Stickstoff anzureichern, etwa die sogenannte Gründüngung. Bei dieser Methode macht man sich die Fähigkeit einiger Pflanzen zunutze, Stickstoff aus der Luft aufzunehmen und dann an den Boden abzugeben. Bohnen, Erbsen und Luzerne haben diese Gabe – etliche andere Hülsenfrüchtler auch. Der Trick gelingt allerdings nur mithilfe von Knöllchenbakterien, die an den Wurzeln der Pflanzen quasi zur Untermiete leben. Auch die konventionelle Landwirtschaft nutzt diese Methode zur Bodenverbesserung, Ackerbohnen sind dabei sehr beliebt. Überdüngen kann man auf diese Weise nicht.

DIE PFLANZEN MÜSSEN ALLERDINGS EINE GANZE **WEILE AUF DEM FELD STEHEN,** DAMIT SICH ÜBERHAUPT EIN EFFEKT EINSTELLT.

Meine Erfahrungen mit Gründüngung

In meinen Anfangsjahren habe ich oft mit Gründüngung gearbeitet, mittlerweile hat sich das aber ein wenig geändert. Da die Pflanzen großflächig ausgesät werden und über Monate stehen bleiben müssen, breiten sich in den Zwischenräumen immer auch ungebetene Gäste aus, gegen die man kaum ankämpfen kann. Das Unkraut hat also genügend Zeit, Samen zu bilden und sich zu vermehren. In Sachen Gründüngung habe ich wirklich einiges ausprobiert: Ackerbohnen und Erbsen wachsen bei mir nicht dicht genug, da triumphiert das Unkraut. Luzerne wächst zu langsam und Weißklee gar nicht. Nur mit Phacelia und vor allem mit Perserklee habe ich gute Erfahrungen gemacht. Letzterer braucht nur wenige Tage zur Keimung, wächst dann auch schnell, vorausgesetzt, er bekommt genügend Wasser, und bedeckt den Boden zuverlässig und dicht. Wann immer in meinem Garten nach der Ernte etwas Fläche frei wird, säe ich dort Perserklee aus. Einen großartigen Düngeeffekt erwarte ich mir davon nicht, denn dafür ist das Jahr meist schon zu weit fortgeschritten. Aber immerhin liegt mein Acker nicht brach und der Klee schützt meinen Boden vor Sonne und Regen.

Die Gründüngung hat aber noch weitere positive Effekte: Einerseits kann man mit ihr jede Menge organisches Material sammeln, kompostieren und dann im Garten verteilen, klassische Kompostwirtschaft eben. Man kann es sich aber auch etwas einfacher machen, indem man die Gründüngung aussät und später auf dem Acker stehen und dort verrotten lässt. Die Lebewesen im Boden verwandeln die Pflanzenmasse dann in wertvollen Humus – und davon kann man ja im Garten bekanntlich nie genug haben.

Brennnesseljauche: Placebo oder Wundermittel?
Ich hatte Ihnen ja eingangs berichtet, dass ich jedes Jahr immerhin ein großes Fass Brennnesseljauche ansetze. Denn Brennnesseln haben sich an diversen, etwas abgelegenen Orten in meinem Garten breitgemacht. Vor der Samenbildung schneide ich sie ab, stopfe sie in eine große Regentonne und fülle diese mit Wasser auf. Der Zersetzungs- und Gärungsprozess dauert ein bis zwei Wochen. Habe ich dann den Eindruck, dass meine Pflanzen unter Nährstoffmangel leiden, mische ich immer etwas Jauche ins Gießwasser. Ob das was bringt? Manchmal bilde ich mir das zumindest ein.

EINE ZIEMLICH STINKENDE ANGELEGENHEIT. MEINE BRENNNESSEL-JAUCHE STELLE ICH DAHER AUCH NICHT UNBEDINGT VORS SCHLAFZIMMERFENSTER.

Andere Gärtner sind da weniger skeptisch: Brennnesseljauche zählt jedenfalls mit zu den beliebtesten Alleskönnern unter Selbstversorgern, die auf ökologische Anbaumethoden schwören. Dabei werden dieser braunen Brühe so viele positive Eigenschaften nachgesagt, ich kann sie kaum alle aufzählen! Brennnesseljauche soll gegen Blattläuse helfen, gegen Spinnmilben, gegen Mehltau, gegen Krautfäule. Vielleicht hilft sie ja auch gegen Hühneraugen? Ich weiß, in dieser Frage liege ich mal wieder nicht im Trend. Ich glaube aber, da ist viel Wunschdenken im Spiel. Das trifft meiner Meinung nach auch auf die hochgelobte Düngewirkung von Brennnesseljauche zu. Wenn man sich mal genauer ansieht, welche Stoffe darin überhaupt enthalten sind und welche nicht – vor allem die geringe Stickstoffmenge! Eine Reihe Blumenkohl oder Zuckermais wird davon bestimmt nicht satt.

Aber wer Spaß damit hat und (gefühlte) Erfolge erzielt, kann seinen Garten meinetwegen mit Brennnesseljauche fluten. Ich persönlich verlasse mich lieber auf festen Biodünger, den ich je nach Nährstoffbedarf zu Beginn einer Kultur verteile. Für die Massenproduktion von Brennnesseljauche fehlen mir ohnehin Zeit, Geduld und auch die nötige Brennnesselmenge. Und letztlich fehlt mir eben auch der Glaube an die Zauberkräfte dieses Mittels.

SCHWARZE ERDE VOM AMAZONAS

Ebenfalls sehr angesagt, aber erst seit geraumer Zeit ist »Terra Preta«. Auf YouTube gibt es dazu eine Reihe viel beachteter Videos. Und auch an dieser Methode scheiden sich wie so oft die Geister. Die Idee stammt ursprünglich aus Südamerika, wo indigene Völker schon vor vielen Jahrhunderten einen

Mix aus Holzkohle und anderen organischen Haushaltsresten auf ihren Feldern verteilt oder bereits in der Erde vorgefunden haben. So konnten sie auch auf von Natur aus eher nährstoffarmen Böden gute Ernten erzielen.

Immer öfter höre ich von Hobbygärtnern, dass sie diese »Schwarze Erde« selbst herstellen und in ihrem Garten verwenden wollen. Verkürzt ausgedrückt handelt es sich bei Terra Preta um Holzkohle, die oft noch mit Nährstoffen angereichert wird und dann das Pflanzenwachstum fördern soll. Die Grundidee ist recht einfach: Wer im Chemieunterricht gut aufgepasst hat, hat sicher schon einmal den Begriff »Aktivkohle« gehört. Dieser feinkörnige Kohlenstoff besitzt eine sehr große Oberfläche, an der winzige Teilchen andocken können. Aktivkohle wird oft zur Trinkwasseraufbereitung oder von der chemischen Industrie als Absorptionsmittel verwendet. Aber sie kann eben auch Nährstoffe binden, die sich im Laufe der Zeit wieder lösen und dann von den Pflanzen aufgenommen werden.

Vom Gärtner zum Hobbyköhler

Prinzipiell ist gegen diese Art der Düngung nichts einzuwenden. Was mir allerdings Sorgen bereitet, ist die viele Holzkohle, die für Terra Preta selbst hergestellt werden muss. Und wie macht man das? Damit das Holz mitsamt Kohlenstoff nicht komplett verbrennt und sich dabei in Kohlendioxid und Asche auflöst, wird es unter Sauerstoffabschluss angezündet und später mit Wasser gelöscht. Übrig bleibt dann feine Holzkohle. So weit die Theorie.

Mir bereitet die Sache aber Bauchschmerzen und ich kann Ihnen sagen, warum. Denn bei jeder Verbrennung entstehen Schadstoffe, das ist unvermeidlich. Wird während des Verbrennungsprozesses aber auch noch die Sauerstoffzufuhr gedrosselt, nimmt der Schadstoffanteil sprunghaft zu. Wer weiß schon, welche Stoffe da entstehen und auch später noch in der getrockneten Holzkohle enthalten sind? In großem Stil und von Laboren überwacht, mag das alles ohne Risiken funktionieren, bei Hobbyköhlern bin ich da aber eher misstrauisch. Ich glaube jedenfalls, mir würde keine Gurke schmecken, die mit Terra Preta aus einem selbst gebastelten »Meiler« gedüngt wurde.

DA KENNE ICH MICH EIN BISSCHEN AUS. DEREINST HABE ICH NÄMLICH MAL **EINE CHEMISCHE AUSBILDUNG GENOSSEN** UND EINIGES DAVON IST TATSÄCHLICH BIS HEUTE HÄNGENGEBLIEBEN. :)

Ich habe einen Garten, keinen Wald!

Was ich damit sagen möchte: Die Idee, die hinter Terra Preta steckt, ist sicher gut. Ob sich aber Hinz und Kunz an die Herstellung von Holzkohle machen sollte, nur weil das gerade in Mode ist? Und das Ergebnis dann auch noch im Garten verstreuen, ohne zu wissen, was da genau in den Boden gelangt? Ich habe da meine Zweifel.

Mal ganz abgesehen davon, dass Holz kein Rohstoff ist, der im Garten in rauen Mengen anfällt. Selbst wenn ich alle Äste, die ich im Laufe des Jahres mit der Baumschere abknipse, zusammennähme und anzünden würde, käme ich vielleicht auf zwei Eimer Kohle – damit könnte man nur einige wenige Pflanzen versorgen. Wollte ich Terra Preta aber im größeren Stil verwenden, müsste ich auch größere Holzmengen von außerhalb beziehen. Und das halte ich, wie schon dargelegt, aus ökologischer Sicht für falsch.

Übrigens habe ich natürlich selbst schon Versuche mit Terra Preta angestellt. Für Experimente bin ich immer zu haben, das wissen Sie ja jetzt. In den geringen Dosen, in denen Kohle bei meinen Versuchen zum Einsatz kam, hat sich nie ein positiver Effekt eingestellt. Ich denke, da braucht es schon ganz andere Mengen. Die Ureinwohner des Amazonasbeckens haben einst sicher auch nicht riesige Kohlemengen auf ihre Äcker gekarrt, sondern diese haben sich im Laufe der Jahrhunderte aus vielen Lagerfeuern angesammelt.

»SIE KÖNNEN IHREN GARTEN GERNE MIT JAUCHE FLUTEN.«

Jeder kann und soll sein eigenes Ding im Garten machen. Ich glaube jedenfalls nicht an die Wunderkräfte von Brennnesseljauche.

EIN TÄSSCHEN TEE FÜR IHR GEMÜSE

Zum Abschluss stelle ich Ihnen noch einen weiteren Düngetrick vor, der immer wieder in den Kommentarspalten meines YouTube-Kanals diskutiert wird: Komposttee. Mit dieser Methode kann ich mich gut anfreunden, auch wenn ich sie nicht mehr selbst im Garten nutze. Vor Jahren habe ich das gemacht, mir war der Aufwand dafür allerdings viel zu hoch.

Komposttee ist, wie der Name schon sagt, ein Tee, der aus Kompost hergestellt wird. Dazu bringt man Kompost mit Wasser – nein, das müssen Sie nicht vorher aufkochen! – in einer Tonne zusammen und lässt das ganze dann ein Weilchen ziehen. Aus dem Kompostmaterial lösen sich die Nährstoffe und fertig ist schon bald der Tee. Den mischt man dann ins Gießwasser und düngt damit die Pflanzen. Profis treiben das Spiel aber noch weiter: Damit der Tee wirksamer wird, setzen sie Haushaltszucker oder Melasse zu. Darüber freuen sich die im Kompost lebenden Bakterien und Mikroorganismen und vermehren sich. Zusätzlich kann man noch mit einer Aquarienpumpe Luft in die Teetonne blasen. Denn die nützlichen Mikroorganismen, die wir uns in diesem Sud in großer Menge wünschen, brauchen auch Sauerstoff, damit sie sich vermehren und später effektiv arbeiten können.

Mit der Fülle und Vielfalt solcher nützlichen Mikroorganismen steht und fällt die Fruchtbarkeit Ihres Bodens im Gemüsegarten, ich kann das gar nicht oft genug wiederholen. In der englischen Sprache gibt es dafür den schönen Spruch: »Feed the earth, not the plants.« Salopp übersetzt bedeutet das so

Terra Preta ist »in« und kann aus Holzkohle selbst hergestellt werden. Daher steigt in einigen Gärten neuerdings nicht nur beim Grillabend der Rauch auf.

viel wie: »Lieber den Boden aufpäppeln, als nur die Pflanzen mit Nahrung vollpumpen.« Nichts anderes tun nämlich gängige Mineraldünger aus der Retorte, sie ernähren nur die Pflanzen und nicht das Bodenleben. Irgendwann wird diese alte Denk- und Vorgehensweise aber überholt sein, da bin ich mir ziemlich sicher. Denn gesunde Pflanzen können auf Dauer nur auf einem natürlich-gesunden Boden gedeihen.

Ich bin da eher alte Schule

Auch in Sachen Komposttee halte ich es übrigens wie meine Vorfahren. Die haben sich auch nicht die Mühe gemacht, aus ihren Gartenabfällen einen Zaubertrank zu brauen – und den dann auch noch zu zuckern und aufzusprudeln. Gemüse angebaut und geerntet haben sie trotzdem. Sie merken schon, in vielen Punkten bin ich ein eher konservativer Selbstversorger. Ich muss nicht auf jeden Trend aufspringen und ich kaufe auch nicht jedes exotische Produkt, das man mir andrehen will. Da verlasse ich mich lieber auf Vorgehensweisen, die sich in unseren Breiten bewährt haben. Aber ich will auch niemanden davon abhalten, sich an neue Methoden heranzuwagen. Vielleicht haben Sie ja genau damit mehr Erfolg im Garten.

KAPITEL 17

DER WALD ALS VORBILD

Mulchen, ein Allheilmittel?

Im Idealfall bedeutet Mulchen weniger Stress im Garten. Die Idee dahinter haben sich Gärtner von der Natur abgeguckt: Im Wald hält eine dicke Schicht aus Laub und Ästen den Boden feucht, liefert Nährstoffe und hemmt zudem das Wachstum krautiger Pflanzen. Ganz ähnlich klappt das im Gemüsebeet mit Hackschnitzel oder Folie. Aber aufgepasst, Mulch ist nicht gleich Mulch – und die Methode hat auch gewisse Nachteile.

Schutzschicht mit Schattenseiten

Mulchen, was für ein seltsamer Begriff. Darunter versteht man im Gartenbau das permanente Abdecken der obersten Bodenschicht – in der Regel mit natürlichen Hilfsmitteln. Wie das funktioniert, können Sie in jedem Wald beobachten. Denn da gibt es niemanden, der abgefallenes Laub aufsammelt und wegschafft. Es bleibt liegen, verrottet allmählich und liefert den nachfolgenden Pflanzen später wertvolle Nährstoffe. Zudem schützt das viele abgestorbene Material die Erde vor Verdunstung und hält sie somit schön feucht. Auch Unkraut hat es übrigens schwer, sich einen Weg durch so eine dicke Mulchschicht zu bahnen.

Das klingt doch großartig! Denn sind es nicht genau diese Probleme, die einem Selbstversorger das Leben schwer machen? Immer wieder düngen, all die Anstrengungen rund um den Kompostplatz, die ewige Gießerei und das viele, hartnäckige Unkraut, das immer schneller wächst als unser Gemüse und das wir in mühevoller Handarbeit beseitigen müssen?

Klingt doch alles wunderbar!

Was wäre also, wenn man auch den Boden im Garten dauerhaft mit einer Schicht aus organischem Material abdecken würde? Nur unterbrochen durch die kleinen Lücken, aus denen Tomaten, Rotkohl oder Kürbis sprießen? Ich kann es Ihnen sagen, das wäre das reinste Paradies! Viel weniger Unkraut, viel weniger Stress mit der Bewässerung. Und sollten wir uns als Selbstversorger nicht ohnehin viel mehr von der Natur abgucken?

Wie gesagt, die Idee ist bestechend, sie hat aber einige gravierende Nachteile. Ich habe es zu Beginn dieses Buches bereits erwähnt: Selbstversorgung ist für mich kein Mittel zum Zweck. Ich will nicht einfach nur irgendwie mein eigenes Gemüse anbauen, sondern ich will dabei möglichst mit den Ressourcen auskommen, die mir im eigenen Garten zur Verfügung stehen. Mag sein, dass es manchmal sinnvoll oder sogar unvermeidbar ist, Material hinzuzukaufen oder aus der Nachbarschaft anzukarren. Mein großes Anliegen ist aber,

diese Menge auf ein absolutes Minimum zu reduzieren. Denn alles, was ich von außerhalb beziehe, entnehme ich an anderer Stelle dem Ökosystem – und das nur, um mir einen Vorteil zu verschaffen. Das muss man immer bedenken. Um meinen Gemüseacker mit einer hinreichend dicken Mulchschicht aus Laub und Hackschnitzeln abzudecken, bräuchte ich Hunderte Bäume. Die habe ich aber leider nicht und ich könnte sie auch gar nicht pflanzen, denn dafür fehlt mir im Garten einfach der Platz. Schließlich bin ich Selbstversorger und kein Forstwirt! Und selbst wenn ich jeden Halm, den ich von der Wiese mähe, jedes Rhabarberblatt und jedes Fitzelchen Küchenabfall nutzen würde, könnte ich mit der Menge, die da zusammenkommt, gerade mal die Beete in meinem Folientunnel mulchen.

»ALLES MULCHEN? IST IM GROSSEN STIL KAUM MACHBAR.«

Vor allem, wenn man dafür Stroh oder Hackschnitzel verwenden möchte. Denn woher soll man als Selbstversorger all das dafür nötige Material herbekommen?

BEIM MULCHEN IST MEHR MEHR

Damit so eine Mulchschicht das tut, was sie tun soll, muss sie nämlich schon eine gewisse Stärke haben. Mit ein paar Grashalmen, wie ich es oft lese, ist es nicht getan. Ich habe schon oft gehört, man solle den Rasenschnitt nach dem Mähen nicht auf den Kompost werfen, sondern im Garten zwischen den Pflanzen ausstreuen. Das habe ich oft genug ausprobiert. Mal ganz abgesehen davon, dass Rasenschnitt und vor allem Heu von der Wiese immer, wirklich *immer* mit Gras- und Unkrautsamen durchsetzt ist und ich mir damit mehr schade als nutze, wird so feines Material in null komma nix vom Bodenleben verarbeitet. So schnell könnte ich gar nicht die Wiese mähen, wie diese Mulchschicht wieder von meinem Acker verschwindet. Vor allem dann, wenn das Wetter ein wenig feuchter ist. Denn Regenwürmer, diverse Krabbeltiere und Bakterien, sie alle leben von dem, was Pflanzen übrig lassen.

Eine etwas bessere Alternative sind geschredderter Heckenschnitt oder fein zerkleinerte Äste von Beerensträuchern und Bäumen. Die halten länger durch und bedecken den Boden auch zuverlässiger als Rasenmulch. Wegen des hohen Kohlenstoffanteils im Material werden hier bei der Verrottung jedoch wertvolle Nährstoffe aus dem Boden verbraucht, die ich anderweitig wieder zuführen müsste. Außerdem könnte ich so viel gehäckseltes Holz niemals selbst bei mir zu Hause im Garten produzieren.

Die Natur als Selbstbedienungsladen?

Klar, eine Option wäre Mulchmaterial, das man von außerhalb bezieht. Ich habe schon von Gärtnern gehört, die mit ihrem Anhänger oder Kombi ins nächstgelegene Waldstück fahren und sich dort einfach unter den Bäumen bedienen. Kann man machen. Aber mal ganz ehrlich, im Sinne des Erfinders ist das nicht. Was im Wald liegt, wird dort benötigt und sollte deshalb auch dort liegen bleiben. Ganz abgesehen davon, dass solche Aktionen nicht legal sind. Und was ist mit Hackschnitzel oder Rindenmulch vom örtlichen Recyclinghof? Hat in meinem Garten ebenfalls nichts verloren. Nur weil das Material angeboten wird, muss ich es nicht nutzen. Vermutlich stammt es auch in etlichen Fällen von Hecken und Bäumen, die am Straßenrand wachsen. Die müssen die Gemeinden ja regelmäßig zurückschneiden. Ob diese Holzreste also so sauber und rückstandsfrei sind, dass ich sie guten Gewissens im Garten verteilen möchte? Da habe ich meine Zweifel.

Material in rauen Mengen

Ein weiteres Problem beim Mulchen: Man ist einfach immer auf Nachschub angewiesen. Ich habe mit dieser Methode ja selbst schon viel herumprobiert, berichte Ihnen hier also aus eigener Erfahrung. Einmal bin ich durch Zufall einem Landschaftsgärtner begegnet, der im Nachbardorf einen Baum fällte. Ich bat ihn, mir das geschredderte Holz in den Garten zu bringen, was er auch bereitwillig tat. Toll, eine ganze Wagenladung Hackschnitzel! Die habe ich dann auf einem extra dafür angelegten Beet im Garten verteilt. Rechnen Sie bitte mal nach: Für eine Stärke von nur fünf Zentimetern, und so dick kann eine Mulchschicht locker sein, benötigt man 50 Liter Hackschnitzel pro Quadratmeter, also ungefähr eine volle Schubkarre. Ist Ihr Garten auch nur 100 Quadratmeter groß, macht das schon fünf Kubikmeter Mulchmaterial, das Sie besorgen und dann verteilen müssen. Und das immer wieder. Auch meine Fuhre Hackschnitzel hat nicht lange gehalten. Zwei Jahre später war davon nichts mehr zu finden. Mulchgärtner müssen sich also permanent um Nachschub kümmern. Und ohne Beziehungen oder eine verlässliche Quelle lässt sich so viel Mulchmaterial für den Selbstversorgergarten einfach nicht beschaffen.

Wühlmäuse und andere Nager lieben jede Art von Bodenbedeckung, und somit auch Mulch. Diese leidvolle Erfahrung musste ich zumindest machen.

Heimliche Profiteure

Es gibt noch eine besonders unangenehme Schattenseite des Mulchens, an die man zunächst gar nicht denkt: die magische Anziehungskraft, die scheinbar jede Art von Bodenbedeckung auf Wühlmäuse hat. Die Biester lieben Mulch und graben darunter mit doppeltem Eifer ihre Gänge. Ich habe schon mit Hackschnitzeln gemulcht, ich habe mit Heu gemulcht, mit Stroh und versuchsweise auch mit Pappkarton. Das Ergebnis war immer gleich: In Windeseile haben Wühlmäuse die Erde unter der Mulchschicht durchpflügt und regelrecht verwüstet. Vergessen Sie es: Keine Pflanze, kein Saatkorn hat da auch nur den Hauch einer Chance.

ABSOLUT UNGEEIGNET IST MULCH UNTER OBSTBÄUMEN. INSBESONDERE **DIE WURZELN VON APFELBÄUMEN SCHMECKEN** WÜHLMÄUSEN GANZ VORZÜGLICH! :-(

Die Beerensträucher freuen sich

Und selbst wenn die Nager etwas von Ihrem Gemüse übrig lassen, was ich bezweifle, machen sich die Schnecken über die Reste her. Denn auch die sind große Fans von Mulch. Kein Wunder, denn unter Hackschnitzeln oder Stroh ist es behaglich warm und feucht, noch dazu gibt es jede Menge sichere Verstecke. Von so einer günstigen Wohnlage träumt doch jede Schnecke zwischen Rommerskirchen und Rosenheim! Jedenfalls kann ich Ihnen aus eigener Erfahrung berichten, dass Mulch diese Tierchen anlockt, wie das Licht die Motten. Machen Sie sich also keine Illusionen. Mit Mulch holen Sie sich meiner Meinung nach die schlimmsten Fressfeinde in den Garten, die man sich nur vorstellen kann. Und haben die erst einmal eine große, quicklebendige Population aufgebaut, wird es schwierig, dieser Plage wieder Herr zu werden.

Es gibt allerdings auch Stellen im Garten, die ich gerne abdecke, etwa den Boden rund um meine Johannisbeeren. Die wachsen sehr schnell und schmecken scheinbar weder den Wühlmäusen noch den Schnecken. Ich mulche dort mit geschredderten Ästen von meinen Bäumen und Sträuchern, manchmal aber auch mit Brennnesseln. Letztere haben den Vorteil, dass sie sogar noch ein paar Nährstoffe mitbringen. Auch die Beete im Folientunnel habe ich mit Stroh vom Bauern gemulcht, ausnahmsweise. Wenn der Boden dort permanent bedeckt ist, erspart mir das den einen oder anderen Gang mit der Gießkanne und auch das Unkrautjäten geht deutlich schneller von der Hand. Verglichen mit meinen 800 Quadratmetern unter freiem Himmel ist die Anbaufläche im Tunnel relativ klein. Da kann man Schnecken und Wühlmäuse (meistens) noch einigermaßen gut in Schach halten.

KANN KUNSTSTOFF EINE LÖSUNG SEIN?

Jetzt sind wir uns hoffentlich einig, dass Otto Normalgärtner kaum in der Lage ist, Mulchmaterial in ausreichender Menge selbst zu produzieren – es sei denn, er ist Wald- oder Großgrundbesitzer. Aber gibt es noch Alternativen? Die gibt es, zweifellos. Wie bereits im dritten und fünften Kapitel beschrieben, kann man auch diverse künstliche Hilfsmittel zum Mulchen nutzen. So bietet der Handel eine Vielzahl schwarzer Folien an. Das wohl meistgenutzte Material in dieser Kategorie ist eine Abdeckung aus Kunststoff, die unter dem Namen »Bändchengewebe« verkauft wird.

Einmal zurechtgeschnitten und dann mit Pflanzlöchern versehen, sind diese Mulchfolien unverwüstlich und halten viele Jahre. Zudem werden sie meist mit aufgedruckten Linien ausgeliefert. Das ist praktisch, denn so kann man die Abstände zwischen den Löchern einfacher ausmessen. Aber Bändchengewebe besteht eben leider aus Plastik, jeder muss für sich selbst entscheiden, ob er so seinen Garten »verschönern« möchte.

»AUCH ICH WERDE LANGSAM ÄLTER.«

Jedenfalls geht die Unkrautbeseitigung ganz schön in die Knochen. Daher ist Mulchfolie vielleicht doch eines Tages eine sinvolle Lösung für mich.

Ich habe diese Produkte natürlich getestet und sie funktionieren prima. Allerdings ist die anziehende Wirkung auf Wühlmäuse und Schnecken gleichermaßen gegeben. Und ist das Material dann nach einigen Jahren doch irgendwann hinüber und untauglich geworden, muss es entsorgt werden. Die Hersteller werben oft damit, dass Bändchengewebe in den Müllverbrennungsanlagen ausschließlich zu Kohlendioxid und Wasser verbrennt. Mag sein, auch wenn man solche Versprechungen immer mit Vorsicht genießen sollte. Mit der Vorstellung, meinen schönen Gemüseacker in dunkle Plastikfolie einzupacken, kann ich mich jedenfalls nicht wirklich anfreunden. Noch nicht. Denn ich muss ehrlich zugeben: Auch ich spiele immer öfter mit dem Gedanken, mir vielleicht doch irgendwann ein paar Rollen Mulchfolie zuzulegen. Warum? Ganz einfach, weil auch ich langsam älter werde. Und meinen Knochen, Gelenken und Muskeln vor allem die mühsame Unkrautbekämpfung von Jahr zu Jahr schwerer fällt.

Biologisch abbaubar, das geht noch besser!

Für alle, die jetzt enttäuscht den Kopf schütteln: Es gibt auch biologisch abbaubares Bändchengewebe. Diese ebenfalls schwarze, allerdings wesentlich dünnere Folie wird aus Maisstärke hergestellt und löst sich im Laufe der Gartensaison von selbst auf. Der Zersetzungsprozess beginnt recht schnell, die Folie hält die Pflanzen also nur in den ersten Wochen »über Wasser« und schützt sie so in der besonders empfindlichen Wachstumsphase vor Unkraut. Habe ich auch schon ausprobiert und es funktioniert ganz gut. Allerdings habe ich noch Jahre später Fetzen dieser Biofolie im Garten gefunden. So zuverlässig wie erwartet hat sich das Material dann leider doch nicht aufgelöst. Aber vielleicht bessern die Hersteller hier ja noch irgendwann nach.

Auch alte Zeitungen werden von einigen Gärtnern als Mulchabdeckung empfohlen und verwendet. Hier stellt sich allerdings erneut die Frage: Wer weiß, was da alles drinsteckt? Die ein oder andere Zeitung mag zwar auf Recyclingpapier gedruckt sein, aber was ist mit Farben, Druckerschwärze, Bleichmitteln und anderen Chemikalien, die die Papier- und Druckindustrie bei der Herstellung verwendet? Nein danke, nicht in meinem Garten.

PERMAKULTUR

Apropos Mulchen: Diese Methode wird besonders von Anhängern der Permakultur befürwortet. Dabei handelt es sich fast schon um eine Philosophie, die sich in weiten Teilen erheblich vom klassischen Gemüseanbau unterscheidet.

Permakultur im Detail zu beleuchten würde den Rahmen dieses Buches sprengen. Im Netz und auch auf meinem YouTube-Kanal finden Sie dazu etliche Beiträge. Etwas abstrakt ausgedrückt, orientiert sich Permakultur eng an der Natur. Ökologische Kreisläufe werden imitiert und im Garten ständig beobachtet, um aus Veränderungen die richtigen Schlüsse zu ziehen.
Wer sich ein bisschen einliest, wird aber feststellen: Es gibt unendlich viele Interpretationen, was Permakultur eigentlich ist. Die einen meinen, nur weil sie ihren Boden nicht bearbeiten, ein wenig Rasenschnitt im Garten verteilen und hier und da einen Nistkasten aufhängen, sei das schon Permakultur. Andere behaupten, Permakultur sei nur möglich, wenn man seinen Garten komplett umgestaltet, etwa Teiche für ein besseres Mikroklima aushebt oder riesige Felsblöcke als Wärmespeicher aufstellt.

Ich glaube, ich setze viele Prinzipien der Permakultur in meinem Garten bereits um, intuitiv und selbstverständlich: Ich richte die Anordnung meiner Beete nach dem Verlauf der Sonne, biete Vögeln und Insekten Refugien, verzichte fast vollständig auf Chemie. Und natürlich arbeite ich in Kreisläufen und achte darauf, Materialien und Hilfsmittel wiederzuverwerten. Aber im Frühjahr pflüge und fräse ich eben meinen Acker und ich beseitige auch Unkraut, wann immer ich es schaffe. Denn ich bin Selbstversorger, eine gute Ernte ist mir also wichtig. Was ich sagen will: Es ist prima, sich mit Permakultur zu befassen, reicht aber auch völlig aus, sich dort nur einige Anregungen zu holen. Denn auch kleine Veränderungen helfen uns allen weiter. Jeder Garten, der ein wenig wild aussieht und wieder etwas mehr Lebensraum bietet, ist ein Schritt in die richtige Richtung. Dafür braucht es keine Dogmen und keine Philosophie, sondern vor allem Liebe zur Natur.

KAPITEL 18

KLEINE TRICKKISTE

Was bringen Hochbeete?

Gärtnern auf Hochbeeten ist beliebt, daher möchte ich diesem Thema ein eigenes, kurzes Kapitel widmen. Hochbeete werden häufig als unglaublich praktisches Hilfsmittel für den Gemüseanbau beworben: Man spare sich Arbeit, Zeit und sogar den einen oder anderen Besuch beim Orthopäden, hört und liest man immer wieder. Wirklich? Wie sehr sich Ihr Rücken über so eine »Gemüsekiste« freut und ob sich damit auch gute Ernten erzielen lassen, erzähle ich Ihnen jetzt. Dranbleiben!

Unverzichtbar oder nur bequem?

Was versteht man eigentlich unter einem Hochbeet? Das ist recht schnell erklärt: Ein Hochbeet ist eine kleinere, quasi »hochgebockte« Anbaufläche mit einer festen Einfassung aus Holz, Plastik oder Stein. Kräuter, Salat, Spinat, Mangold, Zwiebeln oder Erdbeeren werden also nicht auf ebener Erde kultiviert, so wie es die Natur vormacht, sondern in einem künstlich angehobenen Gemüsebeet, das im Garten aufgebaut wird, dann aber in mehreren Schichten befüllt werden muss.

In der Regel sind Hochbeete so konstruiert, dass sich Gärtner bei der Arbeit kaum noch bücken müssen. Dafür muss aber auch das Hochbeet erst einmal stehen! Auch ich habe schon Hochbeete gezimmert, die wichtigsten Schritte habe ich Ihnen auf der übernächsten Seite zusammengeschrieben. Ich kann Ihnen sagen, das war eine Plackerei. Nicht das Schreiben, das Bauen!

Viel Mühe für ein paar Quadratmeter

Als ich fertig war, staunte ich nicht schlecht: Das Volumen meines Hochbeetes betrug 4,5 Kubikmeter, die Anbaufläche gleichzeitig aber nur läppische 4,5 *Quadratmeter.* Das ist nicht viel für einen Selbstversorger, auch wenn die Erträge auf Hochbeeten in der Regel üppiger sind als im klassischen Gemüsegarten. Aber all die mühevolle Vorarbeit! Wenn ich nur daran denke, tropft mir der Schweiß von der Stirn. 4,5 Kubikmeter Material mussten bewegt, Baumstämme besorgt, zersägt und dann auch noch Kompost und Erde hineingeschaufelt werden. Da braucht man schon einen kräftigen Bizeps. Ich glaube, ich habe bei diesem Projekt mehr Kalorien verbraucht, als ich meinem Körper jemals mit meiner Hochbeeternte zuführen könnte.

Wer jetzt hofft, mit Aufbau und Befüllung eines Hochbeets wäre es ein für alle Mal vorbei mit der Plackerei, der irrt. Denn die untersten Schichten aus Holz und Heckenschnitt verrotten mit der Zeit und fallen dann langsam in sich zusammen. Um den Höhenverlust auszugleichen, muss also zu Beginn jeder Gartensaison frische Erde von oben nachgefüllt werden.

Doch damit nicht genug: Denn beim Verrotten des Grobmaterials in den unteren Schichten entsteht auch Wärme, die kontinuierlich an die darüber liegenden Erdschichten abgegeben wird. Gemeinsam mit den vielen im Hochbeet vorhandenen Nährstoffen verbessert und beschleunigt dieser Effekt das Pflanzenwachstum. Er ist also gewollt und sozusagen der Clou beim Hochbeet. Ist jedoch nach ein paar Jahren alles kompostierbare Material zersetzt, funktioniert diese »Fußbodenheizung« natürlich nicht mehr, denn sie benötigt neuen »Brennstoff«. Will der Gärtner sie wieder anwerfen, muss er sein Hochbeet *komplett* neu aufsetzen, das Spiel beginnt dann wieder ganz von vorne: Hochbeet leer schaufeln, Abfallholz, Heckenschnitt und Kompost heranschaffen, alles reinschaufeln. Wieder 4,5 Kubikmeter Material bewegen, wieder Muskelkater! Ich kann mir nicht helfen, aber ich denke nicht, dass sich dieser Aufwand wirklich bezahlt macht.

Abgesehen davon hat auch das Hochbeet selbst, also die Konstruktion, nur eine begrenzte Lebensdauer. Zumindest wenn es aus natürlichen Werkstoffen besteht. Da können Sie noch so gutes und wetterfestes Holz verwenden, auch das wird mit der Zeit anfaulen und zerfallen – sei es nun nach fünf oder spätestens nach zehn Jahren. Ganz zu schweigen von den vielen Hochbeeten aus alten Paletten, die ich oft sehe. Die verrotten schneller, als man sie verschrauben oder zusammennageln kann. Und wenn Ihr Hochbeet dann irgendwann zusammenkracht, beginnt der Spaß wieder von Neuem: bauen, befüllen, nachfüllen und immer wieder schaufeln. Ich kann dieser Methode des Gärtnerns einfach nicht viel abgewinnen.

HOLZ, STEIN ODER PLASTIK?

Anstelle von Holz kann man für den Bau natürlich auch auf deutlich langlebigere Materialien zurückgreifen. Ich habe schon Hochbeete aus Naturstein oder noch häufiger aus diesen grauen, roten oder schwarzen Pflanzringen gesehen, die in jedem Gartencenter verkauft werden. Die bestehen meist aus Bims, einem relativ leichten Material. So ein Pflanzring hält vermutlich ewig, verrottet nicht und man wird viele Jahre Spaß damit haben.

Allerdings sind Natursteine und Pflanzringe teuer und schwer und das Material muss auch erst einmal herbeigeschafft werden. Wenn ich an den ökologischen Fußabdruck denke, den so ein Hochbeet aus Bims oder Naturstein bei der Herstellung und beim Transport hinterlässt, habe ich so meine Befürchtungen. Ich denke, da kommt einiges zusammen. Das mag jetzt vielleicht ein wenig abstrus klingen, aber es fängt doch schon damit an, dass irgendwo ein Berg abgetragen wird, um überhaupt den Bims zu

»DA BRAUCHT MAN SCHON EINEN KRÄFTIGEN BIZEPS.«

Klar, sobald das Hochbeet steht, geht die Gartenarbeit leichter von der Hand. Hochbeete müssen aber regelmäßig mit neuer Erde befüllt und nach einigen Jahren komplett neu aufgesetzt werden. Das strengt an!

EIN HOCHBEET SELBST BAUEN

Mein selbst gebautes Hochbeet war damals drei Meter lang, anderthalb Meter breit und einen Meter hoch. Das ergibt ein Fassungsvermögen von 4,5 Kubikmetern und eine Anbaufläche von 4,5 Quadratmetern.

❶ Zuerst habe ich eine 20 cm tiefe Grube ausgehoben und rundherum Wegplatten verlegt. In die Vertiefung habe ich anschließend eine Kiste aus Holz gebaut, alle verwendeten Pfeiler und Planken stabil verschraubt und die Seitenteile mit einer Gewindestange verbunden, damit sie nicht ausbeulen.
❷ Der Boden der Kiste wurde dann noch mit Maschendraht gegen Wühlmäuse abgesichert. Zum Schutz der Bretter habe ich die Kiste von innen mit Teichfolie ausgekleidet und diese dann mit dem Tacker befestigt.
❸ Jetzt kann Ihr Hochbeet befüllt werden! Ganz nach unten kommt eine Schicht aus dickem Abfallholz, dünneren Ästen, Heckenschnitt und Laub. Darüber habe ich die Grassoden gelegt, die beim Aushub angefallen sind. Wässern Sie zwischendurch immer ein bisschen, damit sich alles setzt.
❹ Die oberen Schichten bestehen aus grobem und feinerem Kompost, abgeschlossen wird das Ganze mit einer Schicht Muttererde. Warten Sie jetzt ein Weilchen und lassen Sie buchstäblich alles ein wenig sacken. Dann können Sie Ihr Gemüse anbauen und schon bald ernten.

gewinnen. Und dass Erdöl gefördert werden muss, um die Lastwagen zu betreiben. Zement muss gebrannt werden. Und am Ende muss ich wieder eine ordentliche Menge Karotten essen, um die Dinger zu befüllen. Ob solche stabilen und langlebigen Hochbeete später wirklich so viel Ernte abwerfen, dass dieser Aufwand gerechtfertigt ist? Nie im Leben! Das Gleiche gilt übrigens für die diversen anderen Materialien, aus denen Hochbeete gefertigt werden. Besonders häufig findet man im Handel Hochbeete aus Blech oder, noch schlimmer, aus Recyclingplastik. Auch jedes verzinkte Blech muss gefertigt und transportiert werden. Und ob sich ein Hochbeet aus Recyclingplastik im Garten gut macht, sei dahingestellt. Wäre es nicht viel sinnvoller, wir würden alle mehr und häufiger gänzlich auf Kunststoff verzichten? Dann bräuchten wir ihn auch nicht recyceln und damit unsere Gärten dekorieren. Denn aus der Welt ist das Plastik damit keineswegs.

MIR KOMMT SO EIN HAUFEN PLASTIK JEDENFALLS NICHT IN DEN GARTEN!

Damals reichte auch ein Misthaufen

Sie merken schon, das Thema Hochbeete gehört zu meinen Lieblingsthemen. Aber nicht alles, was auf den ersten Blick sinnvoll erscheint, ist es auch. Da muss man immer genauer hinsehen. Ich denke mal, wie ein Hochbeet funktioniert, war auch schon unseren Vorfahren mehr oder weniger klar. Und doch habe ich noch nie gehört oder gelesen, dass sich unsere Großeltern mit dem Bau von Hochbeeten abgemüht hätten. Eine Kürbispflanze auf dem Misthaufen, das war früher durchaus üblich, denn der erzeugt schließlich auch Wärme. Für alles andere hätte man gar keine Zeit gehabt. Geändert hat sich das nur, weil es in unserer modernen westlichen Welt nicht mehr notwendig ist, möglichst effizient und kräfteschonend zu arbeiten. Der Normalmensch gärtnert heute nur zum Zeitvertreib, denn es gibt ja immer noch den Supermarkt um die Ecke.

Ich möchte aber nicht bestreiten, dass Hochbeete eine Existenzberechtigung haben – und dass das Gärtnern auf ihnen auch gut funktioniert. Vor allem Städter und Einsteiger haben mit Hochbeeten ihren Spaß. Sie lernen so die Gartenarbeit kennen, begeistern sich vielleicht sogar dafür und wollen bestenfalls irgendwann mehr. Auch für Menschen mit Behinderung oder Senioren ist so ein Hochbeet ideal. Denn der Gemüseanbau fällt mit zunehmendem Alter immer schwerer. Man muss für jedes Unkrautblättchen runter in die Hocke, man muss jede Kartoffel von der Erde aufheben und auch Samenkörner kann man leider nicht aus Hüfthöhe zielgenau in ihr Saatloch schnippen. Für all diese Zielgruppen sind Hochbeete also eine feine Sache, für Selbstversorger meiner Meinung nach aber nicht.

KAPITEL 19

MUSKELN UND MOTORKRAFT

Meine wichtigsten Geräte

Dass im Garten ohne Werkzeug nichts geht, ist klar. Bei all den anfallenden Arbeiten braucht man schon ein paar Gerätschaften. Das wissen auch die Hersteller und werden immer kreativer. Was es da nicht alles gibt! Von der Unkrautfackel über den Rasenlüfter bis hin zur Gartenschlauchbox mit Aufrollautomatik. Doch welche kleinen und großen Helfer sind unerlässlich, welche sind nett, wenn man sie hat – und auf welche kann ich in meinem Selbstversorgergarten gut und gerne verzichten?

Kleine und größere Gartenhelfer

Sie werden mit der Zeit feststellen, dass man gar nicht so viel benötigt, um einen Selbstversorgergarten ordentlich zu bewirtschaften. Im Zweifelsfall ist weniger immer besser. Pflanzlochstecher, Pikierstab, Rasenkantenschneider, Laubsauger, all das brauche ich nicht. Unsere Vorfahren sind schließlich auch ohne Mähroboter ausgekommen. Ich habe jedenfalls über die Jahre hinweg schon etliche Geräte gekauft und ausprobiert. Bewährt haben sich aber nur einige Helfer, die dafür aber fast täglich im Einsatz sind und mir unverzichtbare Dienste leisten.

Das wohl wichtigste Gartengerät, ohne das ich nie und nimmer auskäme, ist ein Spaten. Ich besitze gleich mehrere Exemplare von unterschiedlicher Qualität. Die ersten, die ich seinerzeit gekauft habe, waren Billigprodukte aus dem Baumarkt. Die haben aber recht schnell Rost angesetzt.

Die Mutter aller Gartengeräte

Um das zu verhindern, muss man den Spaten mehrmals pro Jahr, am besten sogar nach jeder Benutzung, komplett reinigen und dabei vor allem das Spatenblatt säubern und einölen. Hat sich der Rost erst einmal auf dem Blatt festgesetzt, hilft nur noch eine Drahtbürste oder schlimmstenfalls eine Bohrmaschine mit Schleifkopf, um das Gerät wieder gebrauchsfähig zu machen. Denn je verdreckter und rostiger ein Spaten ist, desto schwerer lässt er sich in den Boden stechen. Die Arbeit wird dann zur Qual.

Natürlich bietet der Handel auch Spaten mit rostfreiem Blatt und Kunststoffstiel an. Die sind teurer. Nachdem ich mir aber auch endlich so ein Qualitätsmodell gekauft hatte, war Schluss mit Rost. Seither bricht mir auch kein Holzstiel mehr entzwei. Die Arbeit macht Spaß, sie geht leicht von der Hand, was will ich mehr. So einen Spaten braucht man einfach immer wieder. Sei es, weil ein neuer Baum oder Strauch eingesetzt werden muss, sei es, weil ich einige Quadratmeter Garten vorbereiten will – oder eben schnell ein paar Karotten ausgraben möchte. Der Spaten ist mein wichtigstes Werkzeug.

Fast den gleichen Stellenwert haben für mich meine Spaten- oder Grabgabel und natürlich meine Harke: Mit der Grabgabel ernte ich Kartoffeln, hebe Wurzeln aus und lockere den Boden, für solche Arbeiten ist das Gerät sehr gut geeignet. Und eine ganz gewöhnliche, altmodische Harke leistet mir beim Verteilen von Kompost, beim Glätten des Bodens und beim Andrücken des Saatguts treue Dienste.

Viele dieser Werkzeuge bleiben bei mir übrigens im Garten stehen, ich sammle sie also nicht jeden Abend ein und verräume sie dann wieder im Geräteschuppen. Die Arbeit spare ich mir. Schließlich vergeht kaum ein Tag, an dem ich sie nicht benutze. Auch das ist übrigens ein Grund dafür, dass ich mittlerweile auf rostfreie Gartengeräte mit Kunststoffstiel schwöre. Bei Wind und Wetter verrottet Holz einfach viel zu schnell und von den Problemen, die Rost verursacht, habe ich Ihnen ja eben schon erzählt.

»DER SPATEN IST MEIN WICHTIGSTES WERKZEUG.«

Doch sauber muss er sein und möglichst aus rostfreiem Material. Nur dann geht die Gartenarbeit leicht von der Hand und macht auch Spaß.

GABEL, SCHAUFEL, SCHUBKARRE

Und was brauche ich noch? Da wäre einmal meine Mistgabel. Sie ist ideal, um grobes Material zu bewegen, und kommt bei mir hauptsächlich im Hühnerstall zum Einsatz. Dort verwende ich Stroh als Einstreu, das sich mit der Gabel gut verteilen lässt. Im Hühnerstall ist zudem eine Schaufel unentbehrlich. Die muss allerdings ein eher rechteckiges Blatt haben, das vorne gerade ist. Es gibt auch Modelle, die sehr spitz zulaufen. Mit diesen »Frankfurter« oder »Bayrischen Schaufeln« kann man zwar prima Sand von A nach B schippen, damit auszumisten ist jedoch mühsam. Das klappt mit einem geraden, flachen Schaufelblatt besser. Damit kann man auch dünne, lockere Materialschichten aufnehmen und nichts bleibt liegen. So eine Schaufel benutze ich auch, um Kompost zu bewegen und zu verteilen.

Funktioniert noch immer tadellos

Apropos bewegen: Ohne Schubkarre käme ich im Garten auch nicht aus. Ich besitze zwar einen Einachser mit Anhänger, von dem ich gleich noch ausführlich berichte, der macht aber bei kleineren Arbeiten wenig Sinn. Eine Schubkarre ist da schneller zur Hand und viel beweglicher. Was bin ich froh, dass ich mich damals gleich für ein stabiles Modell entschieden haben. Denn auch bei Schubkarren kommt es auf die Qualität an. Meine hält jetzt schon seit vielen Jahren und funktioniert noch immer tadellos. Nur die beiden Holzgriffe haben sich mit der Zeit aufgelöst und ich musste sie ersetzen. In den Baumärkten werden oft Schubkarren mit unverschämt dünnen Blechwannen angeboten. Die knicken schon ein, wenn man nur ein paar schwere Kompostladungen nach vorne auskippt, und brechen dann auch recht schnell.

Eine Radhacke ist ein Multitalent. Damit können Sie Unkraut beseitigen, den Boden lockern und sogar Ihre Saat ausbringen.

HEISS GELIEBTE RADHACKE

So weit zu den Geräten für die eher groben Hauruckarbeiten. Für weitere Aufgaben besitze ich noch eine Vielzahl spezialisierterer Werkzeuge, etwa einen dreizinkigen Grubber, den ich allerdings nur selten benutze, eine Rübenhacke zur gezielten Unkrautbeseitigung, einen Sternkrümler, mit dem ich meine Beete für die Saat vorbereite, mehrere kleine Handschaufeln und eine Radhacke. Von der muss ich Ihnen jetzt unbedingt mehr erzählen, denn dieser Helfer ist zu meinem absoluten Liebling geworden!

FRÜHER WAREN **RADHACKEN WEIT VERBREITET,** ABER IM LAUFE DER ZEIT SIND SIE LEIDER ZIEMLICH AUS DER MODE GEKOMMEN.

Eine Radhacke ist eine fantastische Erfindung, die sich in meinem Garten vor allem im Kampf gegen Unkraut bewährt hat. Grob gesagt besteht das Gerät aus einem Rad und einer Platte, die an zwei oder auch nur einer längeren Lenkstange befestigt sind. An der Platte kann man verschiedene Anbaugeräte montieren. Welch eine Arbeitserleichterung! Da ich mein Gemüse überwiegend in Reihen anbaue, muss ich nur ein Pendelmesser (die gibt es in verschiedenen Breiten) an meine Radhacke schrauben und sie dann zwischen den Reihen hindurchschieben. Alles unerwünschte Grün wird beim Vorwärtsgehen kurz unter der Oberfläche gekappt und beim Zurückziehen wird sogar die Erde noch ein wenig gelockert. Das abgeschnittene Unkraut bleibt einfach liegen und kann verdorren – vorausgesetzt, ich erledige die Arbeit an einem warmen, trockenen Tag. Mit meiner Radhacke kann ich also in null komma nix eine ganze Gemüsereihe vom Unkraut befreien und habe dann wieder zwei Wochen Ruhe.

Als zweites Anbaugerät für die Radhacke besitze ich noch einen Kultivator, mit dem ich oberflächlich die Erde auflockere oder aber, besonders nach Regenfällen, den verkrusteten Boden aufreiße, damit das Wasser nicht so schnell verdunstet. Ich kann gar nicht oft genug betonen, wie sehr ich meine Radhacke vermissen würde, besäße ich keine. Klar, für den kleinen Hausgarten ist dieses Gerät nicht geeignet. Wer aber einen größeren Garten bewirtschaftet, und ich schreibe ja hier über das Thema Selbstversorgung, wird früher oder später zur Reihenkultur übergehen und ab diesem Zeitpunkt bietet so eine Radhacke eine enorme Arbeitserleichterung.

»SO EINE RADHACKE IST EINE FANTASTISCHE SACHE!«

Es macht richtig Spaß damit durch die Gemüsereihen zu fahren und zuzusehen, wie all das Unkraut in einem Arbeitsgang beseitigt wird.

Das Ding kann noch viel mehr!

Schade nur, dass das Angebot an Radhacken recht überschaubar ist. Angeboten werden sie nur von einigen wenigen Herstellern aus Europa und aus den USA, Billigvarianten werden vor allem in Osteuropa hergestellt. Wer auf den Cent achten muss, wird auch mit so einer sehr preiswerten Radhacke zurechtkommen, muss aber in Sachen Qualität einige Abstriche machen. Wichtig für die Kaufentscheidung ist auch, welche Anbaugeräte man zusätzlich gern hätte. Da gibt es eine große Auswahl. An einigen Modellen kann man Sämaschinen befestigen, andere Hersteller bieten Häufelkörper an, manche sogar Fingerhacken, mit denen man selbst das Unkraut nahe an den Kulturpflanzen entfernen kann. Sogar Striegel haben manche Anbieter im Angebot. Ich begnüge mich jedoch mit meinen Pendelmessern und meinem Kultivator. Damit komme ich im Garten sehr gut zurecht.

Wer sich im Getreideanbau versuchen möchte, wird allerdings kaum um eine Sämaschine herumkommen. Mit einer preiswerten Variante habe ich selbst schon einige Erfahrungen gesammelt. Weizen oder Roggen lassen sich damit auf größeren Flächen schnell und sorgfältig aussäen. Natürlich kann man mit so einer Maschine auch anderes Saatgut ausbringen, von Spinat über Karotten bis hin zu Mais oder Zwiebeln. Ich selbst nutze meine Sämaschine allerdings kaum noch. Den Getreideanbau, auf den ich später noch zu sprechen komme, habe ich mittlerweile aufgegeben. Und einige Meter Möhrensaat sind schneller mit der Hand ausgesät, als die Maschine auf die jeweilige Saatgutgröße eingestellt ist.

Von Scheren, Messern und Macheten

Damit bin ich mit meinen Gartengeräten aber noch nicht am Ende. Besonders für die Pflege meiner Obstbäume und Beerensträucher sind weitere Werkzeuge nötig. Eine große stabile Astschere, einen Hochentaster, beide am besten mit Übersetzung, eine Gartenschere guter Qualität, eine Axt, diverse Sägen und eine ausfahrbare Leiter gehören mittlerweile zu meiner Ausstattung und sind regelmäßig im Einsatz. Hinzu kommen eine gute Machete, einige scharfe Messer und natürlich Lederhandschuhe, damit ich mir nicht in die Finger hacke oder schneide. Das mit der Machete klingt jetzt vielleicht sehr exotisch. Ich brauche sie aber, beispielsweise um abgeerntete Maispflanzen zu zerkleinern. Da hat man mit einer normalen Messerklinge keine Chance. Ach ja, und eine Schutzbrille beim Hantieren mit dem Freischneider oder mit der Kettensäge kann auch nicht schaden.

Gummistiefel sind bei der Arbeit unter freiem Himmel ebenfalls nicht wegzudenken, das versteht sich von selbst. Leider sind sie im Garten ein regelrechtes Verschleißprodukt. Ich kann mich gar nicht mehr daran erinnern, wie viele Paar ich mittlerweile schon durchgejubelt habe. Der Knackpunkt bei Gummistiefeln, und das ist durchaus wörtlich zu verstehen, ist nämlich ihre Haltbarkeit. Gummistiefel mögen zwar sehr langlebig sein, wenn ich sie nur zum Wandern im Wald anziehen würde. Bei der Gartenarbeit müssen sie jedoch ganz andere Belastungen aushalten. Durch das ständige Bücken und Hinknien werden sie fortwährend geknickt und neigen dazu, an besonders beanspruchten Stellen zu brechen oder zu reißen. Ich habe es mit billigen Gummistiefeln aus dem Discounter versucht, ich habe es mit teuren und qualitativ hochwertigen Stiefeln versucht, das Ergebnis war immer gleich: Nach einigen Monaten waren sie nicht mehr dicht. Ich denke, ich werde wohl niemals ein Paar finden, das länger als eine Saison durchhält.

Man kann und muss nicht alles haben

SAUZÄHNE WERDEN ANDERERSEITS IMMER IN DEN **HÖCHSTEN TÖNEN GELOBT.** PROBIEREN SIE'S AUS, VIELLEICHT IST DAS JA DOCH WAS FÜR SIE.

Weniger ist besser, habe ich im Vorspann großspurig geschrieben, und dann liste ich Ihnen hier die komplette Geräteabteilung eines gut sortierten Gartencenters auf! Aber Moment, es gibt auch Gartengeräte, die ich mir nicht noch einmal zulegen würde. Eines davon ist ein Sauzahn. Das ist ein Metallzinken, an einem Stiel befestigt, den man einfach durch die Erde zieht und dabei den Boden lockert. Anders als beim Umgraben oder Pflügen werden die Erdschichten dabei nicht gewendet, also nicht von oben nach unten befördert. Und umgekehrt. Im Prinzip ist ein Sauzahn keine schlechte Idee. Denn es ist sicher nicht so gut für den Boden, wenn er im Frühjahr beim Umgraben quasi auf den Kopf gestellt wird. Das Zusammenspiel der verschiedenen Organismen im Erdreich ist schließlich sehr komplex und all die winzigen Tierchen stellen ganz eigene Ansprüche an ihren Lebensraum. Sei's drum. Mir ist die Arbeit mit dem Sauzahn einfach viel zu anstrengend. Der Boden in meinem Garten ist ziemlich schwer, da ziehen Sie nicht einfach mal so locker-flockig einen Sauzahn durch.

Als Alternative verwende ich die oben beschriebene Grabgabel. Mehrere Zinken werden hier durch das eigene Körpergewicht in die Erde gedrückt, dann zieht man die ganze Gabel nach hinten. Diesen Vorgang wiederhole ich alle zehn Zentimeter. Auch so wird der Boden gelockert, ohne ihn zu wenden. Eine Grabgabel hat allerdings den Nachteil, dass Unkräuter nicht unter die Erde befördert werden, sondern weiterwachsen können. Außerdem bleiben alle Samen oben und keimen in der Folgezeit. Da muss ich abwägen, was mir wichtiger ist: weniger Unkraut oder ein gesünderes, ungestörtes Bodenleben.

Ohne Antrieb geht es nicht!

Nicht alle Arbeiten im Garten lassen sich mit Handgeräten erledigen. Vor allem dann nicht, wenn der Garten sehr groß oder aber der Gärtner nicht mehr Mitte 20 ist. Da muss ich dann doch auf einige motorbetriebene Gerätschaften zurückgreifen. Eine Heckenschere und eine Kettensäge, beide müssen leider an die Steckdose, gehören zu meinem Inventar. Aber auch ein benzinbetriebener Rasenmäher und vor allem mein Freischneider sind unentbehrlich. Sei es, um die Wiese oder im Frühjahr Pflanzenreste vom Acker zu mähen oder auch um Brennnesseln zu schneiden, die ich dann zum Mulchen verwende oder in die Jauchetonne werfe. Mein wichtigstes motorbetriebenes Hilfsmittel ist jedoch mein Einachser, und den liebe ich fast noch mehr als meine Radhacke. Denn mein Garten ist sehr weitläufig; da gibt es einfach unglaublich viel zu transportieren, zu bewegen, zu pflügen und zu fräsen. All das nur mit Spaten, Hacke und Schubkarre erledigen? Das habe ich jahrelang versucht und mir dabei die Knochen verbogen. Und diese Knochen werden eben auch nicht jünger.

KEINE GUTE WAHL. ICH HABE SCHON MEHRFACH AUS VERSEHEN **DAS STROMKABEL MIT MEINER HECKENSCHERE** DURCHGESCHNITTEN. :) HEUTE WÜRDE ICH NUR NOCH WERKZEUGE MIT BENZINMOTOR ODER AKKUANTRIEB KAUFEN.

Wendiges kleines Kraftpaket

Und was ist ein Einachser? Die meisten Leser werden so eine Maschine noch nie gesehen, ja noch nicht einmal davon gehört haben. Ein Einachsschlepper ist ein Traktor im Miniformat. Wie der Name schon sagt, besitzt er, anders als ein herkömmlicher Traktor mit vier Rädern, nur eine Antriebsachse und ist somit kleiner, wendiger und natürlich auch preiswerter. Wenn man so will, schließt der Einachser in puncto Ausrüstung die Lücke zwischen einem

Gemüsegarten, der noch locker in Handarbeit bestellt werden kann, und einem echten, großen Bauernhof. Mit den entsprechenden Anbaugeräten kann man ihn aber fast so vielseitig einsetzen wie einen herkömmlichen Traktor. Das alles sind doch perfekte Kriterien für Selbstversorger!

Fast wie im Wilden Westen

Nehmen wir meine 800 Quadratmeter für den reinen Gemüseanbau im Freiland. Diese, da werden Sie mir zustimmen, lassen sich mit dem Spaten nicht umgraben und auch nicht mit der Grabgabel saat- und startklar machen. Ich nutze dafür eine Fräse und einen Pflug, die ich an meinen Einachser montiere. Im Frühjahr, wenn der Garten abgetrocknet ist, fahre ich zunächst mit der Fräse einmal über die gesamte Fläche und lasse sie dann abtrocknen. Anschließend pflüge ich den Acker um. Dabei graben sich die Pflugscharen 20 bis 25 Zentimeter tief in den Boden, das würde ich also auch mit dem Spaten schaffen. Allerdings nur mit sehr viel Geduld, Schweiß und Schwielen.

Der Umgang mit einem Pflug ist nicht ganz einfach, das will ich Ihnen hier nicht verschweigen. Und es hat mich einige Jahre gekostet, bis ich den Dreh endlich halbwegs raushatte. Was habe ich bei dieser Arbeit schon geflucht! Immer wieder ist mir die Maschine beim Pflügen auf die Seite gekippt. Und unzählige Male bin ich schon stecken geblieben, weil der Boden eben doch noch zu nass war. Aber nur wer übt, wird bekanntlich zum Meister. Und auch wenn immer noch nicht alles rund läuft: Beim Pflügen fühle ich mich wie der Herr auf dem Acker, wie ein Siedler im Wilden Westen, der gerade sein Stück Wildnis absteckt und urbar macht. Danach ist der Garten natürlich noch nicht aussaatbereit. Die groben Schollen müssen noch ein weiteres Mal mit der Fräse geglättet werden. Aber dann kann es losgehen. Endlich!

ALS DIE KINDER NOCH KLEIN WAREN, HABE ICH SIE SOGAR **MIT DEM EINACHSER VON DER SCHULE ABGEHOLT** ODER IHRE SCHLITTEN IM WINTER DAMIT DURCH DEN SCHNEE GEZOGEN. IMMER NOCH BESSER, ALS ZU DADDELN! :)

Lust auf eine Spritztour?

Ich nutze meinen Einachsschlepper allerdings nicht nur im Frühjahr, er ist das ganze Jahr im Einsatz! Ich habe noch einen Anhänger für die Maschine, denn ohne gleicht sie eher einer Schubkarre ohne »Karre«, hinter der man herlaufen müsste. Mit Anhänger, an dessen Vorderseite eine Sitzfläche angebracht ist, kann man das Gefährt aber wie einen Traktor benutzen. Die Ladefläche ist übrigens kippbar, was wichtig ist, denn darin transportiere ich Kompost, meine Kartoffelernte oder Brennholz. Und wenn mal wieder Hühner oder Gänse zum Schlachter müssen, ist meine Frau dankbar, dass ich das Federvieh nicht im Auto durch die Gegend kutschiere. Manchmal unternehme ich mit dem Einachser auch nur eine Spritztour. Ich fahre dann über die Feldwege und schnappe frische Luft. Ein herrliches Gefühl von Freiheit!

Einen großen Nachteil hat ein Einachser dann aber doch: In der Regel ist er nicht auf öffentlichen Straßen zugelassen. Früher war das kein Problem, heutzutage hat der Gesetzgeber aber einen Strich durch die Rechnung gemacht, zumindest in etlichen Bundesländern. Diese Einschränkung wäre für mich der einzige Grund, mir einen echten Traktor zuzulegen.

Erwähnen muss ich noch, dass der Markt für Einachsschlepper leider sehr geschrumpft ist. Es gibt nur noch wenige Hersteller, die solche Maschinen produzieren. Auch die Auswahl an Anbaugeräten ist nicht mehr so vielfältig wie anno dazumal, als Einachser populärer und noch weit verbreitet waren. Bessere Chancen hat man natürlich auf dem Gebrauchtmarkt. Doch auch hier gibt es einen Pferdefuß: Werden die benötigten, kompatiblen Anbaugeräte nicht gleich mitverkauft, muss man lange danach suchen. Gleiches gilt natürlich für Ersatz- und Verschleißteile. Geht mal etwas kaputt, beginnt die Sucherei. Und selbst wenn man ein passendes Teil gefunden hat, braucht man entsprechendes Werkzeug und Know-how, um eine alte Maschine wieder in Gang zu bringen. Deshalb habe ich mich für ein neues Modell mit modernem Motor und elektronischer Zündung entschieden. Hoffentlich lassen die ersten ernsthafteren Reparaturen noch lange auf sich warten!

Glücklich und zufrieden

Halten Sie mich ruhig für einen Fantasten oder Spinner. Aber ich liebe meinen Einachser wirklich. Breche ich am Morgen – beladen mit Spaten, Harken, Jungpflanzen und einem Eimer voller Dünger – Richtung Acker auf, fühle ich mich wie ein stolzer Bauer, der wieder sein Tagwerk beginnt, um seine Familie mit gesunden, leckeren Nahrungsmitteln zu versorgen. Es gibt für mich keinen schöneren Moment als den, wenn meine Frau die Glocke zum Mittagessen läutet. Dann zuckle ich wieder mit meinem Einachser zurück zum Haus, tanke neue Kraft und fahre anschließend wieder hinaus in den Garten. Und wenn ich am Abend den Motor der Maschine abstelle, bin ich glücklich und zufrieden. Sicher, ich könnte meine Zeit auch anders verbringen. Ich könnte Briefmarken sammeln oder mich zum Bürgermeister wählen lassen. Es gäbe unzählige Möglichkeiten, mich zu beschäftigen. Aber kaum eine wäre für mich derart befriedigend wie die Arbeit im Garten.

Klar, ganz klassische Gartengeräte nutze ich auch noch. Wenn man nah an die Pflanzen ran will, hat man oft keine andere Wahl.

KAPITEL 20

BESTE FREUNDINNEN

Wie man Hühner hält

Da können Sie fragen, wen Sie wollen, die Antwort wird immer die gleiche sein: Wenn es eine Tierart gibt, die jeder mit Selbstversorgung in Verbindung bringt, dann sind es Hühner. Ohne sie ist dieser Lebensentwurf undenkbar. Denn die Menge an Protein, die Ihnen Eier und Hühnchenfleisch liefern, können Sie von keinem Baum pflücken und in keinem Beet anbauen. Natürlich müssen Sie Ihre Hühner nicht zwingend schlachten. Zur echten Selbstversorgung gehört das aber eigentlich dazu.

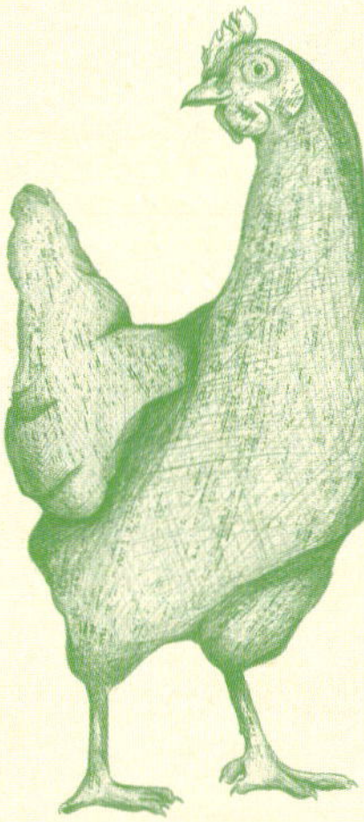

Der schönste Weg zum Frühstücksei

Hühner legen Eier und davon nicht wenige. Hühner ergeben, wenn sie denn geschlachtet werden, leckeres Suppenfleisch, sie vertilgen allerlei Abfall aus dem Garten, sind robust und pflegeleicht und noch dazu witzig anzusehen. Jeder, der mit dem Gedanken an Selbstversorgung spielt, sollte Hühner von Anfang an mit einplanen. Von allen Tieren, die bei uns leben, habe ich an meinen Hühnern den meisten Spaß.

Bis mit meinen Hühnern alles rund lief, hat es aber ein Weilchen gedauert. Denn als ich unsere allerersten Hennen beim Geflügelhändler abholte, hatte ich von Hühnerhaltung keinen blassen Schimmer. Klar, man kann sich vorab schlaumachen. Aber das ist ganz ähnlich wie beim Gemüseanbau: In Büchern und im Internet werden Sie mit Tipps und (teilweise kuriosen) Ratschlägen regelrecht überschüttet. Was ich da nicht schon alles gelesen habe!

GLAUBT MAN SO MANCHEM »EXPERTEN«, BRAUCHEN HÜHNER RIESIGE FLÄCHEN, BEHEIZTE STÄLLE ODER ÜBERDACHTE AUSSENGEHEGE. DAS IST ALLES QUATSCH. MACHEN SIE IHRE EIGENEN ERFAHRUNGEN!

Das liebe Federvieh

Letztlich muss man also seine eigenen Erfahrungen sammeln, daran führt kein Weg vorbei. Und so kam der Tag, an dem ich meine ersten eigenen Hühner in Pappkartons mit der Schubkarre in ihr neues Zuhause brachte. Einige Wochen zuvor hatte ich damit begonnen, einen alten Pferdestall in ein hühnergerechtes Domizil zu verwandeln. Dazu hatte ich im ersten Schritt eine Trennwand aus Dachlatten und Maschendraht eingezogen und diesen Raumteiler dann mit einer Tür versehen. So entstand in der einen Hälfte der eigentliche Stall, in dem die Hühner die Nacht verbringen sollten, und nebenan ein separater Lagerbereich für Futter, Eierkartons und alles andere Zubehör. Im Stall mussten noch Sitzstangen und darunter Kotbretter montiert werden, auf denen sich die Hinterlassenschaften der Tiere sammeln. Noch eine Etage tiefer war Platz für drei große Legenester aus Plastikeimern, die waagerecht aufgestellt und dann mit Stroh befüllt wurden. Anschließend habe ich noch eine »raubtiersichere« Hühnerklappe gebastelt und um das Außengehege einen Zaun gezogen – hoch genug, damit es kein Huhn hinüberschafft. Fertig, jetzt war alles vorbereitet!

Angefangen habe ich damals mit zehn gewöhnlichen Legehennen. Zwar habe ich mit der Zeit auch andere, exotischere Rassen ausprobiert, bin dann aber doch wieder bei normalen Haushühnern gelandet. Bewährt haben sich bei mir vor allem Sussex und Deutscher Sperber. Auch wenn ihre Legeleistung nicht rekordverdächtig ist: Beide Rassen produzieren eine ordentliche Menge Eier, setzen aber gleichzeitig recht gut Fleisch an und taugen somit später auch als Suppenhühner. Für Selbstversorger ist das ein akzeptabler Kompromiss. Es dauerte jedenfalls nicht lange, bis ich meine ersten Frühstückseier aus den Legenestern sammeln konnte.

HÜHNER HABEN IHREN EIGENEN KOPF

Was habe ich mir in den ersten Wochen und Monaten Mühe gegeben, um meine Hühner nach allen Regeln der Kunst zu versorgen und auch zu erziehen: Jeden Morgen die Hühnerklappe aufgemacht und am Abend wieder verriegelt, aus Angst vor Füchsen und anderen Räubern. Dann Gipseier in die Nester gelegt, damit meine Hühner lernen, an welchem Ort ich zukünftig mein Frühstück einsammeln möchte. Natürlich habe ich auch verschiedene Futtermittel ausprobiert und sogar immer wieder Miesmuschelschalen vom Mittagstisch (ja, ich weiß, die stammen nicht aus eigenem Anbau!) zerkleinert und dann an die Hühner verfüttert. Denn Muscheln enthalten Kalk, der die Eierschalen dicker und stabiler macht. Jetzt werden Sie gleich lachen, aber wenn neue Hühner hinzukamen, habe ich die Vögel anfangs sogar jeden Abend auf ihre Sitzstangen gehoben, damit sie sich an ihren Schlafplatz gewöhnen. Das war übrigens nicht nötig, mit der Zeit hat das jede Henne ganz von alleine auf die Reihe bekommen.

Es gibt ein Schlupfloch, aber wo?

Schon sehr bald kamen dann allerdings auch die ersten Problemchen. Denn Hühner haben ihren eigenen Kopf und der Tag ist lang. Da hat so ein Huhn sehr viel Zeit, sich sehr viel Unfug auszudenken. Immer wieder haben es meine Hühner geschafft auszubrechen. Morgens die Hühnerklappe auf, dann frühstücken. Kaum war ich damit fertig, tummelten sich schon die ersten Hennen gackernd und scharrend außerhalb des Geheges. Keine Ahnung, wie die da rausgekommen waren. Jetzt fangen Sie mal ein Huhn ein, das nicht eingefangen werden will. Ich kann Ihnen sagen, da müssen Sie schnell sein! Kaum hatte ich alle Ausreißer zurück über den Zaun befördert und mich wieder meiner Arbeit zugewandt, dauerte es nur ein Weilchen, da waren schon wieder ein paar Vagabunden im Garten unterwegs. Ich habe gesucht und gesucht, doch ihr Schlupfloch war unauffindbar. In meiner Verzweiflung habe ich sogar den Kindern ein Eis versprochen, wenn sie sich

»DIESES SPIEL WIRD NIEMALS ENDEN, DA BIN ICH SICHER.«

Ich liebe meine Hühner, aber warum müssen sie ständig ausbüchsen? Egal, was ich mache: Ein paar clevere Hennen finden immer ein neues Schlupfloch im Zaun. Sie wieder einzufangen ist gar nicht so einfach!

auf die Lauer legen und ein Huhn auf frischer Tat ertappen könnten. Keine Chance. War ein Mensch in der Nähe, blieben die Hühner brav im Gehege, waren sie unbeobachtet, büchsten einige von ihnen wieder aus. Erstaunlich ist, dass es immer die gleichen, scheinbar besonders cleveren Tiere waren, denen es gelang auszubrechen. Daran hat sich bis heute nichts geändert: Sobald neue Hennen bei uns einziehen, sind immer wieder einige Schlauköpfe dabei, die sich wie Hühner-Houdinis irgendwie durch den Zaun des Geheges mogeln. Dieses Spiel wird niemals enden, da bin ich mir sicher.

AUCH IN SACHEN LEGENESTER WOLLEN SICH EINIGE HÜHNER EINFACH **NICHT AN DIE SPIELREGELN HALTEN.** DA FINDET MAN DANN EIER IM GEBÜSCH ODER VERSTECKT HINTER ZÄUNEN UND BRETTERN. SO MANCHES HUHN HÄLT SICH SCHEINBAR FÜR DEN OSTERHASEN! :)

Robust und pflegeleicht

In der Regel sind Hühner sehr robust. Ich habe weder eine Heizung im Hühnerstall installiert noch die Wände gedämmt, und ich ziehe meinen Hühnern im Winter auch keine selbst gestrickten Wollpullis an. Bisher ist mir nicht aufgefallen, dass die Tiere darunter leiden. Ich habe auch keine abgerundeten Sitzstangen verbaut, obwohl man ja immer wieder liest: Rund oder wenigstens nicht rechteckig sollten sie sein, damit die Hühner sich nachts nicht »die Füße verrenken«. Und ich serviere ihnen auch kein Fünf-Sterne-Menü, sondern ganz gewöhnliches Hühnerfutter aus dem Landhandel. Das enthält alle nötigen Zutaten, um das Federvieh zu ernähren. Zusätzlich bekommen sie aber noch all das, was an pflanzlichem Abfall im Garten so anfällt: Unkraut, Fallobst, mal ein paar gekochte Kartoffeln, die in der Küche nicht mehr zu verwenden sind. Hin und wieder, wenn ich welche habe, gibt's auch Drohnenrahmen von den Bienen, die die Hühner mit Begeisterung fressen. Sicher, man kann das Spiel auch auf die Spitze treiben und wahre Köstlichkeiten servieren. Das mag jeder halten, wie er mag.

Natürlich werden Hühner gelegentlich auch krank, damit muss man immer rechnen. Lässt ein Huhn mal ein paar Tage den Kopf hängen, fahre ich aber nicht sofort zum Tierarzt. Ich warte erst mal ab und vertraue auf die Selbstheilungskräfte der Tiere. Damit bin ich bisher gut gefahren und in all den Jahren waren es nur sehr wenige Tiere, die nicht überlebt haben.

HAHN IM KORB, ZOFF IM STALL

Ich habe immer den Standpunkt vertreten, dass meine Hühner Nutztiere sind. Ich weiß, dem einen oder anderen Leser werden diese Worte nicht gefallen. Man kann die Sache aber auch nüchtern betrachten: Kaufe ich ein Huhn beim Geflügelhändler, bezahle ich acht oder neun Euro für eine legereife Henne. Bringe ich ein krankes Tier zum Tierarzt, bin ich schnell 80 oder 90 Euro los. Für dieses Geld kann ich zehn neue Hennen kaufen. Ich weiß, wovon ich spreche, der Kinder wegen haben wir es einige Male

Schauen Sie mal, ein kleines Federbällchen! Zu erleben, wie es schlüpft und wächst, ist besser als Kino.

versucht. So hatten wir mal einen jungen Hahn, der sich gegen die Schar der Hennen einfach nicht durchsetzen konnte. Aus unerfindlichem Grunde haben die Hennen dem armen Kerlchen andauernd die Kralle aufgepickt. Wochenlang lief er mit einer klaffenden Wunde herum. Wir haben ihn dann mehrmals von den Hühnern separiert und erst nach längerer Zeit wieder zu den Hennen gelassen. Vergeblich. Das Spiel begann immer wieder von vorn, und ob Sie es glauben oder nicht: Es hat jedes Mal kaum zehn Minuten gedauert, bis die Hennen ihm wieder den Fuß blutig gepickt hatten. Und der Hahn? Hat das einfach mit sich machen lassen.

Da braucht man keinen Wecker mehr

Wir haben uns dann doch entschieden, eine Tierärztin aufzusuchen. Es gibt eine im Nachbardorf, die sogar auf Geflügel spezialisiert ist. Zurück kamen wir mit Antibiotikum, Schmerzmittel und einer Spritze – und der Hahn mit einem dicken Verband am Fuß. Nach vielen weiteren Wochen, in denen wir dem Hahn täglich mit der Spritze seine Medikamente verabreicht haben, war der Fuß verheilt und die Hühner hatten vergessen, wo sie picken sollten. Oder aber der Hahn war erwachsen geworden und hat endlich das

EINEN HAHN, DER MICH ODER DIE KINDER STÄNDIG ANGREIFT UND UNS DABEI MIT SEINEN KRALLEN DIE AUGEN AUSSTECHEN MÖCHTE, KANN MAN ALS SELBSTVERSORGER NICHT GEBRAUCHEN!

Kommando im Hühnerstall übernommen. Jetzt hinkt er zwar ein wenig, macht aber seine Arbeit und beschützt die Hühner. Diesen Job macht er sogar so gut, dass er selbst mich als Bedrohung ansieht. Und das nach all der Mühe, die wir uns mit ihm gegeben haben. Seitdem gibt es immer Zoff, wenn irgendjemand den Hühnerstall betritt. Das ist aber nicht ungewöhnlich. Wenn Sie einen Hahn zu Ihren Hühnern halten, müssen Sie immer damit rechnen, dass er Ihnen nicht wohlgesinnt ist. Lange sehe ich mir dieses Spiel aber nicht mehr an … Sie wissen, was ich meine?

Wobei ich sagen muss: Seit sie männliche Gesellschaft haben, sind meine Hühner erheblich ruhiger und ausgeglichener. Aber auch dieses Argument sollte man abwägen. Ein Hahn hat nämlich die Eigenschaft, Ihnen den ganzen Tag, vornehmlich aber am sehr frühen Morgen, seine Anwesenheit lautstark mitzuteilen. Mich stört das nicht, es gehört zum Selbstversorgerleben dazu. Der Nachbarschaft wird dieser Weckruf unter Umständen aber nicht so gut gefallen. Ich habe da sehr viel Glück mit meinen Nachbarn!

Leckerbissen für Tier und Mensch

Es hat Zeiten gegeben, da bekamen meine Hühner regelmäßig Besuch von Habichten. In all den Jahren, in denen wir die Tiere nun schon halten, haben wir allerdings nicht einmal eine Handvoll Hennen verloren. Das ist ein guter Schnitt. Oft höre ich, ich solle doch meinen Hühnerauslauf mit einem Netz abdecken. Das Gehege ist aber fast 200 Quadratmeter groß und recht verwinkelt. Es komplett mit Netzen zu überspannen, wäre aufwendig und teuer. Ich verfolge daher einen anderen Ansatz: Schon zu Beginn habe ich gleich mehrere Holunder- und Haselnusssträucher im Hühnerauslauf gepflanzt. Vor allem Holunder wächst sehr schnell und nach wenigen Jahren haben die Kronen der Sträucher fast das gesamte Areal bedeckt. Ihre Äste und Blätter mögen vielleicht nicht hundertprozentig vor Habichten schützen, das Restrisiko nehme ich aber in Kauf. Bisher hatten wir auch Glück mit Fuchs, Marder oder Iltis. Keines dieser Raubtiere hat es je geschafft, bei mir Beute zu schlagen. Das erstaunt mich selbst ein bisschen, denn rund ums Dorf gibt es immer mal wieder Füchse, die Hühner oder Gänse stehlen. Vielleicht haben wir also bisher einfach nur Glück gehabt.

So lerne ich eben immer wieder dazu. Ich finde heraus, welche Arbeiten zwingend nötig sind, welche warten können – und welche ich mir sparen kann. Deswegen schließe ich abends auch nicht mehr die Hühnerklappe. Wenn ich das tue, muss ich sie nämlich am frühen Morgen auch wieder öffnen. Und Hühner stehen sehr früh auf, um einiges früher als ich!

VON DER LEGEHENNE ZUM SUPPENHUHN

Ich schreibe in diesem Buch über Selbstversorgung, und da hat natürlich auch jedes Nutztier seine Bestimmung. Bei mir ist jedenfalls bislang noch keine Henne an Altersschwäche gestorben. Meistens bleiben die Tiere zwei Jahre bei uns, bis sie geschlachtet werden und dann als leckeres Suppenhuhn im Topf landen. Mittlerweile hat sich die Zahl unserer Hühner bei rund 20 Tieren eingependelt. Das ist mehr als genug, um eine vierköpfige Familie mit Eiern zu versorgen. Damit ich die Tiere besser unterscheiden kann, teile ich meine Hühnerschar in zwei Gruppen auf: Die eine besteht aus weißen Sussex-Hühnern, die andere Hälfte aus gescheckten Tieren der Sperber-Rasse. So weiß ich immer, wie lange welches Huhn schon bei uns ist und ob es langsam Zeit für den Suppentopf wird. In jedem Jahr geht also die eine Hälfte zum Schlachter, die andere Hälfte darf noch bleiben.

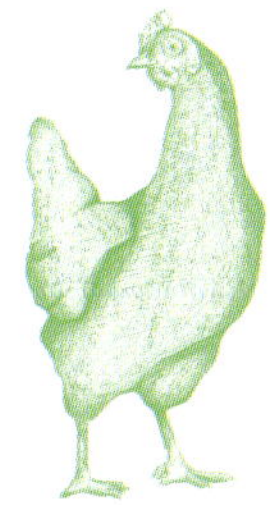

»FÜR JEDES SCHNITZEL MUSS EIN TIER STERBEN.«

Diese Tatsache wird heute oft verdrängt. So grausam das klingen mag: Schlachten Sie einmal selbst eines Ihrer Tiere. Sie werden danach ein ganz anderes Verhältnis zum Fleisch auf Ihrem Teller haben.

Auch das ist Selbstversorgung

Ich weiß, der Gedanke daran, Hühner zu schlachten, mag nicht jedem gefallen. Aber das ist der Sinn und Zweck der ganzen Selbstversorgung. Unsere Vorfahren haben sich auch nicht den Kopf darüber zerbrochen, ob ein Tier getötet werden soll oder nicht, schließlich ging es um ihr Überleben. Dass jedes Tier sterben muss, bevor man es essen kann, hat die Gesellschaft heute fast vollkommen verdrängt. Einer Hähnchenbrust aus dem Tiefkühlregal sieht man eben nicht mehr an, dass sie einst mit Haut und Federn überzogen war und als gackerndes Huhn durch die Gegend gelaufen ist. Fleisch aus dem Supermarkt unterscheidet sich somit kaum von einer Packung Käse oder einer Orange, man greift unbeschwert zu. Denn das Tier, aus dem es gewonnen wurde, hat man nie gesehen, nie gefüttert oder gestreichelt – und schon gar nicht selbst geschlachtet.

Wer Fleisch isst, muss sich mit dieser Thematik befassen, so schwer es auch fallen mag. Lässt man sie, werden Hühner mit etwas Glück fünf bis sieben Jahre alt. Schon nach zwei Jahren nimmt ihre Legeleistung jedoch stark ab. Die Tiere kosten dann nur noch Geld und Mühe, bringen aber keinen Nutzen mehr. Hätte ich keines meiner Hühner je schlachten lassen, wäre mir nicht nur literweise köstliche Hühnersuppe entgangen, ich hätte hier mittlerweile auch einen Hühnerhof mit einigen Hundert Tieren, die nur fressen. Ob das sinnvoll ist, muss jeder selbst entscheiden. Bei uns landet jedenfalls in jedem Jahr Geflügel beim Schlachter. Wir haben da sehr viel Glück: Im Dorf gibt es einen großen Gänsezüchter, bei dem ich meine Tiere abgeben kann. Er hat das nötige Equipment und weiß, wie's geht. Und nach ein paar Stunden hole ich sie als fertige Suppenhühner wieder ab.

NATURBRUT – SO KLAPPT'S!

Wie wird aus einem ganz normalen Hühnerei ein Huhn? Das in natura mitzuerleben ist nicht nur für Kinder spannend! Ich lasse jedenfalls jedes Jahr eine meiner Glucken ihr Brutgeschäft erledigen.

❶ Schon eine Glucke entdeckt? Das ist gar nicht so schwer. Sie bleibt ewig auf ihren Eiern sitzen und verlässt das Legenest nur selten. Heben Sie die Henne jetzt an und werfen Sie einen Blick auf ihr Gelege. Behalten darf sie nur die makellosen Eier, der Rest wird ausgetauscht. Dazu bediene ich mich so lange aus den benachbarten Legenestern, bis das Gelege aus mehreren großen, richtig schönen Eiern besteht.

❷ Jetzt muss die Henne in einen separaten Stall umziehen. Zum Glück habe ich meine Legenester aus Eimern gebastelt, daher kann ich die Glucke mitsamt Nest und Eiern in ihr neues Domizil verfrachten. Dort bekommt sie Wasser und Futter.

❸ Jetzt heißt es abwarten. Drei Wochen später schlüpfen die Küken! Die Mutter verlässt jetzt auch wieder ihr Legenest, passt aber gut auf den Nachwuchs auf.

❹ Erst wenn die Küken zu Junghühnern herangewachsen sind, dürfen sie mit ihrer Mutter zurück zu den Artgenossen. Dort werden sie meist recht ruppig empfangen, das ist aber normal. Die Kleinen müssen ihren Platz in der Rangordnung finden.

Rupfen, ausnehmen, zerlegen
Ich habe aber auch schon selbst geschlachtet. Das ist an sich gar nicht so schwer. Haben Sie den ersten Schritt gemacht und zugeschlagen, gibt es kein Zurück mehr. Die wirkliche Herausforderung kommt erst danach, wenn das Tier tot und ausgeblutet vor Ihnen liegt. Nach leckerer Hähnchenbrust oder einem Suppenhuhn sieht das Ganze dann nämlich noch längst nicht aus. Um die »Hühnerleiche« in einen verzehrfertigen Zustand zu bringen, müssen die Federn weg, die Innereien herausgenommen und das Tier dann eventuell auch noch zerteilt werden. Das ist anstrengend und kein Spaß. Als ich vor Jahren einen Hahn geschlachtet hatte, habe ich jedenfalls Stunden gebraucht, um ihn zu rupfen und dann zu entscheiden, welche Innereien ess- oder verwertbar sind und welche nicht. Und als ich dann endlich mit der Arbeit fertig war und der gebratene Schenkel vor mir auf dem Teller lag, musste ich erst einmal schlucken. Nicht den Bissen, den ich nehmen wollte, sondern weil ich es war, der für die Misere des Tieres verantwortlich war. Eine Erfahrung, die ich nicht missen möchte, und ich kann jedem nur empfehlen, diesen Prozess wenigstens einmal durchzumachen: Das ist wie eine Erleuchtung und Ihre Wertschätzung gegenüber Fleisch wird sich für immer ändern.

AUCH DIESER HAHN **WAR SEHR AGGRESSIV.** MEINE KINDER WAREN DAMALS NOCH KLEIN UND ICH HATTE WIRKLICH ANGST UM SIE!

Küken selbst aufziehen?

Sie müssen Ihre Hühner nicht alle paar Jahre neu kaufen. Sie können sie auch züchten – im Brutautomaten oder auf ganz natürliche Weise. Für beide Methoden brauchen Sie aber zwingend einen Hahn. Einen Brutkasten habe ich selbst noch nie ausprobiert, passable Geräte sind aber angeblich schon für kleines Geld zu haben. Was wir gelegentlich tun: Wir erlauben einer der Glucken, ihre Eier selbst auszubrüten. Denn Hennen, die den Drang verspüren, Nachwuchs auf die Welt zu bringen, gibt es eigentlich in jedem Jahr. Wie stark dieser Bruttrieb ausgeprägt ist, hängt allerdings von der Rasse ab.

Hat sich ein Huhn für das Brüten entschieden, sucht es sich einen dafür geeigneten Ort. Dann wird gelegt, was das Zeug hält. Erst wenn genügend Eier zusammengekommen sind, beginnt die Henne mit dem Brutgeschäft. Das stellt sicher, dass später alle Küken gleichzeitig schlüpfen. Solange eine Henne nicht gluckt, also nicht auf ihren Eiern sitzen bleibt, passiert gar nichts. Sobald die Temperatur des Geleges jedoch dauerhaft ansteigt, weil es Tag und Nacht von einem flauschigen Hühnerbauch gewärmt und ausgebrütet wird, kann langsam neues Leben entstehen. Wenn alles nach Plan läuft, dauert das Brutgeschäft etwa drei Wochen. Während dieser Zeit verlässt die Henne nur ganz selten ihr Legenest, etwa um zu fressen und zu trinken. Sonst kann sie jetzt kaum etwas aus der Ruhe bringen.

DAS MIT DER NATURBRUT KLAPPT ÜBRIGENS NICHT IMMER. VIELE HENNEN WOLLEN DAS DANN NICHT WAHRHABEN UND GLUCKEN EWIG WEITER, LEGEN IN DIESER ZEIT ABER AUCH KEINE EIER. MIR IST DAS EGAL, ICH LASSE SIE MACHEN. IRGENDWANN MERKEN SIE SCHON, DASS DAS NICHTS WIRD.

Probieren Sie das doch einfach mal aus, lassen Sie eines Ihrer gluckenden Hühner weiterbrüten. Wie ich das mache, habe ich Ihnen auf Seite 170 in Stichpunkten zusammengeschrieben. Sie werden begeistert sein, wenn Ihre ersten Küken schlüpfen und die winziggelben Federbällchen dann im Laufe der Wochen zu großen kräftigen Hühnern heranwachsen.

ES KANN NUR EINEN GEBEN

Die Sache mit der Hühnerzucht hat nur einen kleinen Haken: Die Natur sieht es so vor, dass statistisch aus jedem zweiten Ei ein Hahn schlüpft. So ist das nun mal. Jetzt legen Hähne naturgemäß keine Eier, verbrauchen also nur Futter. Und wenn sie dann ein gewisses Alter erreicht haben, geht das Palaver im Hühnerstall los. Denn unter Hähnen herrscht eine strikte Hackordnung – wie übrigens unter Hennen auch. Kommt es zum Streit, entlädt sich der allerdings nicht nur in einem kurzen Gerangel und ist dann erledigt: Blutige Wunden und ausgerissene Federn sind bei so einem Hahnenkampf keine Seltenheit. Der einzige Ausweg? Es darf auf Dauer nur einen »König« in Ihrem Stall geben. Ich habe gehört, dass ein Hahn auf zehn Hennen noch gut funktioniert. Für mehr Hähne brauchen sie mehr Hennen und vor allem auch mehr Platz, damit sich die Männer aus dem Weg gehen können.

Eigentlich eine entspannte Sache

Unterm Strich ist die Hühnerhaltung bei uns eigentlich eine entspannte Angelegenheit. Klar, es gibt immer mal wieder gefiederte Freigeister, die Schlupflöcher im Zaun entdecken, dann Nachbars Pferde verschrecken oder es sich auf dessen Terrasse gemütlich machen. Ansonsten geht aber alles problemlos vonstatten. Ich füttere meine Hühner, versorge sie mit Wasser, die Legenester werden regelmäßig gereinigt und auch die Kotbretter gesäubert. Alle paar Wochen wechsle ich die Einstreu und ein bis zwei Mal pro Jahr nehme ich mir die Ecken im Hühnerstall vor, an denen sich Vogelmilben besonders breitgemacht haben. Ich flamme diese Stellen einfach mit dem Gasbrenner ab und habe dann wieder ein paar Monate Ruhe vor dem Ungeziefer. Zu härteren Mitteln muss ich zum Glück nicht greifen, denn der Befall ist eher gering. Ich denke, das liegt auch daran, dass unsere Hühner ein großes Gehege haben und sehr viel Zeit an der frischen Luft verbringen. Auf kleinerer Fläche dürfte das Problem deutlich gravierender sein. Wie dem auch sei, ganz eliminieren lassen sich die Vogelmilben ohnehin nicht.

Übrigens, und das gilt auch für viele andere Nutztiere, die für Selbstversorger infrage kommen: Wenn Sie sich für die Hühnerhaltung entscheiden, muss das Geflügel bei der Tierseuchenkasse angemeldet und auch geimpft werden. Letzteres ist vor allem wichtig, wenn Sie Hühner auch selbst züchten wollen. Die Impfstoffe werden meines Wissens nur in sehr großen Verpackungseinheiten für mehrere Hundert oder gar Tausend Tiere verkauft. Da kann es durchaus sinnvoll sein, einem örtlichen Geflügelzuchtverein beizutreten. Dort werden Impfstoffe auch in kleineren Mengen abgegeben, die dann nur noch in die Tränke gemischt werden müssen. Die Hühner, die ich kaufe, sind bereits geimpft.

DA WÄRE NOCH EINE KLEINIGKEIT

So viel Spaß ich auch mit meinen Hühnern habe und so gerne ich ihre Eier esse, einen Umstand möchte ich Ihnen abschließend nicht verheimlichen: Ein Hühnerstall ist nicht nur ein Magnet für Raubtiere, er lockt auch Ratten an. Ich halte ja jetzt schon seit geraumer Zeit Hühner, Ratten haben mich dabei leider immer begleitet. Da hilft kein Rattengift, da helfen keine Fallen, die lästigen Allesfresser werden Sie so schnell nicht los. Das ist auch verständlich. Die Hühner verteilen ihr Futter im gesamten Stall, und was übrig bleibt, holen sich die Ratten. Ihr Tisch ist also immer reich gedeckt.

Was flitzt da durch den Hühnerstall?

Ratten sind jedenfalls echte Überlebenskünstler und noch dazu clever: Wie eine Falle funktioniert und dass das Ding ihnen gefährlich werden kann, haben die Tiere in kurzer Zeit durchschaut. Und mit Gift hantiere ich nicht gerne. Wenn die Ratten dann aber doch die Oberhand gewinnen, bleibt mir keine Wahl. Dann lege ich hin und wieder Giftköder aus. Allerdings musste ich auch schon beobachten, wie eine Ratte im Hühnergehege verendet ist und sich dann meine Hennen über sie hermachten. Da kennen Hühner kein Pardon: Was fressbar ist, wird auch gefressen! Das ist natürlich nicht sehr appetitlich. Wer will schon ein Frühstücksei essen, in das vielleicht Spuren von Rattengift gelangen? Manchmal, wenn ich den Hühnerstall betrete, sehe ich Ratten, die sich blitzschnell aus dem Staub machen. Ich möchte nicht wissen, wie viel Hühnerfutter in ihren Mägen verschwindet. Es gibt Momente, in denen man sich einfach eingestehen muss, dass man nicht gewinnen kann. Die Ratten im Hühnerstall kann ich zwar, so gut es eben geht, in Schach halten, für immer loswerden kann ich sie nicht.

Als Hühnermodel in einem Bestseller abgedruckt werden? Diese Chance lassen sich meine Hennen natürlich nicht entgehen!

KAPITEL 21

MEIN BRATEN SCHNATTERT IM GARTEN

Gänse und Enten

Das mag für manche grausam klingen, aber meine Gänse schmecken vorzüglich! Und auch unsere Enten landen irgendwann auf dem Teller. Bis es so weit ist, leben sie aber ein glückliches Landleben. Ihnen das zu ermöglichen ist gar nicht so schwer, denn die Tiere sind erfreulich anspruchslos.

Unkompliziert und richtig lecker

Alles, was Gänse brauchen, ist eine Wiese, auf der genug Gras wächst, und einen kleinen Teich, in dem sie baden, sich abkühlen und ihren Durst stillen können. Mehr nicht. Ist die Wiese groß genug und das Gras darauf saftig und grün, muss man die Tiere kaum zufüttern.

Allenfalls im Winter oder wenn ich ihnen etwas Gutes tun möchte, bekommen meine Gänse eine Schale Trockenfutter aus dem Landhandel. Meistens stelle ich aber fest, dass sie ganz normales Gras bevorzugen.

Ein glückliches Leben – bis Weihnachten

Ich halte schon seit vielen Jahren Gänse. Dazu habe ich einen Gartenteil mit einem stabilen Zaun abgetrennt. Dort können sie ungestört leben. In den Garten dürfen sie nicht, denn auch den Gänsen schmeckt mein Gemüse. Einige Male sind sie mir aus dem Gehege ausgebrochen, oder ich habe versehentlich die Tür nicht geschlossen, und schon wieder waren ein paar Salatköpfe verschwunden. Besonders gerne fressen sie aber auch Schwarzwurzeln und Porreestangen. Das erkennt man gut daran, dass die Pflanzen genau so tief abgefressen sind, wie so ein Gänseschnabel in die Erde reicht.

Einen Teich besitze ich zwar nicht und hatte bisher auch noch keine Zeit, einen anzulegen. Dafür stelle ich meinen Gänsen eine mit Wasser gefüllte Sandmuschel zur Verfügung. So eine Sandmuschel ist normalerweise als Sandkasten oder Planschbecken für Kinder gedacht und kostet nicht viel Geld. Meine Gänse sind damit zufrieden. Sie hat nur den Nachteil, dass sie sehr klein ist und das Wasser recht häufig gewechselt werden muss. Ein echter Teich wäre da schon besser, auch im Hinblick auf den Gänsenachwuchs. Aber dazu gleich mehr.

Meine Gänse, meistens fünf bis sechs, kaufe ich jedes Jahr beim Geflügelhändler. Ich übernehme sie als junge Küken, meistens noch mit Flaum, aber eben doch schon so alt, dass sie ohne Mutterwärme oder eine Heizlampe zurechtkommen. Das passiert im zeitigen Frühjahr. Es ist immer wieder drollig anzusehen, wie die Kleinen ihr neues Zuhause erkunden: Zuerst sind sie ganz vorsichtig, riechen, schmecken und entdecken etwas unbeholfen die Welt um sich herum. In den ersten Tagen folgen sie mir auch brav auf Schritt und Tritt, wenn ich im Gehege bin. Das ändert sich aber schnell. Spätestens, wenn ihr Federkleid voll ausgebildet ist, legen sie alle Scheu ab und beginnen, ihr Territorium zu sichern. Ich kann Ihnen sagen, so eine Gans kann ganz schön aggressiv werden! Und wenn Sie ihr nicht von Anfang an klarmachen, dass Sie der Chef sind, müssen Sie sich in Acht nehmen. Ich halte mich sehr viel bei den Gänsen auf, daher kennen und respektieren sie mich. Betreten aber meine Frau, meine Söhne oder sogar Fremde das Gehege, ist Schluss mit lustig. Dann schalten die Gänse in den Verteidigungsmodus und versuchen fauchend und mit ausgestreckten Hälsen, alle Eindringlinge zu vertreiben. Da brauchen Sie keinen Wachhund mehr!

»GÄNSE KÖNNEN ZIEMLICH AGGRESSIV WERDEN.«

Denn sie sind territorial und verteidigen ihr Gehege gegen Eindringlinge. Aber keine Angst, sobald sie wissen, wer Herr im Hause ist, kommt man gut mit den Tieren klar.

Gans oder Ganter?

In der Regel bleiben die Gänse bis um die Weihnachtszeit bei uns, werden dann aber geschlachtet. Viel länger sollte man auch nicht warten, weil mit zunehmendem Alter die Fleischqualität abnimmt. Im Frühjahr kaufe ich dann wieder neue Küken. Gänse selbst zu vermehren ist mir in all den Jahren noch nie gelungen, denn dafür braucht man einen Ganter und eine Gans. Jetzt ist das mit dem Geschlecht aber so eine Sache. Im Gegensatz zu vielen Säugetieren oder auch Hühnern lässt es sich bei Gänsen gar nicht so leicht feststellen. Es wird zwar behauptet, man könne Männlein und Weiblein an der Größe und Länge des Halses erkennen. Ich sehe da aber keinen Unterschied. Also ist Teamarbeit gefragt! In der Regel läuft das bei uns so ab: Haben wir eine Gans erst mal eingefangen, halte ich sie fest, während meine Frau das Gänsehinterteil begutachtet. Dabei muss sie nicht nur die richtige Stelle finden, sondern dort auch mit den Fingern sanften Druck ausüben. Denn ein Ganter kann sein Geschlechtsteil einziehen, nur mit etwas Druck und Glück kommt es zum Vorschein – ein gekringeltes, fingerlanges Etwas.

Doch die Methode ist leider ziemlich fehleranfällig, auch wenn man sich noch so viel Mühe gibt. Wir haben uns jedenfalls schon des Öfteren geirrt und dann doch wieder zwei Ganter miteinander verkuppelt. Auf Eier und Nachwuchs wartet man da natürlich vergeblich. Wer mit dem Gedanken spielt, Gänse zu züchten, sollte den Tieren übrigens auch eine ausreichend tiefe Wasserfläche bereitstellen. Soweit ich informiert bin, verabreden sich Gänse nämlich zum »Schäferstündchen« am liebsten auf dem Wasser. Ich sagte ja bereits, ein Teich wäre eine feine Sache. Ich arbeite daran!

Lachen Sie nicht über mich. Das mit der Familienplanung ist bei Gänsen wirklich kompliziert. Schon eine Gans einzufangen ist eine Kunst für sich. Da brauche ich immer die Hilfe der gesamten Familie: Eines der Tiere wird von den anderen getrennt und dann in eine schmale Sackgasse hinter dem Schuppen getrieben. Dort stehe ich bereit, angespannt wie ein Torwart vorm Elfmeter, um mir Gans oder Ganter zu schnappen. Naturgemäß finden die Tiere das nicht so toll und tun alles, um meinem Griff zu entkommen. Ich kann Ihnen sagen, wenn so eine Gans mit den Flügeln um sich schlägt, da müssen Sie schon beherzt zupacken, damit Ihnen der Vogel nicht wieder entwischt. Ich bin mir aber sicher, dass das mit dem Nachwuchs eines Tages klappen wird und wir dann keine Gänse mehr zukaufen müssen. Ich freue mich schon jetzt auf mein erstes Gänseei!

»ICH FREUE MICH AUF UNSER ERSTES GÄNSEEI.«

Anders als bei Enten ist das mit der Familienplanung bei Gänsen nämlich ganz schön kompliziert. Ich hatte mit der Züchtung bislang jedenfalls noch kein Glück.

Brust oder Keule?

Richtig spaßig wird es bei uns auch immer, wenn ich das tote Federvieh vom Schlachter abhole. Dann steht plötzlich ein großer Korb mit fünf, manchmal auch mehr Gänsen in der Küche – alle gerupft, geköpft und ausgenommen. Jetzt sind die Gelegenheiten, zu denen man so eine komplette Gans zubereitet, ja eher selten. Eine am Martinstag, vielleicht eine zu Weihnachten, aber das war's dann auch. Besser ist es, die Gänse zu zerteilen und dann in kleineren Portionen einzufrieren. Ich kann Ihnen sagen, das artet regelmäßig in ein wahres Gemetzel aus. Denn woher soll ich wissen, wo genau das Messer anzusetzen ist? Was das betrifft, bin ich ja kein Profi.

Mit der Zeit habe ich zwar einige Erfahrung gesammelt und schaffe es jetzt immerhin, die Brust herauszulösen und die Keulen abzutrennen. Meistens ist das Fleisch aber durch die vielen falschen Schnitte arg zerfetzt. Egal, ich will ja nicht »Metzger des Jahres« werden und schmecken tut's später trotzdem. Sind alle Gänseteile in Tüten abgepackt und in der Kühltruhe verstaut, geht es aber noch weiter. Die Karkassen kochen wir in einem großen Kessel aus und kratzen dann das restliche Fleisch von den Knochen. Die Flüssigkeit mit dem Gänsefett wird in Dosen gefüllt und ebenfalls eingefroren. Daraus lässt sich immer mal wieder eine leckere, fette Suppe herstellen.

BEI ENTEN KLAPPT DAS MIT DEM NACHWUCHS

Für Selbstversorger sind neben Gänsen auch Enten eine gute Wahl. Auch die, genauer gesagt Barbarie-Enten, haben wir viele Jahre mit Erfolg gehalten. Die ersten beiden Exemplare bekamen wir zum Umzug geschenkt, ein Männchen und ein Weibchen. Die haben sich im Laufe der Zeit so stark vermehrt, dass wir sie gar nicht alle essen konnten: zwei Gelege pro Jahr mit jeweils zehn bis zwölf Küken, in Summe also um die 20 Enten in nur zwölf Monaten! Unser Erpel hat bei uns mehr als zehn Jahre gelebt und ist eines der wenigen Tiere, die nicht in der Pfanne gelandet sind. Genau wie Gänse, sind auch Enten in der Haltung unkompliziert und dankbar. Außer Futter und ausreichend Wasser brauchen sie nicht viel. Sie vermehren sich zuverlässig und haben uns in jedem Jahr mit reichlich Fleisch versorgt. Die einzigen Sorgen, die uns unsere Enten bereitet haben, waren gelegentliche Ausflüge aufs Nachbargrundstück. Dagegen half nur das Stutzen der Federn, was wir übrigens auch bei unseren Hühnern machen.

AUCH KANINCHEN KÖNNEN EINE OPTION FÜR SELBSTVERSORGER SEIN. DIE **TIERE WERDEN ABER HÄUFIG KRANK** UND ICH HABE DAMALS KEINEN METZGER GEFUNDEN, DER SIE FÜR MICH SCHLACHTEN WOLLTE.

Keine Sorge, den Tieren geht es gut

Sicher werden die Bedingungen, unter denen die Tiere bei mir leben, nicht jedem gefallen. Klar, da ist noch etwas Luft nach oben, man kann immer mehr tun. Natürlich würden sich meine Gänse und Enten über einen großen, mit Seerosen bewachsenen Teich freuen. Natürlich würden sie sich auf einer riesigen, saftig grünen Wiese wohler fühlen als auf einem kahl gefressenen Stück Land. Betrachten Sie die Sache aber mal aus einem anderen Blickwinkel: Welcher Selbstversorger hat so viel Platz, um seine Nutztiere unter artgerechten Idealbedingungen zu halten? Wer kann seinen Gänsen und Enten einen kleinen See spendieren, der von einem plätschernden Bach gespeist wird? Nur wenige. Legt man die Messlatte zu hoch, könnten die meisten Menschen von der Selbstversorgung nur träumen, sie aber nie und nimmer in die Tat umsetzen. Und das wäre doch sehr schade.

Unseren Tieren geht es gut, sie leiden keinen Mangel, sie haben ein friedliches Leben und können fast alles tun und lassen, was sie wollen. Ganz im Gegensatz zu den armen Kreaturen, deren fleischliche Reste man im Supermarkt kauft. Glauben Sie wirklich, eine Mastgans aus Osteuropa, die abgepackt vor Ihnen im Tiefkühlregal liegt, hatte ein glückliches Leben? Ich bezweifle das stark. Ideale Tierhaltung kann für Selbstversorger immer nur ein Kompromiss sein. Nehmen Sie mich als Vater zweier Söhne. Warum sollten die beiden nicht miterleben dürfen, wie Enten oder Hühner ihre Küken aufziehen, so wie es viele Generationen vor uns auch miterleben durften? Das sind Erfahrungen, die Kindern heutzutage oft völlig fehlen. Und da ist mir das Wohlergehen meiner Söhne wichtiger als ein übertriebenes Tierwohl. Viele Kinder kennen Tiere nur noch aus dem Zoo, als Patties im Cheeseburger oder als verpixelte Wesen aus Videospielen. Ganz zu schweigen von Kaninchen oder Hamstern, die in winzigen Ställen in einem Kinderzimmer ihr Dasein fristen. Die kann man streicheln, so oft man will, das hilft ihnen auch nicht weiter. Es sind eben Tiere, keine Menschen.

KAPITEL 22

GROSSE SCHWÄRMEREI

Bienen und Honig

Eine frische Scheibe Brot, bestrichen mit Honig, ist das nicht eine Köstlichkeit? Oder eine Tasse Darjeeling, mit Honig gesüßt, schmeckt die nicht verführerisch gut? Mir geht es jedenfalls so, und auch dieses leckere i-Tüpfelchen produziere ich in meinem Garten. Im Vergleich zu Hühnern und Gänsen sind Bienen aber alles andere als pflegeleicht. Ich erzähle Ihnen jetzt, wie ich zur Imkerei gekommen bin und welche Herausforderungen warten, wenn auch Sie diesen Weg gehen möchten.

Es ist noch kein Imker vom Himmel gefallen

Meiner Meinung nach sind Bienen für jeden echten Selbstversorger ein Muss. Warum? Ganz einfach: Ich will alle Kalorien, die ich zukaufen muss, mit solchen ausgleichen, die ich problemlos im eigenen Garten erzeugen kann. Denn das verstehe ich unter Selbstversorgung. Honig schließt bei mir die Lücken, die durch Getreide, Milch und Öle entstehen – also durch Lebensmittel, die ich leider nicht selbst produzieren kann, weil dafür entweder der Aufwand zu hoch oder mein Grundstück zu klein ist.

Unterm Strich geht diese Rechnung auf, denn Honig ist eine echte Kalorienbombe. Und um Bienen zu halten, braucht man nur wenige Quadratmeter Land und einen Lagerraum, der so dicht ist, dass keine Ritze offen bleibt. Mehr ist nicht nötig – oder etwa doch? Lesen Sie mal weiter.

Summ, summ, summ!

Bienen haben mich schon immer fasziniert und doch hat es lange gedauert, bis ich mich an die Imkerei herangewagt habe. Noch dazu war ich damals recht naiv. So entschied ich mich anfangs für eine Haltungsform, die angeblich auch Amateure ganz ohne Vorkenntnisse umsetzen können. Noch wichtiger war mir jedoch, meine zukünftigen Bienen in einer Behausung (Imker bezeichnen sie als »Beute«) unterzubringen, in der sie sich auch wohlfühlen. »Wesensgemäße Bienenhaltung« lautet das Stichwort, auf das ich nach langer Internetrecherche stieß und die mir gleich zwei Vorteile versprach: 1) Das Bienenwohl und nicht der Honigertrag steht im Vordergrund. 2) Da man die Bienen, so oft es geht, in Ruhe lässt, hält sich der Aufwand in Grenzen. Perfekt! Schließlich wollte ich weder Honig verkaufen noch Gelée royale oder Propolis produzieren. Mir ging es zu Beginn nur darum, ein wenig Honig zu gewinnen, um damit unseren Speiseplan zu ergänzen. Meine Bienenwohlfühlbeute war dann zwar nicht gerade billig, aber das war mir die Sache wert. So stand eines Tages mein neues Bienenzuhause im Garten. Ich hatte ein kleines Holzdach gezimmert, damit es Wind und Wetter standhält. Dem eigenen Honig stand also nichts mehr im Wege.

MEIN BEUTENSCHEMA

Jetzt fehlten nur noch die Bienen. Die bekam ich vom örtlichen Imkerverein, sogar gleich zwei Völker. Aber der Reihe nach, denn als ich dem Vereinsvorsitzenden von meinem Vorhaben erzählte, schüttelte der erst mal den Kopf. Ich muss dazu sagen, der Mann war schon lange im Geschäft und außerdem ein öffentlich anerkannter Bienensachverständiger. Von der wesensgemäßen Bienenhaltung riet er mir dann auch höflich, aber mit Nachdruck ab. Er wusste, wovon er sprach. Ich wiederum wusste mal wieder alles besser und wollte unbedingt an meinen Plänen festhalten. Damit ich mich nicht vollkommen blamierte, ließ ich mich dazu überreden, mir zusätzlich noch eine Magazinbeute anzuschaffen. Das sei ein bewährtes, weitverbreitetes System, versicherten mir die Vereinsmitglieder. So kam es, dass plötzlich zwei Bienenvölker in meinem Garten ihr neues Zuhause bezogen, in *zwei* verschiedenen Beutensystemen. Vor all dem Summen und Brummen hatte ich riesigen Respekt – und von der Materie so gut wie keine Ahnung. Ich war mir aber sicher, ich würde das alles irgendwie hinbekommen.

»IMKERN IST KEIN HOBBY FÜR JEDERMANN.«

Auch als Hobbyimker muss man viele Herausforderungen meistern, und wer allzu sorglos an die Sache herangeht, gefährdet nicht nur seine eigenen Bienenvölker, sondern auch die in der Nachbarschaft.

Eine hochkomplexe Angelegenheit

Sie ahnen vielleicht, was jetzt kommt? Die wesensgemäße Bienenhaltung musste ich leider wieder an den Nagel hängen. Die Aussagen und Versprechungen, die ich im Internet gelesen hatte, waren schlicht falsch oder zumindest irreführend: Die Imkerei ist alles andere als ein Hobby für jedermann, sie ist eine hochkomplexe Angelegenheit, die man nicht mal einfach so nebenher macht. Wer Bienen halten möchte, sollte sich der Tragweite bewusst sein und alle damit verbundenen Herausforderungen kennen und bewältigen können. Denn wenn man sich hier Fehltritte erlaubt oder seine Bienen gar verlottern lässt, hat das Konsequenzen. Und die müssen immer auch andere Imker in der Umgebung ausbaden. Denn bricht Ihr Bienenvolk zusammen, machen sich die gesunden oder zumindest noch flugfähigen Insekten aus dem Staub und suchen dann bei den Völkern in der Nachbarschaft Unterschlupf. Werden sie aufgenommen, verbreiten sich so in Windeseile Krankheiten und Parasiten – allen voran die Varroamilbe. Alle Idealisten, die gegen das Bienensterben ankämpfen wollen, seien daher gewarnt: Wer als Imker scheitert, wird schnell selbst zum »Bienenkiller«.

Den Kollegen über die Schulter schauen

Aber zurück zu meiner Geschichte. Von der wesensgemäßen Bienenhaltung hatte ich mich also verabschiedet, hatte aber ja zum Glück noch mein Volk in der klassischen Magazinbeute. Ich absolvierte mehrere Imkerlehrgänge, habe einen Honiglehrgang mitgemacht, der übrigens die Voraussetzung

In meinem Garten leben zwischen fünf und zehn Bienenvölker. Für die Selbstversorgung ist das mehr als genug.

dafür ist, dass man Honig auch verkaufen darf. Und dann habe ich mich auf meine verbliebene Magazinbeute konzentriert. Das war eine Beute im sogenannten Zandermaß, wie sie hier in der Gegend häufig verwendet wird. Ich bin froh, dass ich dieses Zandermaß nutze, denn als Imker ist man oft auf die Zusammenarbeit mit Kollegen angewiesen. Habe ich mal zu viele Völker und will eines davon abgeben, geht das viel einfacher, wenn der Empfänger mit dem gleichen Beutentyp arbeitet. Brauche ich mal eine Futterwabe, kann mir der Nachbarimker aushelfen, denn seine Waben kann ich problemlos bei mir einhängen. Würde ich mich für andere, exotischere Beuten entscheiden, wäre das nicht möglich, denn die Systeme sind nicht kompatibel.

VON DROHNEN, KÖNIGINNEN UND WEISELZELLEN

Imkern ist, wie das Gärtnern auch, ein ständiger Lernprozess. Der Austausch mit Gleichgesinnten ist also extrem wichtig. Klar, theoretisches Wissen, das Sie sich aus Büchern und in Lehrgängen aneignen, ist ein solider Grundstock. Aber Sie werden sehen: Ihr Bienenvolk hat seinen eigenen Kopf und ist immer für Überraschungen gut. Da hilft nur Praxiserfahrung, die Sie über die Jahre hinweg sammeln und mit etwas Glück immer weiter ausbauen.

Nehmen wir als Beispiel das Thema Schwarmkontrolle. Schwarmkontrolle bedeutet, dass der Imker versucht, seine Bienen daran zu hindern, sich auf natürliche Weise zu vermehren. Das klingt hart, trifft den Nagel aber auf den Kopf. Naturgemäß besteht ein Bienenvolk aus einer einzigen Königin und ihrem Hofstaat. Der wiederum umfasst neben vielen Arbeiterinnen auch eine Menge Drohnen, also männliche Bienen, die übrigens keinen Stachel besitzen. Die einzige Biene, die Eier legen kann und somit den Fortbestand des Volkes sichert, ist die Königin. Bliebe dieser Status quo erhalten, bliebe auch die Zahl der Bienenvölker immer gleich.

Um sich aber zu vermehren, zieht jedes Volk im Frühjahr neue Königinnen heran. Dazu werden spezielle, deutlich größere Zellen angelegt, sogenannte Weiselzellen; mit etwas Übung kann man sie auch als Laie gut erkennen. Die Larven, die aus den Eiern dieser Weiselzellen schlüpfen, bekommen später einen Futtersaft mit ganz besonderen Eigenschaften, man nennt ihn »Gelée royale«. Erst dieses Zauberfutter macht aus einer Larve eine Königin!

ES GIBT AUCH IMKER, DIE SICH **AUF DIE GEWINNUNG VON GELÉE ROYALE SPEZIALISIERT** HABEN. DAS IST ABER MIT VIEL AUFWAND VERBUNDEN UND FÜR SELBSTVERSORGER KAUM MACHBAR.

So machen das die Bienen eben

Meistens legt ein Volk mehrere Weiselzellen an, zieht also gleich mehrere Königinnen auf. Sind die Weiselzellen verdeckelt, kann also mit dem königlichen Nachwuchs nicht mehr viel schiefgehen, schwärmt die alte Königin mit der Hälfte ihrer Gefolgschaft aus und sucht sich ein neues Zuhause. So werden aus einem Bienenvolk zwei. Da schon bald noch weitere Königinnen bereitstehen, wird sich das Volk später noch weitere Male aufteilen. Das ganze Spiel setzt sich so lange fort, bis nur noch eine Königin übrig bleibt.

Dem Imker ist das allerdings gar nicht recht, denn er wünscht sich ja im Normalfall möglichst hohe Erträge. Wenn sich sein Volk aber nach und nach immer wieder halbiert, hat er ein Problem. Was kann er also gegen das Ausschwärmen tun? Er öffnet seine Beuten und sucht jede einzelne Wabe nach Weiselzellen ab. Das ist eine Detektiv- und Fleißarbeit, die im Abstand von wenigen Tagen über Wochen hinweg wiederholt werden muss, und zwar so lange, bis die Bienen einsehen, dass das mit der Schwärmerei in diesem Jahr wohl nichts mehr wird. Findet der Imker beim Absuchen der Waben bereits verdeckelte Weiselzellen, kann es auch sein, dass ein Teil seines Volkes schon ausgeschwärmt ist und er das gar nicht mitbekommen hat!

So weit die Theorie, wie sie in Lehrgängen vermittelt wird. Ich habe es jahrelang versucht. Ich habe meine Völker nach Weiselzellen durchsucht, habe sie herausgebrochen und habe alles nur Erdenkliche unternommen, um meine Völker am Schwärmen zu hindern. Vergeblich. Entweder ich habe eine Weiselzelle übersehen, was leicht passieren kann. Oder es lag daran, dass das Absuchen der Waben regelmäßig alle vier bis fünf Tage wiederholt werden muss – und das fast über den ganzen Frühling hinweg. Das schaffe ich nicht. Und durch einmaliges Herausbrechen der Weiselzellen lässt sich leider kein Volk dazu überreden, in den eigenen vier Wänden zu bleiben.

AUSFLUG IN EINE UNGEWISSE ZUKUNFT

Wenn Völker abschwärmen, geschieht das meist zur gleichen Zeit und bei ähnlichen Witterungsbedingungen. An einem sonnig-warmen Tag im Mai, typischerweise um die Mittagszeit, gehen Schwärme ab. Da kann ich schon fast meine Uhr danach stellen! So ein Bienenschwarm sammelt sich dann erst einmal in einem kleineren Baum und bildet dort eine Bienentraube. Dann schickt er sogenannte Kundschafterbienen los, die nach einem neuen Zuhause suchen. Haben sie eines gefunden, fliegen alle Bienen in kürzester Zeit davon. Ich habe schon Schwärme erlebt, die noch keine halbe Stunde im Baum hingen, schon haben sie sich wieder aus dem Staub gemacht.

Ein Hobbyimker, der noch einem anderen Beruf nachgehen muss, wird davon in der Regel kaum etwas merken. Man braucht schon Erfahrung, um zu erkennen, dass plötzlich Bienen in der Beute fehlen. Und auch mir geht das eine oder andere Volk immer mal wieder durch die Lappen. Denn die Schwarmzeit überschneidet sich ausgerechnet mit der Jahreszeit, in der bei mir im Garten die meiste Arbeit anfällt. Würde ich mich alleine auf die Imkerei konzentrieren, hätte ich meine Bienen sicher besser im Blick. Egal, als Selbstversorger reicht mir die Honigmenge, die ich erwirtschafte. Das Schwärmen muss ich also zum Glück nicht um jeden Preis verhindern.

BEI DER WESENSGEMÄSSEN BIENENHALTUNG VERSUCHT MAN ÜBRIGENS GAR NICHT, **DAS SCHWÄRMEN DER BIENEN ZU VERHINDERN.** DAS SCHMÄLERT ABER DIE ERTRÄGE DES IMKERS ERHEBLICH.

Meine Schwarmfangkiste

Andererseits: Ein Schwarm, der nicht eingefangen wird, hat in freier Wildbahn kaum eine Überlebenschance. Er wird an der Varroamilbe verenden und die Parasiten schlimmstenfalls sogar noch in andere Völker tragen. Das gilt es zu verhindern. Nachdem also ein Schwarm die Beute verlassen hat, sammelt er sich zunächst als Traube an einem Ast – oder was er eben sonst so findet. Wenn möglich, versuche ich solche Schwärme auch einzufangen. Oft ist das eine einfache Angelegenheit. Ich habe mir eine sogenannte Schwarmfangkiste gebaut. Das ist eine simple Holzkiste mit einem Deckel und einer kreisrunden, verschließbaren Öffnung, die als Einflugloch dient. Habe ich einen Schwarm im Baum entdeckt, den ich noch einigermaßen mühelos erreichen kann, positioniere ich die Kiste genau darunter und ruckele kräftig am Ast. Vorher habe ich die Bienentraube mit Wasser aus einer feinen Sprühflasche nass gespritzt. Das schadet den Bienen nicht, verhindert aber, dass sie bei dieser Prozedur allzu stark auffliegen. Wenn alles klappt, fällt der ganze Bienenschwarm in die Kiste, die ich dann einige Meter entfernt einfach auf den Boden stelle. Habe ich die Königin mit eingefangen, wird ihr der gesamte Schwarm innerhalb kurzer Zeit nachfolgen und ebenfalls in meine Holzkiste krabbeln. Am Abend brauche ich dann nur noch das Flugloch zu schließen. Die Schwarmfangkiste mitsamt Inhalt verbleibt jetzt zwei bis drei Tage an einem dunklen Ort. Dort können sich die Bienen beruhigen, danach schütte ich sie in eine vorbereitete Beute. Hier wachsen die Bienen dann wieder zu einem neuen Volk heran und produzieren spätestens im nachfolgenden Jahr auch Honig.

Hilfe, es regnet Bienen!

Von einem besonders abenteuerlichen oder auch witzigen Schwarmfang, das ist Ansichtssache, möchte ich Ihnen noch berichten. Einmal hing eine Bienentraube recht hoch oben in einer Baumkrone, alleine hätte ich sie niemals vom Ast schütteln können. Aber es war ja Wochenende und meine Frau war zu Hause. Ich fragte sie also, ob sie mir nicht helfen könne. Klar doch! Wir raus zu besagtem Baum, ich mit meiner Schwarmfangkiste unterm Arm rauf auf die Leiter. Nachdem ich die Kiste nach Augenmaß unter der Bienentraube positioniert hatte, war Michaela am Zug. Ich bat sie, mit einer langen Harke von unten genau an dem Ast zu rütteln, an dem die Bienen hingen. Ich selbst hatte ja keine Hand mehr frei.

Wie sich das wohl anfühlt, wenn einem so ein Bienenschwarm auf den Kopf fällt? Meine Frau musste es erleben, ist aber mit dem Schrecken und ganz ohne Stiche davongekommen.

Meine Frau rüttelte und schüttelte also, was das Zeug hielt, und das hatte den gewünschten Effekt. Dumm nur, dass ich die Kiste scheinbar nicht genau genug unter die Bienentraube gehalten hatte. So plumpste die Hälfte des Schwarms einfach zu Boden. Oder besser gesagt, er plumpste auf meine Frau! Ich hatte ihr vorher hoch und heilig versprochen, dass abschwärmende Bienen nicht aggressiv sind und wir daher auf Imkeranzüge verzichten können. Das stimmt auch, ein Bienenschwarm auf Reisen hat anderes im Sinn, als sich mit dem Imker anzulegen. Aber dass so etwas passieren würde. Ich sage Ihnen, das war ein Anblick: Meine Liebste von Kopf bis Fuß voller Bienen! Ohne Anzug, aber zum Glück am Ende auch ohne Stiche.

VARROAMILBE

Im Netz kursieren etliche, teilweise fragwürdige Vorschläge zur Bekämpfung der Varroamilbe. Aus Neugierde oder Not greifen viele Hobbyimker diese Ideen dann auf und beginnen selbst zu experimentieren. Machen Sie das lieber nicht.

Die Varroamilbe ist ein winziges Spinnentier, das ursprünglich in Asien beheimatet ist und nach Deutschland eingeschleppt wurde. In Asien gibt es die Milbe schon ewig und die Bienen haben dort im Laufe der Zeit gelernt, mit ihr zu leben. Die Honigbienen der westlichen Welt sind den Blutsaugern aber bislang mehr oder weniger schutzlos ausgeliefert. Das gilt vor allem für wild lebende Bienenvölker. Zu diesem Thema wird in letzter Zeit viel geforscht. Wenn überhaupt, dürfte es in Deutschland aber nur noch wenige Honigbienen geben, die in freier Natur in Wäldern und Baumhöhlen leben. Und auch sie sind dank der Varroamilbe vermutlich dem Untergang geweiht.

Das ist Chemie und keine Limonade!
Natürlich arbeiten Wissenschaftler und Bienenzüchter mit Hochdruck an einer Lösung des Problems. Bislang haben sie aber noch kein Bienenvolk hervorgebracht, das gegen die Milben resistent ist. Daher konzentriert man sich vor allem auf ihre Eindämmung, und das gleicht oft einem Kampf gegen Windmühlen. Kein Wunder also, dass auch im Internet unzählige Allheilmittel angepriesen werden, die dabei helfen sollen. Mal sind es Bücherskorpione und »Bienensauna«, mal sind es Lithium und andere Chemikalien. Ich kann jedem nur dringend ans Herz legen, hier keine eigenen Experimente zu wagen. Lassen Sie die Finger davon und stattdessen Profis ihre Arbeit machen. Als Amateur fehlt einem dazu einfach das Know-how. Vertrauen Sie also nur auf Mittel, die gut erforscht sind. Und informieren Sie sich vor allem auch, am besten bei erfahrenen Imkern, wie man diese bewährten Chemikalien richtig und verantwortungsvoll einsetzt. Zu nennen sind hier vor allem Ameisensäure, Milchsäure und Oxalsäure. Alles andere ist zu gefährlich – für Ihre und für die Gesundheit Ihrer Bienen.

Der größte Feind ist winzig klein

Jetzt kann ich in diesem Buch leider nicht die komplette Imkerei von A bis Z beschreiben, dazu ist das Thema zu umfangreich. Aber die vielleicht wichtigste Arbeit an den Bienen möchte ich etwas genauer beleuchten, und das ist die Bekämpfung der Varroamilbe. Wer glaubt, dieses Thema auf die leichte Schulter nehmen zu können, wird scheitern. Ihre Bienen werden Ihnen so manchen Fehler verzeihen, eine vergessene oder misslungene Varroabehandlung wird Ihr Volk jedoch nicht verkraften. Sinn und Zweck so einer Behandlung ist es, den Parasitenbefall so stark einzudämmen, dass Ihre Bienen überleben. Denn ganz ausrotten lässt sich die Varroamilbe nicht.

BEI UNS WÄREN HONIGBIENEN LÄNGST AUSGESTORBEN, GÄBE ES NICHT **ENGAGIERTE HOBBYIMKER UND PROFIS**, DIE SIE VOR PARASITEN SCHÜTZEN UND DAFÜR SORGEN, DASS EBEN DOCH NOCH BLÜTEN BESTÄUBT WERDEN.

HARTNÄCKIGE PARASITEN

Um festzustellen, ob der Befall in meinen Beuten bereits eine kritische Schwelle überschritten hat, verwende ich sogenannte »Windeln«. Das sind Plastikplatten, die unter die Völker geschoben werden. Auch Milben sterben eines natürlichen Todes, und wenn sie sterben, fallen sie nach unten und bleiben auf der Windel liegen. Aus der Anzahl der verendeten Milben lassen sich Rückschlüsse auf die Menge der noch lebenden Parasiten ziehen, die im Bienenvolk ihr Unwesen treiben. Dazu gibt es Umrechnungsformeln, die Sie in der einschlägigen Literatur nachlesen können. Ich belasse die Windeln drei oder vier Tage unter dem Volk, ziehe sie dann heraus und zähle die Milben, die man – wenn die Augen nicht mehr die besten sind – mit einer Lupe gut an ihrer querovalen Form erkennen kann. Dann weiß ich, woran ich bin.

In der Imkerei werden in der Regel organische Säuren zur Bekämpfung der Varroamilbe eingesetzt: Ameisensäure, Milchsäure und Oxalsäure. Das sind ziemlich aggressive Mittel und die Sache funktioniert nur, weil die Bienen etwas mehr Säure verkraften können als die wesentlich kleineren Milben. Mit Ameisensäure behandelt man die Völker nach der Honigernte im Sommer, mit Oxalsäure kurz vor Jahresende im Winter. Wie man die Säuren richtig anwendet und dosiert, darüber wird immer wieder diskutiert und gestritten. Jeder hat da so seine eigenen Ansichten und Methoden.

Mit viel Geduld und Säure

Nehmen wir zum Beispiel die Behandlung mit Ameisensäure nach der Honigernte: Ich benutze dafür spezielle Verdunster, die dafür sorgen, dass sich die Säure über mehrere Tage hinweg langsam und gleichmäßig verteilt und die Milben abtötet. Diese Vorrichtungen werden einfach mit der entsprechenden Menge Ameisensäure befüllt und in eine Leerzarge auf das Volk gestellt. Liegt die Außentemperatur bei etwas über 25 °C, funktioniert das auch ganz gut. Herrschen niedrigere Temperaturen, nimmt die Luft in der Beute zu wenig Säure auf und die ganze Behandlung ist umsonst. Zu warm darf es allerdings auch nicht sein, denn dann verdunstet wiederum zu viel Ameisensäure in zu kurzer Zeit und das schadet auch den Bienen.

Ohne Kontrolle geht es nicht

Sie merken schon, die Varroabekämpfung ist eine Wissenschaft für sich. Die Jahre, in denen sie bei mir nach Lehrbuch funktioniert hat, kann ich jedenfalls an drei Fingern abzählen. Meistens war es in der Zeit, in der behandelt werden sollte, zu kalt. Da können Sie sich dann auf den Kopf stellen, die Ameisensäure will und will nicht verdunsten! Aber selbst wenn das Wetter mitspielt: Mit einer einzigen Behandlung ist es nicht getan und auch beim zweiten Mal muss es wieder warm genug sein. Noch dazu ist es keineswegs selbstverständlich, dass eine durchgeführte Behandlung wie gewünscht anschlägt. Das muss man prüfen. Dazu verwende ich wieder die bereits erwähnten Windeln. Nehmen wir an, ich habe vor der Behandlung einen Befall von tausend Milben errechnet, nachher landen aber nur hundert tote Parasiten auf der Plastikplatte – dann weiß ich, da ist etwas schiefgelaufen.

EINE BIENE IM SOMMER LEBT **VIELLEICHT VIER WOCHEN,** BEVOR SIE SICH »ZU TODE« GEARBEITET HAT, ALLES IM SINNE DES VOLKES.

Meistens hat das mit der Bekämpfung bei mir dann aber doch irgendwie geklappt. Bisher habe ich jedenfalls nicht allzu viele Völker an die Varroamilbe verloren. Übrigens ist die Varroabehandlung im Spätsommer für Bienenvölker überlebenswichtig. Denn im Herbst schlüpfen die sogenannten Winterbienen, die normalerweise mehrere Monate alt werden. Wird ein Volk durch Varroa zu stark geschwächt, leidet darunter auch die Herbstbrut. Schlimmstenfalls geht das ganze Volk im Winter ein oder ist im Frühjahr so stark dezimiert, dass ihm zum Honigsammeln die Arbeiterinnen fehlen.

Gesund und stark ins Frühjahr

Das zweite, nicht weniger bedeutende Mittel zur Varroabekämfung ist Oxalsäure. Sie kommt Ende Dezember zum Einsatz, so um die Weihnachtszeit. Jetzt kuscheln sich die Bienen eng zusammen, bilden eine Traube und zucken mit den Flügeln, um Wärme zu erzeugen. So harren die Tierchen aus und warten auf den Frühling. Ich lasse mir in einer örtlichen Apotheke eine Oxalsäurelösung in der richtigen Konzentration ansetzen, öffne jedes Volk und verteile diese Lösung gleichmäßig auf den Bienentrauben. Durch das Muskelzucken und ihren Putztrieb verteilen die Bienen die Säure von ganz alleine, im Idealfall bekommt also jede Milbe etwas davon ab. Hoffentlich! Denn je geringer die Anzahl der Varroamilben zu Beginn eines Jahres ist, desto vitaler startet ein Volk in die neue Saison und desto mehr Honig kann es sammeln. Die Milbenpopulation verdoppelt sich grob gesagt alle vier Wochen: Aus einer werden zwei, dann vier, dann acht und so weiter. Rechnen Sie selbst nach. Muss sich ein Volk schon im Frühjahr mit tausend Milben herumschlagen, weil alle Behandlungen gescheitert sind, können es im Sommer leicht zehntausend sein. Das verkraftet kein Bienenvolk. Ich gebe mir also größte Mühe, das zu verhindern.

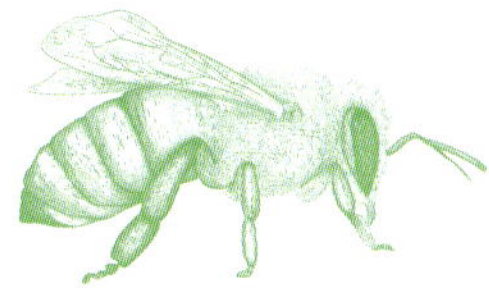

Volle Speisekammer für den Winter

Worauf ich ebenfalls penibel achte, ist eine ausreichende Futterversorgung. Denn ich nehme den Bienen ja ihren Honig, den sie eigentlich als Vorrat für die kalte Jahreszeit gesammelt haben. Damit sie im Winter nicht verhungern, füttere ich sie mit einer Zuckerlösung aus dem Fachhandel. Die stelle ich, abgefüllt in einem Behälter, in eine Leerzarge, die ich dann über das Volk schiebe. Damit die Bienen in dieser Lösung nicht ertrinken, lege ich noch ein wenig Stroh obenauf. Nach einigen Tagen haben die Insekten den Zucker vollständig aufgenommen und in ihre Waben eingelagert. Der Winter kann also kommen? Jein. Oft reicht die Futtermenge, die ich den Bienen gebe, nämlich nicht aus, woran das auch immer liegen mag. Deswegen kontrolliere ich immer wieder, ob noch genügend Reserven vorhanden sind. Dazu hebe ich jede Beute einmal auf der Vorder- und einmal auf der Rückseite mit einer elektronischen Handwaage an, addiere die Werte und weiß dann, wie schwer ein Volk ist. Da ich das Leergewicht der Beute kenne, kann ich abschätzen, wie viel die Bienen wiegen. Alles darüber hinaus ist Futtervorrat.

»ICH LEGE MEINE BIENEN AUF DIE WAAGE!«

Na ja, nicht ganz. Aber im Winter wiege ich die Beuten mit einer Handwaage. Dann muss ich nur noch ein bisschen rechnen, um zu wissen, wie es um die Futtervorräte meiner Völker steht.

Schon im Herbst beginne ich damit, meine Völker regelmäßig zu wiegen und mir die Gewichte zu notieren. Sinkt der Futtervorrat in einem Volk zu stark ab, muss ich nachfüttern. Nötig ist das bei mir manchmal schon im November, manchmal aber auch erst im Februar oder April. Besonders kritisch wird es, wenn der Frühling lange auf sich warten lässt. Denn die Königin beginnt schon zu Jahresbeginn mit der Eiablage und damit steigt auch der Futterverbrauch. Ist die Speisekammer dann plötzlich leer und kann von den Bienen selbst noch nicht aufgefüllt werden, weil es draußen zu kalt ist und weit und breit noch kein Obstbaum blüht, muss ich reagieren.

Für die Selbstversorgung reicht's

So, das ist also die Quintessenz meiner Imkerei. Darüber hinaus gibt es natürlich noch etliche andere, mehr oder weniger wichtige Aufgaben, die ich rund um meine Bienen zu erledigen habe: Da wäre die Wabenhygiene, die Wachsgewinnung, die Arbeit an und mit den Baurahmen, das Honigschleudern und vieles mehr. Aber dieses Buch soll ja keine Enzyklopädie des

Imkerns werden. Dafür fehlt mir hier der Platz und sicher auch die Expertise. Schließlich sind Imker eine anerkannte Berufsgruppe. Und Sie glauben gar nicht, was man über Bienen noch alles so erzählen und wissen kann! Ich komme mit meiner Art der Imkerei aber gut zurecht. Sie ist allerdings nur einer von vielen Bausteinen meiner Selbstversorgung und so muss ich hier und da einfach notgedrungen Kompromisse machen.

Die Zahl der Bienen, die ich halte, bewegt sich immer zwischen fünf und zehn Völkern. Natürlich sind auch zwei oder drei Völker für Selbstversorger mehr als ausreichend. Dann muss allerdings auch alles glattlaufen im Bienenstock. Denn je weniger Völker, desto schwieriger ist es, im Ernstfall Verluste auszugleichen. Ich kenne einige Imker mit ein bis zwei Völkern, denen in nur einem Winter alle Bienen eingegangen sind. Sie mussten dann wieder ganz von vorne beginnen. Bei einer Völkerzahl von fünf bis zehn hat man hingegen genügend Reserven, auch wenn mal etwas schiefgeht.

GUT VERPACKT UND ABGERIEGELT

Ich möchte noch kurz darauf eingehen, warum man als Imker unbedingt einen bienendichten Lagerraum haben sollte. Dazu erzähle ich Ihnen noch eine kleine Geschichte, die ich selbst erlebt habe. Alle Utensilien, die ich so für meine Imkerei brauche, sind in einem Schuppen außerhalb des Hauses untergebracht: Zargen, Schleuder, Rähmchen, Wachs, Futter und was man eben sonst noch benötigt. Jetzt hat ein Schuppen die Eigenschaft, dass er nicht unbedingt hermetisch von der Außenwelt abgeschottet ist. Das muss er auch nicht sein. Ein schmaler Spalt in der Holzwand oder eine alte Tür, die etwas schief im Rahmen hängt und durch die vielleicht so manches Getier hindurchkrabbeln kann, sind also eher die Regel als die Ausnahme. Und jetzt kommen die Bienen ins Spiel. Die haben nämlich extrem feine Antennen für alles, was ihnen schmeckt und wichtig ist. Und wenn ihre Sinnesorgane auch nur einen Hauch von Futter aufschnappen, werden die Bienen nicht lockerlassen, bis sie es erreicht haben! Dazu braucht es keinen Zuckertopf und auch keinen duftenden Blumenstrauß. Da reichen auch schon alte ausgeschleuderte Honigwaben, eine leere Zarge oder sogar ein Imkeranzug, der nur ein wenig nach den Artgenossen riecht.

Einmal haben die Bienen also den Weg in meinen Geräteschuppen gefunden, durch Ritzen unter dem Dach, unter der Tür hindurch, ja selbst durchs Schlüsselloch. Das Problem dabei: Hineingefunden haben Tausende, den Weg zurück konnten sie aber nicht mehr finden. Mir war es kaum möglich, die Bienen fernzuhalten. Selbst nachdem ich alle Öffnungen mit Lappen,

Bauschaum und Brettern abgedichtet hatte, hat es noch Tage gedauert, bis sie endlich eingesehen haben, dass in diesem Schuppen nichts mehr zu holen war. Seitdem achte ich ganz genau darauf, nichts (aber auch wirklich gar nichts!) offen herumliegen zu lassen, was irgendwann mal mit Bienen in Berührung kam: keine Zarge, keine Rähmchen, keinen Anzug, ja nicht einmal den Smoker. Alles wird jetzt hermetisch abgeriegelt oder verpackt und so aufbewahrt, dass die Bienen davon buchstäblich keinen Wind bekommen.

Meine Bienen halte ich mittlerweile in Magazinbeuten mit Rähmchen im Zandermaß. Die sind hier im Rheinland weit verbreitet.

Eine echte Genugtuung

Und eine letzte Sache will ich Ihnen noch mit auf den Weg geben, falls Sie jetzt Lust bekommen haben und sich tatsächlich der Imkerei widmen möchten. Ich kann Ihnen aus eigener Erfahrung sagen, dass es ein unvergleichlicher Moment ist, wenn Sie Ihren ersten eigenen Honig ernten und dann probieren. Frisch gewonnen tropft er aus der Honigschleuder und auch nach vielen Jahren ist es für mich immer wieder ein Erlebnis und eine Genugtuung, wenn ich nach der Obstblüte meine erste mit eigenem Honig gesüßte Tasse Tee trinke. Allein dieser genussvolle Augenblick ist all den Aufwand wert und meine Bienen möchte ich um keinen Preis mehr missen.

KAPITEL 23

VON EIGENEN ÄHREN ZEHREN

Getreideanbau

Wenn Sie sich Ihre Ernährung etwas genauer ansehen, werden Sie feststellen, dass nur ein geringer Teil davon aus Obst und Gemüse besteht. Viel häufiger landet Getreide auf unseren Tellern. Natürlich keine Weizen- oder Roggenkörner, aber Mahlzeiten, die daraus gewonnen werden: eine Portion Müsli, ein Frühstückstoast, am Mittag vielleicht ein Teller Nudeln und am Abend wieder Brot. Kann man ganz ohne Getreide leben? Schwierig. Und kann man es selbst anbauen? Ich erzähle Ihnen von meinen Erfahrungen mit diesem Thema.

Lieber k(l)eine Brötchen backen?

Ich sag's Ihnen lieber gleich: Jedes Gemüse, egal welche Art, ist sehr viel einfacher anzubauen als Getreide. Und selbst wenn Ihnen das gelingt, verzehrfertig ist es nach der Ernte noch lange nicht. Eine Karotte zieht man aus der Erde, hält sie kurz unter den Wasserhahn – und schon kann man reinbeißen. Bei Weizen und Roggen müssen Sie erst mal die Körner von den Ähren trennen und sie anschließend reinigen und vermahlen. Dann haben Sie zwar Mehl, aber kann man damit Brot und Kuchen backen?

Und doch liegt es nahe, sich als Selbstversorger an diese Kulturen heranzuwagen. Schließlich haben unsere Vorfahren auch Getreide angebaut! Ich habe es jedenfalls versucht und geschafft: in einem Jahr 50 Kilo Roggen, in einem anderen 50 Kilogramm Weizen. Die Sache hatte aber einen Haken, denn fragen Sie jetzt nicht, wie viel Mühe mich das gekostet hat!

Da braucht man fast schon Ländereien

Zunächst muss man wissen, dass Getreide nicht unbedingt hohe Erträge einbringt, zumindest was die Ausbeute pro Quadratmeter betrifft. Profis kommen da etwa auf ein halbes Kilo Getreide. Als Selbstversorger bin ich aber schon mit der Hälfte zufrieden. Um eine nennenswerte Weizen- oder Roggenernte einzufahren, benötigen Sie also durchaus einige Hundert Quadratmeter. Die muss man erst mal haben! Zudem gilt natürlich: je mehr Anbaufläche, desto mehr Aufwand. Einen mittelgroßen Gemüsegarten hält man bei entsprechendem Einsatz noch problemlos unkrautfrei. Ein drei- oder viermal so großer Getreideacker wächst Ihnen aber schnell über den Kopf.

Ich hatte mir jedenfalls *in* den Kopf gesetzt, Weizen und Roggen selbst anzubauen und mir dann aus eigenem Mehl Brot zu backen. Die erste Frage war, welche Sorte soll ich überhaupt nehmen? Zunächst unterscheidet man zwischen Winter- und Sommergetreide. Damit Wintergetreide gedeiht, benötigt es einen Kältereiz. Es wird daher schon im Herbst ausgesät, keimt dann und überwintert auf dem Acker. Erst im Frühjahr bekommen die

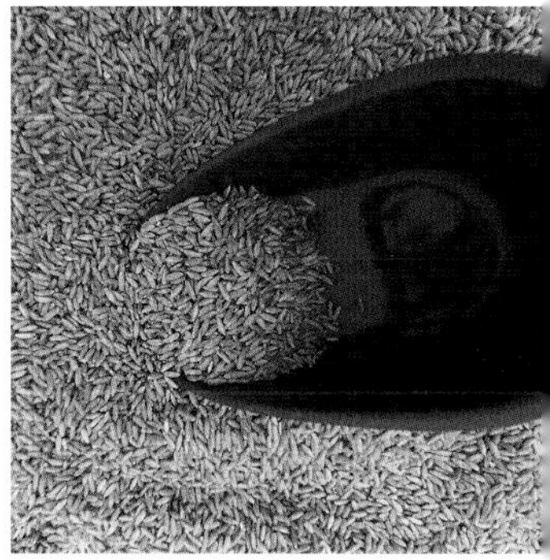

jungen Pflänzchen einen Wachstumsschub, bilden Ähren aus und können dann ein paar Monate später geerntet werden. Es gibt aber auch Sorten, die ohne Kältereiz wachsen und erst im Frühling ausgesät werden können. Solches Sommergetreide ist zwar in der Regel nicht so ertragreich, dafür aber unkomplizierter in der Kultur. Denn je länger die Pflanzen auf dem Acker stehen, desto mehr Zeit hat auch das Unkraut, sich zwischen ihnen auszubreiten. Da Getreide sehr eng steht, hat man da mit einer Hacke keine Chance, da müssen Sie schon runter in die Hocke und mit den Händen jäten. Sie ahnen also, für welche Variante ich mich entschieden habe?

ERSTE ERFAHRUNGEN MIT WEIZEN

Vor Unkraut ist natürlich auch Sommergetreide nicht gefeit, vor allem wenn man biologisch arbeiten und auf jede Art von Gift verzichten möchte. Daher bin ich auf die Idee gekommen, meinen Getreideacker in Reihen zu bestellen, so wie ich das bei meinem Gemüse auch mache. Für den Anbau hatte ich eine Fläche von rund 150 Quadratmetern abgesteckt, in die ich alle 15 Zentimeter eine Furche zog und darin mein Saatgut verteilte. Sie glauben nicht, wie lange ich damals auf dem Boden herumgekrochen bin und Weizenkörner in Rillen gestreut habe. Lange, das kann ich Ihnen versichern!

Immerhin, Getreide keimt recht zuverlässig, und so war mein Feld auch nach kurzer Zeit voller winziger Weizenpflanzen. Auch das erste Unkraut ließ nicht lange auf sich warten, doch meine Strategie bewährte sich: Ich hatte den Abstand so gewählt, dass ich mit meiner geliebten Radhacke problemlos zwischen den Weizenreihen hindurchfahren konnte. Ein Großteil des Unkrauts ließ sich auf diese Weise klein halten, zumindest in den ersten Wochen. Was später nachwuchs, durfte bleiben. So weit, so gut, mein Getreide gedieh prächtig. Und ich sage Ihnen, das war ein Anblick, 150 Quadratmeter Weizen im Garten. Das hatte ich so noch nie gesehen! Und werde es wohl auch so schnell nicht wieder sehen. Aber dazu später mehr.

Da hilft nur Handarbeit

Eines Tages war es dann so weit: Das Getreide war reif und trocken, die Sonne brannte vom Himmel. Wie also ernten? Als echtes Problem stellte sich heraus, dass Wind und Wetter einen Großteil des Weizens platt auf die Erde gedrückt hatten. Mit meinem Balkenmäher oder Freischneider war da nichts zu machen. Ich musste also tatsächlich mit der Sichel ran, was konkret bedeutete: runter auf den Boden, ein Bündel Halme in die eine, die Sichel in die andere Hand nehmen, den Weizen abschneiden und dann zur Seite legen. Und noch einmal und noch einmal … bis der Acker abgeerntet war.

»HIER STÖSST MAN AN GRENZEN DES MACHBAREN.«

Selbstversorgung mit Getreide, das wäre toll. Doch der Aufwand ist immens: Sie brauchen viel Fläche, was viel Arbeit bedeutet. Mühevoll ist aber vor allem die Ernte, die ja gedroschen, gereinigt und zu Mehl verarbeitet werden muss.

SOJABOHNEN ANBAUEN

Sojabohnen sind Hülsenfrüchte, werden in Asien aber oft wie Getreide verwendet. Man kann sie auch hierzulande anbauen. Nicht nur für vegane Selbstversorger ist das eine tolle Alternative.

❶ Auf meinem Acker habe ich die Sorte »Funke« getestet, die auch mit kühleren Temperaturen gut klarkommt. Die Aussaat, wie immer in Reihen, läuft nach Schema F ab. Es dauert nicht lange, bis die Samen keimen und zu robusten Sojapflanzen heranwachsen. Bis es so weit ist, halte ich das Unkraut mit Rad- und Handhacke im Zaum.
❷ Bald blühen die Pflanzen und wenige Wochen später erkennt man auch schon die ersten kleinen Schoten. Ernten können Sie Ihre Sojabohnen dann frühestens im Spätsommer, wenn die Pflanzen langsam vertrocknen. Das mache ich mit einer normalen Gartenschere, mit der alle Stängel vorsichtig in Bodennähe abgeschnitten werden.
❸ Aber freuen Sie sich nicht zu früh, jetzt geht die Arbeit erst richtig los! Zunächst müssen die geernteten Sojapflanzen in einem überdachten Raum nachgetrocknet werden. Sobald sie so verdorrt sind, dass die Hülsen fast von alleine aufbrechen, werfe ich sie in eine große Tonne und stampfe die Bohnensamen mit einem Holzpfahl aus ihren Schoten.
❹ Der Mix aus Spreu und Körnern, der sich nach dieser mühsamen Prozedur am Boden der Tonne sammelt, muss jetzt mehrmals gesiebt werden. Sie können dazu Eurokisten oder andere Behälter mit Gitterboden verwenden. Den letzten feinen Staub blase ich mit meiner im Kapitel beschriebenen, selbst gebauten Windfege weg. Abschließend kommt die Ernte über Nacht in einen Dörrautomaten und ist jetzt (endlich!) reif für den Verzehr.

Ich sage Ihnen, das war eine regelrechte Tortur, anders kann man das gar nicht beschreiben. Zwei Tage lang habe ich bis zur Erschöpfung Weizenhalme gekappt, zu Garben gebunden und dann unter einem Vordach zur Nachtrocknung aufgehängt. Ich denke noch zurück an diesen Kraftakt und jedes Mal läuft mir dabei ein kalter Schauer über den Rücken.

Im konventionellen Anbau spritzt man heute Mittel, die **das Höhenwachstum der Halme hemmem.** Sie knicken dann nicht mehr so schnell um. Genau damit hatte ich ja zu kämpfen!

Da hingen sie also, meine getrockneten Garben. Und nun? Wie sollte ich die Körner aus den Ähren befreien? Im ersten Jahr habe ich es mit einem Dreschflegel versucht. Den hatte ich mir aus einer alten, kaputten Harke gebaut, einfach ein dickes Rundholz am Stiel mit Kabelbindern festgezurrt, fertig. Anschließend breitete ich meine Ernte auf einer großen Plastikplane aus und dann ging's zur Sache: Stundenlang habe ich auf meinen Weizen eingeschlagen, die Körner flogen meterweit durch die Gegend. Bis alle Ähren einigermaßen sorgfältig ausgedroschen waren, dauerte es eine gefühlte Ewigkeit. Ich biss aber entschlossen die Zähne zusammen, denn von meiner kostbaren Ernte wollte ich natürlich möglichst wenig verschenken.

Der weite Weg zu Mehl und Brot

Nachdem ich mir den Schweiß von der Stirn gewischt und das Stroh beiseite geschafft hatte, lag vor mir ein Haufen Körner, durchsetzt mit Staub, Halmresten und Erde. Und was war mit meinem Brot? Davon war ich noch meilenweit entfernt. Um alle gröberen Fremdkörper loszuwerden, füllte ich meine Ernte in eine flache Schale, immer in kleinen Portionen, und warf den Inhalt dann mehrmals vorsichtig in die Luft. Das geht – so hat man das früher auch gemacht! Aber ich gebe zu, ganz sauber bekam ich meinen Weizen damit nicht. An einer Feinreinigung führte also kein Weg vorbei. Dazu habe ich mir den Föhn aus dem Bad geholt, die Körner wieder in eine Schüssel gelegt und den restlichen Staub aus dem Getreide geblasen. Zu guter Letzt pickte ich von Hand auch noch alle Erdklümpchen heraus. Diese ganze Prozedur hat natürlich wieder Stunden gedauert, ein immenser Aufwand für 50 Kilo Weizen. Der war jetzt aber sauber, trocken und bereit für die Mühle.

AUF EIN NEUES, JETZT MIT ROGGEN

Im darauffolgenden Jahr habe ich es dann mit Roggen versucht. Die Aussaat unterschied sich kaum vom Weizenanbau. Allerdings wuchsen die Roggenhalme noch höher und so lag zur Erntezeit noch mehr Getreide platt auf der Erde. Einen Mähdrescher stört das gar nicht. Der schneidet tief ab und nimmt so gut wie alles mit. Im Kleinen, wie ich es machte, war aber wieder anstrengende Handarbeit angesagt. Denn für die Getreideernte ist mir, und das übrigens bis zu meinem letzten Anbauversuch, einfach keine bessere

BEIDES HABE ICH VERSUCHT. DAS MIT DER SCHERE SOGAR SOLANGE, BIS ICH **BLASEN AN ALLEN FINGERN HATTE.** SIE KÖNNEN PRIMA EINEN KORB ZUCCHINI MIT DEM MESSER ERNTEN, ABER NICHT EIN GANZES GETREIDEFELD.

Methode eingefallen. Und wenn Sie jetzt glauben, man könne doch die einzelnen Ähren mit der Schere abschneiden oder einfach abreißen, dann versichere ich Ihnen: Das geht nicht, die schiere Menge macht es unmöglich.

Not macht erfinderisch

Für die Weiterverarbeitung hatte ich mir über den Winter einige Verbesserungen überlegt und mir sogar eine Dreschmaschine gebaut. Das war gar nicht so schwer: eine Gewindestange, ein paar Bretter, eine Bohrmaschine als improvisierten Antrieb. Kaum zu glauben, das Ergebnis war hervorragend! Allerdings nur, wenn ich alle Halme auch schön gleichmäßig abgeschnitten und mit den Ähren nach oben gebündelt hatte. Jetzt musste ich sie nur noch in meine Maschine schieben, den Antrieb anwerfen und einige Sekunden warten. Schon waren alle Körner aus der Ernte geschlagen.

Aber aufgepasst, es wird noch besser, denn selbst für die Reinigung hatte ich mir eine technische Finesse ausgedacht. Aus ein paar Brettern und dem Gebläse einer sich selbst aufpumpenden Luftmatratze habe ich mir eine Art Windfege gebastelt. Die Bretter wurden zu einer schrägen, trichterförmigen Rinne verschraubt, etwas unterhalb des Trichterhalses habe ich das Gebläse montiert. Jetzt musste ich nur noch meine Ernte in die Rinne schütten, das Gebläse einschalten und dann die Körner langsam über die Kante am Ende des Trichterhalses schieben. Da Getreidekörner schwerer sind als Staub, wurden sie von einem Behälter auf dem Boden aufgefangen, der Staub hingegen wurde auf halber Fallhöhe weggeblasen. Bis meine Ernte wirklich sauber war, musste ich den Vorgang natürlich mehrmals wiederholen.

Hmm, gar nicht mal so lecker!

Alles in allem war also auch das ein irrwitziger Aufwand. Und das Ergebnis? Jetzt könnten Sie meinen, ich hätte aus meinem Roggen leckere Brote backen können. Das habe ich auch versucht und in Notzeiten hätte ich mein Brot bestimmt mit Genuss gegessen. So richtig lecker war es aber nicht. Woran das liegt, weiß ich mittlerweile. Für gutes Mehl, das auch zum Backen taugt, braucht man spezielles Getreide mit ganz bestimmten Eigenschaften. Fehlt es an Klebereiweiß, wird das mit dem Brot nichts. Wieder was gelernt! Vernünftiges Backgetreide anzubauen ist allerdings eine Kunst für sich. Natürlich wollte ich mich nicht sofort geschlagen geben. Ich habe also noch weitere Jahre mit verschiedenen Getreidesorten experimentiert. In einem Jahr war mein Getreidefeld so verunkrautet, ich hätte es niemals ernten können. Aber es gab noch einen weiteren Punkt, der mich letztlich davon überzeugt hat, das mit dem Getreide ein für alle Mal aufzugeben.

UNAPPETITLICH ODER AUCH GEFÄHRLICH?

Denn beim Anbau von Getreide gibt es gesundheitliche Risiken, die man besser nicht unterschätzen sollte. Vielleicht haben Sie schon mal von »Mutterkorn« gehört? Das ist ein Pilz, der sich vornehmlich an den Ähren von Roggen, aber auch an Weizen und vielen anderen Gräsern bilden kann. Das ist nicht nur lästig, sondern hochgiftig. Ich will Ihnen keine Angst einjagen, aber machen Sie sich mal im Internet schlau, was passieren kann, wenn man aus Versehen Mutterkörner isst. So krank möchten Sie nicht werden!

Grenzen der Selbstversorgung

Allerdings ist Mutterkorn nicht der einzige Schimmelpilz, der Getreide befallen kann. Fusarien sind mindestens genauso schädlich, denn auch sie enthalten giftige Mykotoxine. Sowohl Fusarien als auch Mutterkornpilze befallen Getreide und Gräser im Frühjahr, wenn sich ihre Ähren oder Blüten aus dem Halm schieben. Ist es dann auch noch kühl und feucht, mögen sie das besonders gerne. Während man Mutterkörner recht leicht mit bloßem Auge an ihrer schwarzen, gebogenen Form erkennen kann, ist das bei Fusarien schon kniffliger. Theoretisch müsste man jede einzelne Ähre, ja sogar jedes einzelne Korn vor dem Dreschen untersuchen. Ich hatte gelesen, man könne von Fusarien befallene Ähren an einer pinken bis rötlichen Färbung erkennen. Da habe ich natürlich auch mein Getreide mal genauer unter die Lupe genommen. Und siehe da, auch bei mir fand ich Ähren und Körnchen, die wie beschrieben verfärbt und verschrumpelt waren.

Das war mir dann doch zu viel. Sosehr ich mich für die Selbstversorgung begeistere, die Gesundheit meiner Familie steht einfach an erster Stelle. Was das betrifft, wollte und will ich kein Risiko eingehen. Ich hatte ja schon zu Beginn des Buches geschrieben: Bei der Selbstversorgung stößt man an Grenzen und der Anbau von Getreide ist für mich eine davon. Also Finger weg von Weizen und Co.? Nein, natürlich sollten Sie es einmal versuchen. Und auf ein paar Quadratmetern sollte das problemlos machbar sein. Da brauchen Sie auch keine Dreschmaschine und keine Windfege. Und Sie schaffen es sogar, sich jede einzelne Ähre von oben und unten anzusehen.

KLAR, MIT CHEMIE IST DAS PILZPROBLEM SCHNELL GELÖST. **EIN BIOLANDWIRT STEHT ABER VOR DEM GLEICHEN PROBLEM** WIE ICH UND BLEIBT SO MANCHES JAHR AUF SEINER ERNTE SITZEN, WEIL SIE ZU STARK BELASTET IST.

Auch Mais ist anfällig für Pilze

Übrigens habe ich auch schon Versuche mit Körnermais unternommen, auch den habe ich im größeren Stil angebaut. Wohlgemerkt Körnermais, nicht Zuckermais. Zuckermais kann man recht einfach kultivieren, er wird aber nur unreif, also nicht ausgehärtet geerntet und gegessen. Sie kennen ihn sicherlich aus den Dosen im Supermarkt. Aus Körnermais hingegen lässt sich

Getreideernte so wie früher: Auch ich habe schon etliche Garben gebunden, allerdings nicht ganz freiwillig!

Maismehl herstellen, das in der Küche verwendet werden kann. Polenta, also gequollenes Maismehl, ist recht bekannt. Leider ist auch Körnermais recht anfällig für Pilzerkrankungen. Die Saison ist lang, und bis die Maiskörner am Kolben abgetrocknet sind und geerntet werden können, ist es Herbst. Dann wird es auch wieder kühler und feuchter – und Schimmelpilze haben jede Menge Zeit und noch dazu beste Bedingungen, sich auszubreiten.

Meine Experimente mit Exoten

Aber da gibt es doch noch mehr? Weil sie ähnlich verwendet werden, fallen für mich auch noch Linsen, Quinoa, Chia und Amarant in die Kategorie Getreide. Und mit allen habe ich so meine Erfahrungen gemacht. Mit Linsen hatte ich kein Glück, das sind so filigrane Gewächse, die konnte ich bei mir nicht vernünftig anbauen. Nach wenigen Wochen waren meine Linsenpflanzen unter all dem Unkraut kaum mehr wiederzufinden. Auch weitere Versuche, bei denen ich mir größte Mühe gab, alles Unkraut in Schach zu halten, sind gescheitert. Einmal habe den Linsen sogar Hafer zur Seite gestellt, an denen sich die zarten Pflänzchen festhalten können, damit sie bei starkem Regen nicht umknicken und am Boden verschimmeln. Vergeblich.

Nach Jahren des Probierens habe ich es nur auf ein paar Hände voll Linsen gebracht, aber auch die sahen nicht wirklich ansprechend und lecker aus. Schade eigentlich, denn für Selbstversorger wären Linsen enorm interessant. Ich habe mal gehört, dass diese Hülsenfrüchte zu den wenigen Lebensmitteln gehören, von denen man sich ausschließlich ernähren könnte, weil sie alle für den menschlichen Körper lebenswichtigen Nährstoffe enthalten.

Chia, Amarant und andere Minikörnchen

Für Chia ist unser Klima nicht geeignet. Jedenfalls konnte ich bislang keine Sorte finden, die bei mir im Rheinland eine zuverlässige Ernte verspricht. Und selbst wenn mir der Anbau geglückt wäre, ich hätte keine Möglichkeit gesehen, die Chiasamen auszudreschen und zu reinigen. Die Körner sind so winzig klein und leicht, die hätte meine Windfege einfach weggeblasen. Etwas mehr Erfolg hatte ich mit Amarant. Die Pflanzen habe ich rechtzeitig vorgezogen und sie entwickelten sich recht ordentlich. Aber auch hier waren die Körnchen so groß wie Stecknadelköpfe! So traurig das auch sein mag: Anbau, Verarbeitung, Reinigung, all das kostet Zeit. Und wenn dann am Ende nur ein halbes Kilo Amarant herumkommt, kann man kaum von einem sinnvollen Beitrag zur Selbstversorgung sprechen. Gleiches gilt für Quinoa, ebenfalls ein Pseudogetreide, das als »Superfood« immer mehr in Mode kommt. Auch Quinoasamen sind klitzeklein und meine Anbauversuche ergaben unterm Strich eine Ernte, die in ein paar Teetassen passte.

»BUCHWEIZEN WÄCHST WIE UNKRAUT.«

Die Schwierigkeit ist aber, die Kerne aus ihren harten Schalen zu lösen. Ohne die Hilfe einer Maschine müssen Sie dafür pro Pfannkuchen einen halben Tag Arbeit investieren.

Buchweizen und Sojabohnen

Buchweizen, eine weitere Kultur, die ich noch in die Kategorie Getreide einordne, ist leicht anzubauen. Er wächst sprichwörtlich wie Unkraut und ist übrigens auch als Gründüngungspflanze geeignet. Aber der essbare Anteil steckt in einer harten Schale und den bekommen Sie da nicht so ohne Weiteres raus. Für Selbstversorger ist das meiner Meinung nach sogar ein Ding der Unmöglichkeit. Klar, man liest und hört da viele Tipps und Tricks, die ich auch schon ausprobiert habe: Man kann die Körner zwischen zwei Ziegelsteinen reiben, damit sich die Buchweizenkerne von den Schalen lösen. Aber was das für einen unglaublichen Aufwand bedeutet!

Für die vegane Fraktion meiner Leser sei noch angemerkt, dass es auch in Deutschland kein Kunststück ist, Sojabohnen anzubauen. Allerdings lassen sich sich nicht wie Kidneybohnen verwenden. Es bedarf noch einiger weiterer Arbeitsschritte, um daraus Tofu herzustellen. Aber es klappt, ich habe es selbst ausprobiert. Ehrlicherweise muss ich aber zugeben, dass ich kein großer Tofu-Freund bin. Da ist mir eine saftige Gänsekeule lieber.

Wenn's um Gemüse geht: Ralf

MEHR GEHT FAST NICHT

Trotzdem bin ich Selbstversorger

Der Autor ist ja ein komischer Vogel, mögen Sie jetzt denken. Schwärmt mir hier in über zwanzig Kapiteln von Selbstversorgung und seiner satten, glücklichen Familie vor; und kurz vor Schluss packt er aus, dass das mit dem Quinoa-Müsli und den Brötchen aus eigenem Mehl leider nichts wird. Ich gehe sogar noch weiter, und das hatte ich ja schon erwähnt: Sehr viele Lebensmittel, die die meisten von uns täglich essen, lassen sich im Hobbybereich nicht selbst erzeugen. Weder Weizen noch Roggen, weder Milch noch Speiseöl, weder Rindsroulade noch Sauerbraten. Warum ich trotzdem Selbstversorger bin – und noch dazu ein glücklicher Mensch? Das verrate ich Ihnen.

Oder wollen Sie etwa verhungern?

Hand aufs Herz, starten Sie nur mit Kartoffelpüree oder Dörrobst in den Tag? Verzichten Sie auf Ihre tägliche Scheibe Abendbrot und beißen stattdessen in eine sauer eingelegte Gewürzgurke? Auch eine Karotte oder ein Schälchen Brombeeren sind kein Ersatz für ein Stück Gouda oder Camembert. Ich will und muss darauf nicht verzichten.

Denn unter Selbstversorgung verstehe ich eben *nicht*, alle Lebensmittel des täglichen Bedarfs selbst zu erzeugen. Der damit verbundene Aufwand ist viel zu groß und steht in keinem Verhältnis zum Nutzen. Abgesehen davon ist das in vielen Fällen schlicht und ergreifend gar nicht möglich. Trotzdem bezeichne ich mich, und ich denke zu Recht, als Selbstversorger. Wie das?

Energie und Vielfalt

Ich habe mich an fast allen Kulturen versucht, die in unseren Breitengraden auch nur den Hauch einer Überlebenschance haben und mit vertretbarem Einsatz Erträge einbringen. Sogar der Anbau von Reis ist mir gelungen, auch wenn ich am Ende nur ein paar Körnchen ernten konnte. So bin ich im Laufe der Jahre als Selbstversorger immer wieder an die Grenzen des Machbaren gestoßen. Da ist zum einen unser modernes Leben, an dem ich – wie wohl die meisten Leser – teilhabe und auch teilhaben möchte. Früher war es normal, dass man vom Morgengrauen bis in die Nacht mit der Erzeugung und Konservierung seiner Lebensmitteln beschäftigt war. Andernfalls wäre man im Winter verhungert. Sicher, es mag Zeitgenossen geben, die genau dies anstreben, die keine Freunde haben, keinen Fernseher und auch kein Interesse an Theater, Kino und Sport. Ihnen genügt es, am Abend Sauerkraut zu stampfen, damit ihre Kinder nicht an Skorbut erkranken. Aber mal ehrlich, hören Sie auf Ihre innere Stimme: Sind Sie einer davon? Ich jedenfalls nicht.

Deshalb definiere ich Selbstversorgung auf eine andere Art und Weise. Ich drehe den Spieß einfach um, rechne mir aus, wie viele Kalorien wir als Familie über das Jahr hinweg verbrauchen, und versuche dann, genau diese

Kalorienmenge selbst zu produzieren. Und das auf unserer doch recht kleinen Fläche und ohne mich vom gesellschaftlichen Leben zu verabschieden. Klar, würde ich mich nur auf die Bienen konzentrieren, hätte ich nach dieser Definition schnell ein hohes Maß an Selbstversorgung erreicht. Denn Honig enthält sehr viel Energie. Das ist es aber nicht, was ich meine. Meine Vorstellung von Selbstversorgung beinhaltet nämlich auch noch eine maximal mögliche Vielfalt. Und jetzt wird die Sache schon schwieriger.

RECHNEN SIE MAL NACH!

Ich hatte ja erwähnt, dass ein Gemüsegarten nicht viel mit Selbstversorgung zu tun hat. Wussten Sie, dass 100 Gramm Karotte nur etwa 40 Kalorien enthält? Bei Kürbis sind es knapp 30 Kalorien, bei Salat rund 15 und ein Apfel kommt auch nur auf etwa 50 Kalorien. Rechnen Sie selbst nach, wie viel Gemüse und Obst Sie täglich essen müssten, um nicht zu verhungern. Mache ich mir einen grünen Salat zurecht, stammen mehr Kalorien aus meinem Dressing – egal, ob Sonnenblumenöl oder Sahne – als aus den Salatblättern. Was ich damit sagen will: Sie können so viel Gemüse, Kartoffeln oder Feldsalat anbauen, wie Sie wollen, Sie kommen damit nicht über die Runden, erreichen also keine Selbstversorgung. Und nach einem halben Jahr brauchen Sie keine Diät mehr, um abzunehmen. Denn nahezu alle besonders kalorienreichen Lebensmittel wie Getreide, Milch, Öle, Käse und Zucker können Sie, wenn überhaupt, nur mit großer Anstrengung selbst erzeugen. Damit meine ich Mengen, die ein Haushalt übers Jahr hinweg eben so verbraucht. Sie verstehen, was ich meine?

»HÖREN SIE AUF IHRE INNERE STIMME.«

Wollen Sie sich wirklich Tag und Nacht um Ihre Selbstversorgung kümmern und auf alle Annehmlichkeiten des modernen Lebens verzichten? Ich will das nicht.

Alles in eine Waagschale

Ich habe mir vor Jahren einmal die Mühe gemacht, alle selbst produzierten pflanzlichen Nahrungsmittel auf die Waage zu legen. Egal, wie mickrig die Ernte ausgefallen war: Jede Himbeere, jeder Apfel, jede Tomate, jedes Radieschen und jedes Salatblatt wurde gewogen und die Ergebnisse dann nach und nach aufaddiert. Dabei habe ich sogar das Gewicht der Eier- und Kartoffelschalen berücksichtigt und abgezogen. Ich hatte also den verwertbaren Anteil meiner eigenen Erzeugnisse so exakt wie möglich ermittelt und das Resultat war erstaunlich. In Summe kamen genau 1.326 Kilogramm heraus, angefangen bei 260 Gramm Trockenerbsen über fünfeinhalb Kilo Holunderbeeren bis hin zu 31 Kilo Erdbeeren. Das machte für jedes unserer vier Familienmitglieder rund 330 Kilogramm pflanzliche Nahrung pro Jahr oder knapp ein Kilogramm pro Tag. Das Gesamtergebnis setzte sich dabei übrigens aus der Ernte von rund 100 verschiedenen Kulturen zusammen. Das alles war noch ausbaufähig, konnte sich aber sehen lassen!

Ich bin sicher, würde ich heute noch einmal wiegen, käme ich auf eine erheblich größere Ernte. Denn ich habe jetzt mehr Anbaufläche und auch meine Bäume sind inzwischen gewachsen und tragen mehr Früchte. Vor allem aber glaube ich, dass es nur sehr wenige Hobbygärtner oder Selbstversorger gibt, die diese Menge in dieser Vielfalt erreichen.

Zum Überleben reicht das nicht

Aber ich interessierte mich ja für die Anzahl der Kalorien. Die Werte für jede Kultur recherchierte ich im Internet, und als dann alles zusammengeschrieben und in den Taschenrechner getippt war, kam ich auf eine Summe von 665.000 Kalorien für meine gesamte Ernte. Das klingt nach ganz schön viel, oder? Aber rechnen Sie nach, und teilen Sie das Ergebnis durch 365. Das macht nach Adam Riese 1.820 Kalorien pro Tag. Ups, so wenig bei so vielen Lebensmitteln? Genau, umgerechnet auf meine vierköpfige Familie bleiben da gerade mal 500 Kalorien pro Tag und Kopf übrig. Ich bin ja kein Ökotrophologe, behaupte aber, dass kein Mensch mit dieser Energiemenge auf Dauer überleben kann – selbst wenn er oder sie von früh bis spät nur in der Hängematte döst oder auf dem Sofa sitzt und Däumchen dreht.

KLAR, IN LEBENSMITTELN STECKEN AUCH NOCH BALLASTSTOFFE, MINERALSTOFFE UND VITAMINE. ICH HABE MICH ABER **FÜR KALORIEN ALS KENNZAHL** ENTSCHIEDEN, DENN KALZIUM UND FOLSÄURE MACHEN NICHT SATT, ODER? :)

Das sind also die Zahlen und Fakten. Sie könnten wiederum einwenden, man müsse doch nur noch mehr Gemüse und Kartoffeln anbauen oder mehr Obstbäume pflanzen? Oder man verzichtet auf weniger ertragreiche Kulturen wie Radieschen, Asiasalat oder Erbsen und pflanzt stattdessen Rote Bete, Gurken, Kartoffeln oder Tomaten, die auf gleicher Fläche erheblich höhere Erträge bringen? Prinzipiell ist das schon richtig, das kann man machen. Aber wann und wie wollen Sie das denn alles essen? Gehen wir mal von einem Tagesbedarf von mindestens 2.000 Kalorien aus, den jeder Mensch so durchschnittlich hat: Um den abzudecken, müssten Sie pro Tag rund vier Kilo Gemüse herunterschlucken. Schaffen Sie das? Ich jedenfalls nicht.

SO SIEHT DIE BILANZ GANZ ANDERS AUS

Fassen wir kurz zusammen: Pflanzliche Nahrung lässt sich, ich erlebe es jeden Frühling und Sommer, in Hülle und Fülle anbauen, sogar in einem kleineren Gemüsegarten. Zum Überleben reicht das aber nicht. Berücksichtige ich allerdings auch all meine tierischen Erzeugnisse, sieht die Rechnung schon viel besser aus. Hühner, Gänse und Enten liefern enorm viel Fleisch, das deutlich mehr Kalorien enthält als Gemüse. Hinzu kommen aber auch noch die Eier: Unsere 20 Hühner legen davon übers Jahr hinweg um die 2.000 Stück, das sind viel mehr, als wir je selbst essen könnten. Eier kommen auf rund 150 Kalorien pro 100 Gramm und enthalten naturgemäß viel Eiweiß.

Um an den Nährwert eines einzigen Hühnereis heranzukommen, müssten Sie den ganzen lieben langen Tag nur Radieschen futtern. Noch eindeutiger sieht die Sache bei Honig aus: In nur 100 Gramm, also einem sehr kleinen Gläschen, verstecken sich etwa 300 Kalorien. Das entspricht der Energiemenge von zwei Kilogramm rohem grünen Salat!

NOCH EIN NETTES ZAHLENSPIEL: IM **HONIG, DEN ICH JEDES JAHR** PRODUZIERE, STECKEN ETWA 900.000 KALORIEN. DAS SIND MEHR, ALS ICH AUF DEM GEMÜSEACKER UND MIT MEINEN OBSTBÄUMEN ERZEUGE!

Bin ich somit Selbstversorger?
Lasse ich also alle Lebensmittel, die ich dank meiner Tiere selbst erzeuge, in die Gesamtbilanz einfließen, rückt mein Ziel in greifbare Nähe. Zumindest theoretisch, denn dass dieser Kalorienmix nicht den Empfehlungen der Deutschen Gesellschaft für Ernährung entspricht, ist mir bewusst – zu viel Fett und vor allem zu viel Zucker. Rechne ich aber die Überschüsse an Fleisch und Honig gegen die Kalorien auf, die ich nicht selbst herstellen kann und daher zukaufen muss, komme ich der Selbstversorgung schon sehr nahe. Klar, das funktioniert nur mit einem mathematischen Kniff, über den man streiten kann. Aber ich hoffe, Sie verstehen, worauf ich hinauswill? Eine komplette Selbstversorgung mit Nahrungsmitteln ist heutzutage nicht mehr möglich. Jedenfalls nicht auf einer Fläche, die Otto Normalselbstversorger, so wie ich einer bin, bestellen und bewältigen kann. Wer dieses Ziel erreichen will, braucht einen Bauernhof, einige Hektar Land und vor allem Maschinen, die Anbau und Ernte erleichtern, aber auch dabei helfen, Roggen, Sonnenblumenkerne, Raps oder Milch in einen verzehrfertigen Zustand zu bringen. Wenn Sie all diese Voraussetzungen erfüllen und noch dazu viel Zeit mitbringen, sind Sie kein Selbstversorger, sondern Landwirt. Und das ist eine ganz andere Geschichte, die man in anderen Büchern nachlesen kann.

Ich hätte noch so viel mehr zu erzählen

Apropos, da fällt mir gerade auf, dass die Seitenzahl, die mir der Verlag zugestanden hat, fast erreicht ist. Und dabei hätte ich doch noch so viel zu berichten! Vielleicht sollte ich demnächst einfach ein paar weitere Bücher schreiben. Eines, in denen ich Ihnen meine Erfahrungen mit einzelnen Gemüsearten und Gemüsesorten schildere, ein anderes, in dem ich Ihnen erzähle, wie ein ganzes Gartenjahr bei mir abläuft, von Januar bis in den Dezember. Außerdem wollte ich Ihnen noch verraten, wie ich meine Ernte haltbar mache und was ich dabei im Laufe der Jahre alles gelernt habe. Alleine dieses Thema würde schon ein kleines Büchlein hergeben.

Eigentlich wollte ich auch noch darauf eingehen, dass man sich als Selbstversorger von einigen vielleicht lieb gewonnenen Ernährungsgewohnheiten verabschieden muss – zumindest, wenn man die Sache ernsthaft angeht.

ODER SOGAR **PER MAUSKLICK** BESTELLEN, DAS GEHT JA MITTLERWEILE AUCH!

In einem Land des Überflusses, in dem man rund um die Uhr Waren aus aller Welt im Supermarkt um die Ecke kaufen kann, fällt es jedem schwer, zu verzichten. Aber unser Klima bringt nun einmal eine mehrmonatige Anbaupause mit sich. Natürlich, ein bisschen Wintergemüse können Sie auch bei Eis und Schnee noch ernten. Aber wer will sich schon zur kalten Jahreszeit ausschließlich von eingelegter Roter Bete, etwas Rosenkohl und ein paar Porreestangen ernähren? Wer will schon frische Tomaten, Gurken oder Äpfel gegen Essiggurken und Sauerkraut eintauschen? Unsere Vorfahren mussten das, sie hatten gar keine andere Wahl. Aber heutzutage? Ich wage zu bezweifeln, dass es Menschen gibt, die im 21. Jahrhundert noch so leben möchten und das konsequent durchhalten. Aber auch ich entwickle mich weiter und es vergeht kein Tag, an dem ich nicht dazulerne, an dem ich nicht Beobachtungen im Garten mache, die mich auf ganz neue Ideen bringen. Der Weisheit letzter Schluss sind meine Worte also mit Sicherheit nicht.

DARUM BIN ICH EIN GLÜCKLICHERER MENSCH

Zu guter Letzt möchte ich noch mal auf meine Aussage zu Beginn dieses Buches zu sprechen kommen. Ich versprach Ihnen, dass Sie als Selbstversorger ein glücklicherer Mensch werden, dass Sie gelassener Ihr Tagwerk verrichten und dass Sie mit großer Genugtuung Ihre selbst erzeugten Nahrungsmittel essen werden. Denn mit den Erdbeeren, Tomaten und Radieschen aus Ihrem Garten kann kein Sternerestaurant mithalten, keine noch so feine, heimische Delikatesse, keine noch so saftige Mango und keine noch so schmackhafte Auster. Sie müssen nicht einmal ein begnadeter Koch oder eine begnadete Köchin sein, um diese Gaumenfreuden zu genießen.

Misserfolge? Meilensteine!

Auf diese Erkenntnis möchte ich Sie noch einmal hinweisen, denn sie ist eine der wichtigsten, die ich in den letzten Jahren erlangt habe. Ich betone das, weil ich in den vorangegangenen Kapiteln auch immer wieder von Misserfolgen und Problemen aus meinem Gartenalltag berichtet habe. Vielleicht hat das manche Leser irritiert oder entmutigt? Das Gegenteil war meine Absicht. Denn in der Rückschau waren das keine Misserfolge, keine Probleme und schon gar keine schlechten Erfahrungen. Es waren *unverzichtbare Meilensteine* auf meinem Weg in die Selbstversorgung. Jede Herausforderung, die ich gemeistert habe, hat mich meinem Ziel ein Stück nähergebracht. Jede Kultur, die ich nach vielen Anbauversuchen dann doch auf dem Acker oder im Folientunnel aussäen oder pflanzen und ernten konnte, hat mir gezeigt, dass Beharrlichkeit und eine gehörige Portion Fleiß letztlich doch zum Erfolg führen. Und diese Erfahrung wünsche ich auch Ihnen!

Natürlich hätte ich Ihnen auch vorschwärmen können, wie meditativ es sein kann, den Hühnern bei ihrem alltäglichen Hühnerleben zuzusehen und den Gänsen beim Schnattern und den Bienen beim Summen zuzuhören. Ich hätte davon schreiben können, wie entspannend es ist, an einem warmen Sommerabend bei einer leichten Brise im Garten zu sitzen, dabei die Stille zu genießen und Karotten, Bohnen und Zucchini sprichwörtlich beim Wachsen zuzusehen. Und ich hätte Ihnen davon erzählen können, wie viel Spaß man haben kann, wenn man mit seiner Frau um ein Uhr nachts in der Küche steht, geduldig Marmelade einkocht und dabei ein bisschen scherzt und plaudert. Oder anders gesagt: Ich hätte Ihnen eine heile Selbstversorgerwelt vorgaukeln können, in der nichts schiefgeht, alles super wächst und großartig schmeckt. Eine Welt ohne Blattläuse, Fusarienpilze, Wühlmäuse und Schnecken, eine Welt, in der man als glücklichster Mensch aufwacht und abends wieder zu Bett geht. Ich hätte behaupten können, die Selbstversorgung erledigt man mit links, während man mit der rechten Hand Pusteblumen pflückt und sie lächelnd in den Wind bläst. Aber mal ehrlich, es gibt einfach schon viel zu viele Mitmenschen mit rosaroter Brille auf der Nase.

»ESSEN MÜSSEN WIR ALLE, UND DAS JEDEN TAG.«

Selbstversorgung ist zwar harte Arbeit, gleichzeitig aber sehr erfüllend. Denn das leckere Ergebnis stillt eines der wichtigsten Grundbedürfnisse des Menschen.

Was wirklich wichtig ist

Ich habe Ihnen also die Wahrheit gesagt. Denn von nichts kommt nichts und »vor den Erfolg haben die Götter den Schweiß gesetzt«. So lautet ein altbekanntes Sprichwort und es trifft den Nagel auf den Kopf: Selbstversorgung ist vor allem mühsam, von morgens bis abends. Aber es ist, wie soll ich das am besten formulieren, eine positive und unglaublich erfüllende Arbeit. Und das können leider nicht viele Menschen, die ihren Lebensunterhalt in grauen Großraumbüros oder am Fließband verdienen müssen, von ihrer Tätigkeit behaupten, oder? Ich glaube jedenfalls, keine Aufgabe ist so befriedigend wie die Erzeugung eigener Nahrungsmittel für sich und seine Familie. Sie können im Leben problemlos ohne Handy auskommen, Sie brauchen auch keinen Sportwagen vor der Tür, keine smarte Waschmaschine mit Internetanbindung, keine Fernreisen zu einsamen Stränden und keinen Fernseher, so groß wie eine Kinoleinwand. Auf all das kann man verzichten, all das wird man eines Tages sogar nicht mehr vermissen, davon bin ich überzeugt. Aber essen, das müssen wir alle, und zwar jeden Tag.

Und so habe ich Spaß an wirklich jedem Lebensmittel, das aus meinem eigenen Garten stammt. Jedes Radieschen, jeder Salatkopf, jeder Maiskolben, jeder Brokkoli, jede Zwiebel und jede Tomate, die ich frisch von der Pflanze pflücke und dann in der Küche verwende, macht mir Freude. Dabei ist mir egal, ob eine Knolle oder Frucht vielleicht nicht ganz so dick und saftig herangewachsen ist oder ein paar Salat- und Spinatblätter von Schnecken oder anderen Tierchen angeknabbert wurden. Jedes Suppenhuhn und jedes Ei, das ich am Nachmittag aus den Legenestern aufsammle, ist ein Genuss für mich. Und erst recht jedes Glas Pfefferminztee, das ich mit meinem köstlichen, selbst gewonnenen Honig süße. Ich weiß, woher meine Lebensmittel stammen, und ich weiß, was drinsteckt, denn ich habe sie, so hochtrabend das klingen mag, mit meinen eigenen Händen erschaffen. Es ist mir gelungen, aus winzigen Samenkörnern Gemüse zu ziehen, das zur gesunden, nachhaltigen Ernährung meiner Familie beiträgt. Und das noch dazu gegen alle Widrigkeiten, die die Natur bereithält.

Darauf bin ich mächtig stolz

Jede Tomate, die nicht aus Holland herangekarrt werden musste, jede Kartoffel, die nicht aus Ägypten stammt, jedes Huhn, das zufrieden in meinem Garten gackert, und jede Gänsekeule, die ich gewissermaßen selbst großgezogen habe, macht mich ein Stückchen reicher. Und ganz nebenbei tue ich auch noch etwas für zukünftige Generationen. Jede Plastikverpackung, die nicht für mich produziert werden muss, jeder Kilometer, der als Transportweg eingespart wird, weil ich mein Gemüse selbst anbaue, ist ein Gewinn für die, die nach uns kommen. Vielleicht sind meine beiden Söhne sogar der wichtigste Grund, warum ich mich der Selbstversorgung verschrieben habe. Ich habe ihnen eine Alternative zur Konsumgesellschaft vorgelebt, habe ihnen gezeigt, dass es neben all den großen und kleinen »Flimmerkisten« auch noch ein ganz reales Leben gibt. Und das macht mich stolz. Denn ich bin überzeugt, dass vieles davon in ihren Köpfen hängen geblieben ist und ihren weiteren Lebensweg positiv beeinflussen wird.

HOFFENTLICH AUCH DANN NOCH, WENN ICH EINES TAGES **SELBST ZU RADIESCHENDÜNGER** GEWORDEN BIN. :)

Und Sie, worauf warten Sie noch?

Geben Sie sich also einen Schubs, machen Sie sich ans Werk. Fangen Sie noch heute an, Ihren Rasen umzugraben und ein Gemüsebeet anzulegen. Haben Sie Spaß an Bienen, dann nehmen Sie noch heute Kontakt zum örtlichen Imkerverein auf. Lieben Sie Tiere, dann fahren Sie nicht in den Zoo, sondern kaufen Sie sich noch heute ein paar Hühner oder Enten und Sie werden große Freude an ihnen haben. Tun Sie etwas, bewegen Sie etwas, schaffen Sie etwas, anstatt sich nur am Bildschirm berieseln zu lassen. Vergeuden Sie Ihre Zeit nicht vor dem Handy oder dem Fernseher, denn das Leben hat viel mehr zu bieten als das immer gleiche Streben nach Geld, Macht und billiger Unterhaltung. Die glücklichsten Menschen sind die, die im Einklang mit sich selbst und der Natur leben. Jedenfalls so weit es eben in unserer modernen Welt noch möglich ist.

Nachwort

Es ist gute Tradition, sich zu bedanken. Deshalb liegt mir sehr viel daran, all jenen, die an mich geglaubt haben, die mich in all den Gartenjahren unterstützt, mich nach Rückschlägen immer wieder aufgebaut und mir den Rücken freigehalten haben, zu danken. An allererster Stelle danke ich meiner Frau Michaela, die es mir ermöglicht hat, mit Leidenschaft meinem tollen Hobby nachzugehen. Ich danke auch meinen Söhnen ganz herzlich dafür, dass sie an so manchem Sommertag auf Fahrten zum Baggersee oder in den Freizeitpark verzichtet haben, damit ich mich um den Garten kümmern konnte. Das war schon ziemlich häufig der Fall, und die beiden haben es ohne großes Murren akzeptiert, was nicht selbstverständlich ist. Ein ganz besonderer Dank gilt meinen Eltern, die, auch wenn es mir in jungen Jahren noch nicht klar war, den Grundstein dafür gelegt haben, dass ich heute ein glücklicher Mensch bin.

Danke möchte ich natürlich auch allen sagen, die meinem YouTube-Kanal und meinem Blog folgen und mir dort als Zuschauer und Leser die Treue halten. Ich bin mir durchaus bewusst, dass ich ein Mensch mit Ecken und Kanten bin und dass es manchmal vielleicht nicht ganz einfach ist, meinen Gedankengängen zu folgen.

Ganz herzlich bedanke ich mich außerdem bei den Mitarbeiterinnen und Mitarbeitern des Gräfe und Unzer Verlags dafür, dass sie mich überzeugt haben, dieses Buch auch wirklich in Angriff zu nehmen. Ein spezieller Dank geht an Jens van Rooij, der als Lektor aus meinem »Geschreibsel« ein tolles Buch gebastelt hat, besser als ich es je gekonnt hätte. Aber was wäre das schönste Buch ohne Leserinnen und Leser? Nichts. Deswegen geht mein Dank auch an Sie, für Ihr Interesse und Ihre Zeit. Und jetzt rein in die Gummistiefel und raus in den Garten! :)

REGISTER

Die **halbfett** gesetzten Seitenzahlen verweisen auf Abbildungen

S

T

U

V

W

Y

Z

ADRESSEN, DIE WEITERHELFEN

GARTENVERSANDHANDEL

Dehner

Gartencenter-Zentrale
Donauwörther Straße 3–5
86641 Rain
www.dehner.de

Gärtner Pötschke

Beuthener Straße 4
41564 Kaarst
www.poetschke.de

KRÄUTER- UND DUFTPFLANZEN

Kräuter-Simon

Strengweg 1
25842 Langenhorn
www.kraeuter-simon.com

Syringa Duftpflanzen und Kräuter

Untere Gräben
78247 Hilzingen-Binningen
www.syringa-samen.de

Blumenschule

Augsburger Straße 62
86956 Schongau
www.blumenschule.de

BODENUNTERSUCHUNGEN

Raiffeisen-Laborservice

Bodenanalysen für Landwirtschaft und Gartenbau
Ulmenstraße 4
54597 Ormont
www.raiffeisen-laborservice.de

LUFA Rostock der LMS

Landwirtschaftliche Untersuchungs- und Forschungsanstalt
Graf-Lippe-Straße 11
8059 Rostock
www.lms-lufa.de

AGROLAB Agrar und Umwelt GmbH

Breslauer Straße 60
31157 Sarstedt
www.agrolab.com

SAATGUT

Bingenheimer Saatgut AG

Ökologische Saaten
Kronstraße 24
61209 Echzell-Bingenheim
www.bingenheimersaatgut.de

Bioland Hof Jeebel

Jeebel 17
29410 Salzwedel
www.biogartenversand.de

Bio-Saatgut

Gaby Krautkrämer
Weingartenstrasse 58
97252 Frickenhausen am Main
www.bio-saatgut.de

Sativa Rheinau AG

Klosterplatz 1
CH-8462 Rheinau
www.sativa-rheinau.ch

NÜTZLINGE

AMW Nützlinge GmbH

Außerhalb 54
64319 Pfungstadt
www.amw-nuetzlinge.de

Katz Biotech AG

An der Birkenpfuhlheide 10
15837 Baruth
www.katzbiotech.de

W. Neudorff GmbH KG

An der Mühle 3
31860 Emmerthal
www.neudorff.de

Sautter & Stepper GmbH

Rosenstraße 19
72119 Ammerbuch
www.nuetzlinge.de

IM INTERNET

Kräuter

www.gaissmayer.de
www.syringa-pflanzen.de
www.kraeuter-und-duftpflanzen.de
www.blu-blumen.de

Wildpflanzen

www.gaertnerei-strickler.de
www.hof-berggarten.de
www.naturgartenwelt.de

Obst und Beeren, Gehölze, Sträucher

www.ahornblatt-garten.de/blog/
www.pflanzlust.de/bioland-baumschule/
www.hoffmann-obstbaumschule.de
www.biobaumschule.schafnase.at
www.lubera.com (konventionell)
www.balkonobst.de (konventionell)
www.minitree.de (konventionell)
www.hummibeeren.de (konventionell)
www.biogojipflanzen.de

Biogartenversand

www.biogartenversand.de
www.gruenteam-versand.de
www.biogartenladen.de
www.biogarten.ch
www.borago.de

Saatgut, -bänder, -scheiben

www.bingenheimersaatgut.de
www.dreschflegel-saatgut.de
www.sativa-biosaatgut.de
www.reinsaat.at
www.samen-maier.at
www.rankwerk.de

Saatgut zur Erhaltung der Nutzpflanzenvielfalt, alte Sorten

www.nutzpflanzenvielfalt.de
www.vern.de
www.arche-noah.at

YouTube-Kanäle

Am Kirschbaum links
Anjas Garten Reich
Baum- u. Rebschule Schreiber
BeeTV84
dergartenkanal
Der Selbstversorgerkanal
eintausendundein Gartentipp
Garten ganz nah
Garten Gemüse Koch Martin
Gartengemüsekiosk
Selbstversorger Rigotti
SelfBio
Wurzelwerk

BÜCHER, DIE WEITERHELFEN

Bohne, Burkhard: **Wintergemüse anbauen.** GRÄFE UND UNZER Verlag, München

Barlage, Andreas; Goss, Brigitte; Schuster, Thomas: **Mein persönlicher Gartenkalender 2021.** GRÄFE UND UNZER Verlag, München

Bielmeier, Sandra; Bielmeier, Armin: **Bienen Basics.** GRÄFE UND UNZER Verlag, München

Bohne, Burkart: **Nachhaltig Gärtnern.** GRÄFE UND UNZER Verlag, München

Breckwoldt, Michael: **Selbstversorger Balkon.** BLV, ein Imprint von GRÄFE UND UNZER Verlag, München

Feder, Jürgen: **Der Pflanzenretter.** GRÄFE UND UNZER Verlag, München

Harazim, Harald; Hudak, Renate: **Das große GU Buch Selbstversorgung.** GRÄFE UND UNZER Verlag, München

Hudak, Renate: **Kräuter selbst anbauen.** GRÄFE UND UNZER Verlag, München

Kluth, Silke: **Selbstversorgt.** GRÄFE UND UNZER Verlag, München

Kreuter, Marie-Luise: **Der Biogarten.** BLV Verlag, München

Liebig, Gerhard: **Einfach imkern.** Tübinger Chronik, Tübingen

Lorenz-Ladener, Claudia: **Naturkeller.** ökobuch Verlag, Staufen

Mayer, Joachim: **Mini-Hochbeete.** GRÄFE UND UNZER Verlag, München

Nagel, Cynthia: **Mein summendes Paradies**. GRÄFE UND UNZER Verlag, München

Setzer, Christina: **Mein Open-Air-Wohnzimmer.** GRÄFE UND UNZER Verlag, München

Seymour, John: **Das neue Buch vom Leben auf dem Lande.** Dorling Kindersley Verlag, München

Seymour, John: **Selbstversorgung aus dem Garten.** Urania Verlag, Freiburg

Seymour, John: **The New Complete Book of Self-Sufficiency.** Dorling Kindersley Verlag, London

Sperl, Ina: **Das grüne Wunder.** GRÄFE UND UNZER Verlag, München

Stone, Curtis: **Urban Farmer.** New Society Publishers, Gabriola Island

Storl, Wolf-Dieter: **Der Selbstversorger: Mein Gartenjahr.** GRÄFE UND UNZER Verlag, München

Storl, Wolf-Dieter: **Der Selbstversorger: Mein Gartenwissen.** GRÄFE UND UNZER Verlag, München

Storl, Wolf-Dieter: **Mein persönlicher Gartenkalender 2021.** GRÄFE UND UNZER Verlag, München

Schumann, Katrin: **Glück kann man pflanzen.** GRÄFE UND UNZER Verlag, München

Vereecken, Nicolas: **Wildbienen entdekken und schützen.** BLV, ein Imprint von GRÄFE UND UNZER Verlag, München

GARTENLUST PUR.

ISBN 978-3-8338-5894-9

ISBN 978-3-8338-7484-0

ISBN 978-3-7742-5165-0

ISBN 978-3-8338-5398-2

ISBN 978-3-8338-3937-5

ISBN 978-3-8338-6487-2

e Auch als eBook erhältlich.

G|U

Mehr von GU auf **www.gu.de** und **facebook.com/gu.verlag**

IMPRESSUM

Projektleitung: Fabian Barthel, Anita Zellner

Lektorat: Jens van Rooij

Korrektorat: Andrea Lazarovici

Bildredaktion: Hannah Crawford, Natascha Klebl (Cover)

Umschlaggestaltung & Layout: independent Medien-Design, Horst Moser, München

Herstellung: Susanne Fuhrmann

Satz: Ludger Vorfeld, München

Repro: Longo AG, Bozen

Druck & Bindung: aprinta GmbH, Wemding

ISBN 978-3-8338- 7504-5

2. Auflage 2021

Printed in Germany

Die GU-Homepage finden Sie unter www.gu.de

BILDNACHWEIS

»Selbstversorgung – So mach ich das zumindest«
Cover: Patrice Kunte
Illustrationen: Bella Illenberger
AdobeStock: 041, 059, 060, 063, 067, 079, 101, 107, 112, 115, 142, 146, 180, 187, 202, **Alamy:** 045, 123, 149, **Biosphoto:** 104, 183, **FloraPress:** 005, 027, 075, 091, 128, **Friedrich Strauss:** 161, **GAP Photos:** 016, 031, 094, 111, 131, **Getty Images:** 137, **Istock:** 011, 053, 064, 084, **Patrice Kunte:** 002, 004, 007, 008, 012, 015, 019, 020, 021, 024, 028, 034, 042, 050, 056, 071, 088, 097, 116, 120, 138, 141, 152, 155, 162, 165, 167, 173, 174, 184, 194, 204, 207, 211, 212, 220, U4-1, U4-2, **Ralf Roesberger:** 037, 054-1, 054-2, 054-3, 068-1, 068-2, 068-3, 068-4, 076, 083-1, 083-2, 083-3, 092-1, 092-2, 092-3, 092-4, 108, 110-1, 110-2, 110-3, 119-1, 119-2, 119-3, 119-4, 126-1, 126-2, 126-3, 132-1, 132-2, 132-3, 132-4, 150-1, 150-2, 150-3, 150-4, 156, 170-1, 170-2, 170-3, 193, 197, 198-1, 198-2, 198-3, 198-4, **Shutterstock:** 087, 177

www.facebook.com/gu.verlag

QUALITÄTS G|U GARANTIE

LIEBE LESERINNEN UND LESER,

wir wollen Ihnen mit diesem Buch Informationen und Anregungen geben, um Ihnen das Leben zu erleichtern oder Sie zu inspirieren, Neues auszuprobieren. Wir achten bei der Erstellung unserer Bücher auf Aktualität und stellen höchste Ansprüche an Inhalt und Gestaltung. Alle Anleitungen und Rezepte werden von unseren Autoren, jeweils Experten auf ihren Gebieten, gewissenhaft erstellt und von unseren Redakteuren/innen mit größter Sorgfalt ausgewählt und geprüft.

Haben wir Ihre Erwartungen erfüllt? Sind Sie mit diesem Buch und seinen Inhalten zufrieden? Wir freuen uns auf Ihre Rückmeldung. Und wir freuen uns, wenn Sie diesen Titel weiterempfehlen, in Ihrem Freundeskreis oder bei Ihrem online-Kauf.

Sollten wir Ihre Erwartungen so gar nicht erfüllt haben, tauschen wir Ihnen Ihr Buch jederzeit gegen ein gleichwertiges zum gleichen oder ähnlichen Thema um.

KONTAKT ZUM LESERSERVICE

GRÄFE UND UNZER VERLAG
Grillparzerstraße 12
81675 München
www.gu.de

GRÄFE UND UNZER

Ein Unternehmen der
GANSKE VERLAGSGRUPPE